雅学堂丛书 — 刘进宝 主编

邯郸学步辑存

Handan Xuebu
Jicun

孙继民 著

读者出版传媒股份有限公司
甘肃文化出版社

图书在版编目（CIP）数据

邯郸学步辑存 / 孙继民著. ——兰州：甘肃文化出版社，2023.7
（雅学堂丛书 / 刘进宝主编）
ISBN 978-7-5490-2735-4

Ⅰ. ①邯… Ⅱ. ①孙… Ⅲ. ①民族历史－西北地区－文集 Ⅳ. ①K280.4-53

中国国家版本馆CIP数据核字(2023)第100391号

邯郸学步辑存

HANDAN XUEBU JICUN

孙继民 I 著

策　　　划 I 郇军涛　周乾隆　贾　莉
项目负责 I 鲁小娜
责任编辑 I 刘　燕
装帧设计 I 石　璞

出版发行 I 甘肃文化出版社
网　　　址 I http://www.gswenhua.cn
投稿邮箱 I gswenhuapress@163.com
地　　　址 I 兰州市城关区曹家巷1号 I 730030(邮编)

营销中心 I 贾　莉　　王　俊
电　　　话 I 0931-2131306

印　　　刷 I 广西昭泰子隆彩印有限责任公司
开　　　本 I 880毫米×1250毫米　1/32
字　　　数 I 230千
印　　　张 I 10.75
版　　　次 I 2023年7月第1版
印　　　次 I 2023年7月第1次
书　　　号 I ISBN 978-7-5490-2735-4
定　　　价 I 68.00元

# 这一代学人的使命与担当 （代序）

## 一

　　"这一代学人"是指以新三级学人（77、78、79级大学生和78、79级研究生）为代表的跨越时代和年龄的学人群。他们的年龄可能相差比较大，有的出生于20世纪40年代中后期，有的出生于60年代初，中间相差十几年——如果从年龄看，可说是两代人。从社会阅历看，有的插过队，有的当过兵，有的是工人，有的是农民，还有的是刚刚毕业或在校的中学生，可以说是40后、50后和60后在一起上课、讨论。正因为差别很大，他们对社会的感受和认识不一致，对未来的期待也有异，各种不同的思想碰撞交流，有时在某些问题上争论很激烈。那时还有许多自办的刊物，虽然是学生们自掏腰包，印制也比较粗糙，但包含许多真知灼见。"这一代学人"就是在这样的时代环境下成长起来的。

　　这代学人学术养成期的社会氛围，诚如中华书局原总编辑傅璇琮先生所说："'文革'结束后最初几年，我们这些学者都有一种兴奋的心情，觉得一场噩梦已成过去，我们已经失去得太多，我们要用自己的努力追回失去的一切。而我们又相信，只要靠勤奋，我们肯定会重新获得。"由此可知，虽然他们的年龄和社会阅历不同，但从他们成长的环境来看，又属于同一代学人。

"雅学堂丛书"的10位作者，年龄最大的方志远、王子今教授，是1950年出生，已经73岁了；孙继民、王学典教授出生于1955、1956年，也都超过了65周岁；中间年龄的荣新江、卜宪群、李红岩，都出生于60年代初；年龄最小的鲁西奇、林文勋教授，出生于1965、1966年，将近60岁。年龄最大和最小的相差十五六岁，但大都是"文革"后恢复高考的本科生和研究生，是"科学的春天"到来后，步入学术殿堂的新一代学人。

这些学人，都学有所成，甚至是某一方面的杰出代表。按照常人的眼光来看，他们已功成名就，根本不需要再追求名誉和地位，应该颐养天年，享受生活了。但为何还非常用功？还在夜以继日地不断探索，不断产出新成果，辛勤耕耘在学术前沿？有次和朋友们聊到学界和学人时，说到王子今、荣新江等人，我表达了这种看法，当时有人就问我，他们为什么还如此用功呢？这是什么原因？我突然冒出了一个词——"使命"，即他们不是为了名和利，而是有一种使命意识。

这一代学人将学术视为生命，甚至可以说就是为学术而生的。当他们把学问当成毕生奋斗的事业时，就会时时意气风发、孜孜以求，不再考虑是否退休，更不会为了金钱、名誉和地位，而是为了做这一代学人应该做的事。

时代在他们身上打下了深深的烙印。这一代学人的学术养成期是在20世纪70年代末80年代初，那是一个充满希望的时代，当时的青年学子都怀有远大的志向，将个人的追求与国家的需要紧密结合。在强烈的爱国主义感召下，他们不仅要将失去的时间夺回来，还要将个人的命运与国家的前途紧密结合在一起，要"团结起来，振兴中华"，就要"从自己做起，从小事做起，从现在做起"，力争为国家的发展贡献自己一份微薄之力。正如荣新江在追念邓广铭先生时说："北大往年的辉煌，并不能映照今日的校园；邓先生等一代鸿儒带走的不仅仅是他们个人的学问，而是北大在学林的许多'第一'……追念往哲，痛定思痛，微薄小子，岂可闲哉！"

## 二

"雅学堂丛书"的作者，都是很有成就的专家，他们的学术论著，我基本上都阅读过一些，有的读了还不止一遍。他们在从事高深学问研究的同时，还撰写了一些面向大众的学术短文、书序、书评和纪念文章等。数学家华罗庚在西南联大授课时，曾说过这样的话：高水平的教师总能把复杂的东西讲简单，把难的东西讲容易。反之，如果把简单的东西讲复杂了，把容易的东西讲难了，那就是低水平的表现。从"雅学堂丛书"的内容可知，这些文章没有太多的史料引文，语言通俗易懂，适合大众阅读。即这些作者是真正把所关注或研究的问题搞懂弄通了，并咀嚼消化为自己知识的一部分，从而才能化难为易化繁为简，用浅显易懂的语言将高深的理论和丰富的内容表达出来。

各位作者拟定的书名，本身就是学术史的一部分，也可感受到这些学者的意志、视野和思想。王学典先生的书名是本套丛书中最为宏大的——《当代中国学术走向观察》，因为王老师的学术兴趣是"追踪当代学术的演变，探索其间的起伏之迹，解释每次变动由以发生的原因或背景"。从1988年的《新时期十年的历史学评估》开始，几乎每隔十年，有时更短，他"都要总结归纳一番，回顾展望一番。起初是个人兴趣使然，后来则是几家报刊在特定时间节点的约稿"。方志远先生的书名是《坐井观天》。他说："这个集子之所以取名为《坐井观天》，是因为迄今为止，除了一年半载的短期外出求学及讲学，我的一生都是在江西度过的……从这个角度说，我的一生都是在江西这口'井'中。但是，虽说是'坐井'，却时时想着要'观天'。""我想，这些无目的、非功利的阅读，某种意义上奠定了我后来'观天'的基础。""这个集子收录的30篇文章，几乎都想'坐井观天'。"荣新江先生的是《三升斋三笔》，荣老师在读大学时，听到老师讲《汉书·食货志》，其中有"治田勤谨，则亩益三升；不勤，损亦如之"，认为用以比拟治学，也十分合适，便根据古代文人学士起斋名的习惯，将自己的斋号取名为"三升斋"。此前，他已将自己学术论文之外的学术短文、会议发言和书评等汇集为《三升斋随笔》（"凤凰枝文丛"，凤凰出版社，2020年）、《三升斋续笔》（"问学丛书"，浙江古籍出版社，2021年）。荣先生的这两本随笔集出版后，"颇受读者欢迎"，"今择取三四年来所写综述、感言、书评等杂文，以及若干讲演稿，辑为《三笔》"。收入本书的文章，"代表了我近年来对相关学科发展的看法，也有一些自己研究成果的表述和经验之谈，还有一些学术史或学林掌故的记录"。这样的学术随笔，既有可读性，又有学术性，肯定能受到读者的喜欢。

有些书名则是作者生活轨迹的反映，如孙继民先生的是《邯郸学步辑存》。"《庄子·秋水》的'邯郸学步'是知名度和使用率极高的成语典故，其中有云寿陵余子'学行于邯郸，未得国能而失其故行'。笔者生在邯郸长在邯郸，1955年出生，1963年上小学，1971年初中毕业，入职邯郸肥皂厂务工，因为比一般工友多读了几本书，曾有师傅戏称'孙教授'。"1977年恢复高考后才离开邯郸。他的人生起点是从邯郸开始的，而又有著名的成语"邯郸学步"，就将书名定为《邯郸学步辑存》。林文勋先生的书名是《东陆琐谈》，这是因为"云南大学最早名东陆大学，这些文章是我在云大读书求学的点滴记录，故名《东陆琐谈》"。笔者的书名是《从陇上到吴越》，这是因为笔者出生并长期生活在甘肃，1983年大学毕业后即留校工作。甘肃简称"陇"，由于受雄厚的陇文化熏陶，在甘肃（陇上）学习、工作期间，选择以敦煌学、隋唐史和西北史地为研究和教学的重点。在兰州学习、工作了23年后，于2002年调入南京师范大学，2013年又从南京师大调入浙江大学。江苏、浙江原为吴、越之地，文化底蕴非常深厚，从宋代以来，经济发展也一直走在前列。从西北到了东南，从陇上到了吴越，虽然自然环境和文化截然不同，但仍然坚守当年的选择，即教学、研究的重点还是敦煌学、隋唐史、丝绸之路与西北史地。

有的则是自己感情的真实流露，如王子今先生的书名是《天马来：早期丝路交通》，为什么是"天马来"？我去年11月向子今先生约稿时，他正在成都，其间恰好生病，"相继在成都经历了两次心血管手术"，回到北京休养期间整理的书稿，2022年12月9日交稿。去年恰是子今先生的本命年，所以他才写道："今晚交稿。希望'天马来'这一体现积极意义的象征，也可以给执笔的已届衰年的老人提供某种激励。"卜宪群先生为何将书名定为《悦己集》？他认为，自己"所撰写的文章，无论水平高低，都是内心世界的真实表达，集子取名'悦己'，就是认为几十年所从事的史学工作，是自己最热爱最喜欢的一项工作，是取悦于己的工作，没有后悔，至今依然"。

虽然这些作者成果丰硕，成就突出，但又非常谦虚，如李红岩先生解释自己的书名《史学的光与影》时说，"收在这里的文章，大部分是我年轻时撰写的。浮光掠影，波影光阴，不堪拂拭，但大体以史学为核心"，故定为《史学的光与影》。鲁西奇先生将书名定为《拾草》，更是让我们看到了一位学人的坦诚和谦虚："我出生在苏北农村。20世纪六七十年代，农村里缺少柴薪。冬天天冷，烧饭烤火都需要柴草。孩子们下午放学后，就会带着搂草的耙和筐，到田旁路边和荒地上去捡拾枯草或树叶，叫作'拾草'。虽然河岸渠道上也有一些灌木，但那是'公家'的，不可以砍。《诗·小雅·车舝》云：'陟彼高冈，析其柞薪。析其柞薪，其叶湑兮。'我既无高冈可陟，亦无柞木可析作薪，连枯叶都不多，更无以蔽山冈。只有一些散乱的杂草。那就收拾一下吧。烧了，也许可以给自己取一会儿暖。故题为《拾草》。"

地处西北的甘肃文化出版社，近年来在西夏学、丝绸之路、简牍和西北地方文献等方面的学术著作出版中成绩卓著，多次获得国家出版基金资助，取得了社会效益和经济效益的双丰收。在此基础上，他们又计划出版面向大众的高品位、高质量普及著作。郧军涛社长多次与我联系，希望组织一套著名学者的学术随笔，我被军涛社长的执着而感动，于是商量编辑一套"雅学堂丛书"，并从2022年11月19日开始陆续向各位先生约稿。虽然中间遇上新冠感染潮，我本人也因感染病毒而一个月未能工作，但各位专家还是非常认真并及时地编妥了书稿。

在此，我非常感谢方志远、王子今、孙继民、王学典、荣新江、卜宪群、李红岩、鲁西奇、林文勋等诸位先生的信任，同意将他们的大作纳入"雅学堂丛书"；感谢甘肃文化出版社郧军涛社长的信任与支持，感谢甘肃文化出版社副社长周乾隆和编辑部主任鲁小娜领导的编辑团队认真、负责、高效的工作。希望读者朋友能够喜欢这套书。

刘进宝

2023年5月11日

# 目　录

# 从巅峰跌入深渊的拐点

## ——唐德宗"三分成德"方案辨析

"三分成德"是唐德宗建中年间（780—783年）平叛战争中一个具有转折意义的重要事件，对建中战局的战略态势和唐代后期的历史走向特别是藩镇问题的处理、唐代中央与地方关系的处理产生了巨大的影响，但以往学界对此未予以重视，也未见专门研究，因此，很有专文探讨的必要。

"三分成德"本是唐德宗建中三年（782年）初在对河朔藩镇用兵取得阶段性胜利的背景下，针对叛镇成德进行善后的一系列处置措施的总称。此语出自《新唐书》卷一四八《张孝忠传》："时三分成德地，诏定州置军，名义武，以孝忠为节度、易定沧等州观察使。""三分成德"也称"三分恒阳"，《文苑英华》卷八七四权德舆《唐故义武军节度使张公遗爱碑铭并序》即称："时三分恒阳之地，录功有差而群帅多心，或怀觖望。"（影印本第4611页上）这里的"张公"即张孝忠；"恒阳"系别称，本指成德镇的首府恒州，但这里代指整个成德镇。张孝忠遗爱碑的作者是权德舆，生活时代略晚于张孝忠（张孝忠死于唐德宗贞元五年），唐宪宗时官至宰相。由此可见，"三分成德"一语出自当时人之口，是当时人对唐德宗处置成德镇措施的一种习惯说法（旧唐书张孝忠传称"分四州"）。

"三分成德"方案的基本内容见于《资治通鉴》卷二二七建中三年（782年）二月甲子条和《旧唐书》卷一二《德宗纪上》建中三年（782年）二月戊午条。《资治通鉴》称："（二月）甲子，以张孝忠为易、定、沧三州节度使，王武俊为恒冀都团练观察使，康日知为深赵都团练观察使，以德、棣二州隶朱滔，令还镇。"《旧唐书》则称："二月戊午，惟岳将定州刺史杨政义以州降。加朱滔检校司徒，以张孝忠检校兵部尚书、易定沧三州节度使、以检校太子宾客王武俊检校秘书监、恒州刺史、恒冀都团练观察使，康日知为赵州刺史、深赵都团练观察使。"以上三分成德方案的内容，有关张孝忠、王武俊和康日知的官职，以及将原成德镇瓜分为易定沧三州、恒冀二州和深赵二州共三镇的范围，《资治通鉴》和《旧唐书》的记载基本相同，但《资治通鉴》稍详，且涉及虽不在三镇范围却与此密切相关的幽州镇朱滔的安排问题。二书最大的不同是有关唐廷制定"三分成德"方案的时间，《资治通鉴》作二月甲子，《旧唐书》作二月戊午。考甲子与戊午，中间隔了五天，而《资治通鉴》明确将定州刺史杨政义投降事记于二月戊午，且《新唐书》卷七《德宗纪》也是说"二月戊午，李惟岳将杨政义以定州降"，可证唐朝确定三分成德方案的具体时间是建中三年（782年）二月甲子，《旧唐书》不足据。由此可见，三分成德方案的基本内容是张孝忠为易定沧三州节度使，王武俊为恒冀都团练观察使，康日知为深赵都团练观察使，也就是说三分方案的精神实质是将原成德镇所辖易、定、深、赵、恒、冀、沧七州一分为三，成为易定沧一镇，恒冀一镇，深赵一镇，由李宝臣李惟岳父子独领一镇变为张孝忠、王武俊、康日知分领三镇。

"三分成德"方案是在什么背景下提出，具有怎样的政治蕴涵呢？我们认为，三分方案是在唐廷河北用兵取得阶段性胜利的背景下提出的，反映了唐德宗对河北战场形势判断过于乐观的心态。河北用兵缘起于建中二年（781年）正月成德镇节度使李宝臣死后其子李惟岳求袭节帅之位而遭到唐德宗拒绝，随后，唐廷调兵遣将，积极备战，李惟岳则联络魏博镇的田悦和淄青镇的李正己，组建三镇同盟对抗唐廷。五月，田悦先发制人，一方面派兵马使康愔领兵八千人包围邢州，另一方面亲自统兵数万进攻洺州临洺，战争正式爆发。唐廷在河朔战场的战略部署是兵分三路，分进合击：北路由幽州镇朱滔领兵南下进攻成德镇李惟岳部；中路由河东节度使马燧、昭义节度使李抱真、神策军都知兵马使李晟组成，从山西高原东出太行对魏博镇田悦作战，负责解临洺、邢州之围；南路由河南诸军和防秋兵组成，负责对淄青镇李正己、李纳作战。

唐军的进攻战略首先在中路奏效，七月癸未，河东节度使马燧，昭义节度使李抱真，神策先锋都知兵马使李晟，大破田悦于临洺，"凡百余合，悦兵大败，斩首万余级。悦引兵夜遁，邢州围亦解"。八月，北路的幽州镇朱滔兵不血刃，说降李惟岳部将易州刺史张孝忠（随即被唐德宗任命为成德节度使），李惟岳北部防线被撕开一个缺口。十一月，南路唐军的攻势也取得进展，"辛酉，宣武节度使刘洽、神策都知兵马使曲环、滑州刺史襄平李澄、朔方大将唐朝臣大破淄青、魏博之兵于徐州"。进入建中三年（782年），唐军的进攻又取得突破性进展。正月，中路唐军长桥之战再次大败魏博田悦，"斩首二万余级，捕虏三千余人，尸相枕藉三十余里"，唐军直抵田悦老巢魏州城下。与此同时，淄青镇李纳军在南路压力之下"奔还濮州"。同月丙寅，北路的朱滔与张孝忠联兵"战于束鹿城下，惟岳大败，烧营而遁"（以上见《资治通鉴》）。紧接着，李惟岳部将赵州刺史康日知倒戈降唐。次月（该月为闰月），成德镇再生内变，李惟岳被部将王武俊所杀，随后，成德镇余部深州刺史杨荣国投降朱滔，定州刺史杨政义投降张孝忠（此时已经进入二月），成德镇因其主帅被杀而顷刻瓦解。由此可见，建中三年（782年）二月甲子的三分成德方案就是在唐军取得这样一连串胜利的背景下提出的。

从建中二年（781年）正月李惟岳继袭藩帅到次年闰月李惟岳被杀，仅一年稍多的时间（如果从双方正式爆发军事冲突的建中二年五月算起，则仅有七八个月的时间），唐廷就如此迅速取得辉煌的战绩，这是战争双方始料不及的，更在唐德宗的预料之外。这可以从唐德宗对待李惟岳在身官职迟迟不予剥夺一事得到证明。李惟岳在建中二年（781年）正月就已经擅袭藩帅之位，五月唐廷就与叛镇爆发军事冲突，但唐德宗此时并未宣布剥夺李惟岳官职。甚至八月易州刺史张孝忠倒戈，九月唐德宗授予张孝忠"成德节度使"之号，也还在默认李惟岳的"成德军节度都知兵马使、恒州刺史、袭高丽朝鲜郡王"（《旧唐书·德宗纪》）等官爵，直到十一月才宣布"诏削李惟岳官爵"（见《资治通鉴》）。唐德宗对李惟岳在身官职迟迟不予剥夺，固然有为以后政治解决预埋伏笔和寄希望于成德镇内部有变的考虑，但更重要的原因恐怕是出于战争有可能长期化的考虑。建中二年（781年）十一月以后至建中三年（782年）二月之间唐军迅速取得的军事胜利，无疑提高了唐廷在与河北叛镇对峙中的实力和地位，也坚定了唐德宗平叛的决心。不过，"祸兮福之所倚，福兮祸之所伏"，意料之外的军事胜利在给唐德宗带来平叛信心的同时，也不免冲昏了唐德宗原本谨慎的头脑，诚如《资治通鉴》形容唐廷洋溢着一片胜利在望的气氛那样："时河北略定，惟魏州未下。河南诸军攻李纳于濮州，纳势日蹙。朝廷谓天下不日可平。"在这种心态和气氛下提出的三分成德方案，不可能不反映唐德宗过于乐观的心态，不可能不浸透唐廷"天下不日可平"的盲目乐观气氛。

三分方案的政治蕴涵体现了唐德宗战后安排的政治意图和解决河朔藩镇问题的原则。这一意图和原则至少有三点：第一，彻底肢解成德镇。从三分方案可见，唐廷的直接目的是将原成德镇一分为三，使成德镇一变而为义武镇、恒冀镇和深赵镇三镇。战前的成德镇拥有恒、易、赵、定、深、冀、沧七州之地，方圆上千里，堪称皇皇巨镇；分割后的三镇义武镇只辖三州，恒冀镇和深赵镇各只辖二州，无疑成为势分力散的弱镇。从表面上看，唐廷在对平叛战争中涌现的三位有功之臣进行赐赏，而实际意图是惩罚叛镇，分而治之，将一个强而大的巨镇变为三个散而小的弱镇，从而达到削弱叛镇实力，彻底肢解成德镇的目的。从一定意义上说，三分方案实质上是唐德宗模仿汉代"众建诸侯而少其力"削藩策略而仿造的唐代版本。

第二，竭力防制幽州镇。以上所引《资治通鉴》和《旧唐书》有关三分成德方案的内容，《资治通鉴》的记载更为全面，即除了直接属于三分方案的内容之外，还记载了与三分方案密切相关的内容，即对平叛战争中涌现出的另一功臣朱滔执意索取深州诉求的回应："以德、棣二州隶朱滔，令还镇。"实际上拒绝了朱滔领有深州的要求，将他完全排除在三分成德方案之外。当然，作为补偿或者说安慰，也提出了将德、棣二州隶于朱滔统治下幽州的安排，但条件是"令还镇"，要求朱滔退出此时早已实际占领的深州。三分方案竭力防止朱滔染指成德和限制幽州镇势力扩展的意图显而易见。

第三，尽量牵制新藩镇。根据三分方案的安排，张孝忠为义武镇首领，王武俊为恒冀镇首领，康日知为深赵镇首领，张孝忠、王武俊和康日知均为成德镇旧将，均在平叛战争中倒戈降唐，表面上看三分方案是成德镇旧将瓜分成德镇旧地盘，体现的是降唐将领在原成德镇范围内的权利再分配。实质上，这种权利再分配也隐含了三者相互牵制的内涵，这可以从拟议中新三镇的辖区设计中窥出端倪。按照原方案设计，张孝忠领易、定、沧三州，王武俊领恒、冀二州，康日知领深、赵二州。值得玩味的是，新三镇所辖各州并非通常想象的那样连成一片，而是互相交错，多不相连。据《中国历史地图集》第五册唐代河北道南部图，唐代的易州、深州、赵州和恒州分别指今河北易县城、深县城、赵县城和正定县城，定州、冀州和沧州分别指今河北定州市城区、冀州市城区和沧州市城区的东南方向几十里处。其中的义武镇，从地图看，易州和定州土地相连，但沧州远在百里之外，中间隔有莫州、瀛州、冀州和深州，义武镇实际上被隔绝成互不相连的两块地盘；恒冀镇仅有的二州，中间也被深州和赵州所隔开，恒州、冀州二州也同样被分割成互不相连的两块地盘；只有深赵镇地土相连，深州和赵州可以成为一个整体，但它西面和北面是恒州，东面是冀州，实际上又处于恒州和冀州的夹峙之下。由此可见三分方案煞费苦心，在各镇辖州数量、地理位置和境界邻接等方面精心编织了一个互为邻接而又互为制约的空间格局，以形成三镇之间的制衡与牵制。

以上三分成德方案所具有的政治蕴涵无疑反映了唐廷尤其是唐德宗强烈的抑藩削藩的政治愿望，也显而易见地流露出尽快解决河北藩镇问题急于求成的心理。然而欲速则不达，三分方案公布后，就立即遭到了原本属于唐廷阵营的朱滔和来自敌方的降将王武俊的强烈反对。朱滔反对最力，"固请深州，不许，由是怨望，留屯深州"。他因最渴望的深州未能到手而开始怨恨唐廷，甚至发展到公然抗命，强行驻军深州。王武俊则"素轻张孝忠，自以手诛李惟岳，功在康日知上，而孝忠为节度使，己与康日知俱为都团练使，又失赵、定二州，亦不悦。又诏以粮三千石给朱滔，马五百匹给马燧。武俊以为朝廷不欲使故人为节度使，魏博既下，必取恒冀，故先分其粮马以弱之，疑，未肯奉诏"。（见《资治通鉴》）王武俊主要是对位居张孝忠之下不满，认为朝廷赏赐不公，不愿意供应唐军粮饷，担心唇亡齿寒，因此拒绝接受三分方案。

朱滔、王武俊的对抗态度本来是一个十分严重的危急信号，却没有引起唐德宗的应有警觉和足够重视。从时间看，三分方案颁布的时间是二月甲子日，朱滔、王武俊反叛的时间，《新唐书·德宗纪》只笼统地说四月"是月，朱滔反，陷德、棣二州"。据《资治通鉴》记载，"四月，戊午，以士真、长卿为二州刺史。士真求援于朱滔，滔已有异志，遣大将李济时将三千人声言助士真守德州，且召士真诣深州议军事，至则留之，使济时领州事"。则四月戊午日朱滔反叛还处于密谋阶段，没有公开。同月庚申日，"遣中使发卢龙、恒冀、易定兵万人诣魏州讨田悦。王武俊不受诏"，则可以视此时王武俊已经反叛。至"壬戌，赐滔爵通义郡王，冀以安之。滔反谋益甚，分兵营于赵州以逼康日知，以深州授王巨源"。从《资治通鉴》的叙述来看，四月壬戌日朱滔虽然还没有公开打出反叛的旗号，但"反谋益甚"，派兵进逼拒绝同叛的康日知，已与反叛相差无几，故《旧唐书·德宗纪上》所记四月"壬戌，封朱滔为通义郡王。朱滔、王武俊与田悦合从而叛"，将二人的反叛系于此日之下，实际就是视同反叛之始。所以，将四月壬戌日作为朱滔反叛的时间应无大碍。那么，从二月甲子日到四月壬戌日，总共是59天亦即两个月的时间。在三分方案颁布后将近两个月的时间内，现存史料除了史籍所记赐予朱滔通义郡王的爵位试图缓和他激烈的对抗情绪外，我们看不到唐廷采取其他应对朱滔和王武俊对抗态度的有效措施和灵活策略，而且这次没有多少实质意义的赐赏王爵也来得太晚，而魏博镇的田悦也乘机策反，终于使二人由失望到怨望，由消极抗命到公开反叛，加入了叛军行列，站到了唐廷的对立面。

三分成德方案留下的历史教训非常深刻。它的最大失策是唐德宗无视朱滔的利益诉求，将朱滔的利益诉求完全排除在方案之外。如上所述，朱滔的利益诉求是染指成德，从击败成德镇的胜利中分一杯羹，将深州拿到手。朱滔最后走上愤而反叛的道路，完全是因为求索深州而未得，这恰好反证深州得失在朱滔政治考量中的分量之重。但是唐德宗偏偏忽略了朱滔要求的严肃性，试图"以德、棣二州隶朱滔"作为交换搪塞朱滔。从表面看，以一州换取二州，对朱滔似乎也不失为一本二利之举。但实际上，此时的德、棣二州尚在淄青镇叛军之手，对朱滔来说，这意味着要想将预案中的画饼变为现实的地盘至少还需要几场胜败未卜的血战，唐德宗的允诺无异于口惠而实不至，而且最要命的是，朱滔还需要首先放弃本镇将士浴血奋战才到手的深州。这对于一个本来就与唐廷保持戒心与距离、且在攻讨成德镇战争中立有大功的藩镇首领，三分方案的措置失宜不仅迥然而且有悖情理，难怪胡三省《通鉴音注》感慨："朱滔讨李惟岳再战再胜，及瓜分成德巡属以赏降将，尺寸之地滔不预焉。又欲使之取德、棣，此左氏所以知桓王之失郑也。"胡三省画龙点睛，一语道破了三分方案将朱滔排除在外的玄机和后果。可以这样说，将朱滔诉求排除在外，是唐德宗三分成德方案的最大败笔和导致方案走向失败的致命内因。

三分方案另外一个失策是忽略了王武俊的政治诉求。与朱滔单纯要求深州地盘不同，王武俊的要求是三点：一是耻居张孝忠之下，不甘心与康日知同列都团练使，希望得到节度使之号；二是不愿意"失赵、定二州"，亦即不愿意成德镇一分为三，希望维持成德镇原建制和原规模；三是不满意朝廷"以粮三千石给朱滔，马五百匹给马燧"，实际上是要求维护成德镇的经济利益。作为一个归降将领，王武俊的诉求当然不必全部答应也不可能全部答应，但是一点要求也得不到回应，则方案本身显然有失必要的灵活性。在朱滔和王武俊两个因素中，朱滔无疑起主导作用。从后来事态发展看，朱滔不仅劝王武俊反叛，还曾派人策反张孝忠（被拒绝），而且与王武俊百战之余军锋受挫不同，朱滔拥有优势兵力和新胜锐气。因此，朱滔的反叛较之于王武俊对唐廷的杀伤力要大，尤其是他本来属于拥护唐廷讨伐叛逆的顺藩，结果走上倒戈反叛一途，对唐廷的政治打击尤大。所以，三分成德方案逼反朱滔和王武俊可以称得上是唐德宗在政治上和战略上的最大失算。

三分成德方案导致朱滔和王武俊的反叛，其后果一是葬送了来之不易即将到手的战争胜利和平叛良机，二是使河朔形势逆转并引发了整个建中战局的连锁反应。继四月朱滔和王武俊反叛，河朔地区魏博、成德、幽州和淄青四镇组成叛镇联盟、河朔战局陷入胶着状态之后，建中三年（782年）十一月，四镇又仿效战国诸侯之制，公然建号立国，分别称号赵王、冀王、魏王和齐王，并建置百官，史称"四镇之乱"或"四王事件"。此时四镇与反状日露的淮西李希烈暗中勾结，遥相呼应，战争顿呈扩大趋势。建中四年（783年）十月，长安泾卒兵变发生，接踵而至的又是朱泚之乱、李希烈之乱和李怀光之叛，战火又从河朔地区蔓延至整个黄河流域，唐德宗不得已西逃奉天，播迁梁州，两度经历颠沛流离之苦，几乎陷于灭顶之灾。这种逆转直到唐德宗兴元元年（783年）初下罪己诏、与河朔藩镇陆续媾和才趋缓并逐渐告终。由此可见，三分成德方案导致的后果对唐德宗整个建中战局的影响至巨至深，三分方案的颁布和实施不仅成为河朔战场演变的关键点，而且也成为整个建中年间（780—783年）全国战局逆转的转折点，同时还成为唐德宗在英主与庸君之间确定历史地位的分界点。如果以年代和政治作为坐标来标示封建帝王一生的功过得失及其历史地位，那么对于唐德宗而言，这条曲线的巅峰顶点无疑应定位于建中元年（780年）两税法的实行和建中三年（782年）二月之前成德镇李惟岳集团的覆灭，而其自顶点突然下折的拐点便是建中三年（782年）二月成德镇三分方案的出台和实施。

（原刊于《光明日报》2013年2月28日史学版，发表时有删节，今恢复全文）

# "四王"建号与署置百官：唐代割据藩镇政治诉求的制度表达

安史之乱结束后，唐朝廷无力彻底消灭其余部，于是"君臣皆幸安，故瓜分河北地，付授叛将"[①]，把原安史集团所控制的地区划归安史旧将统治。广德元年（763年），代宗任命李宝臣为成德节度使，田承嗣为魏博节度使，李怀仙为幽州节度使，永泰元年（765年），又以李正己为淄青节度使，从此形成了四镇的割据状态。四镇"相与根据蟠结，虽奉事朝廷而不用其法令，官爵、甲兵、赋税、刑杀皆自专之"[②]，俨然成为唐王朝的国中之国。建中年间（780—783年），唐德宗挟新登大宝之锐，试图扫除藩镇割据之弊，触动了四镇割据的最敏感神经，于是恒冀节度使王武俊、幽州节度使朱滔、魏博节度使田悦、淄青节度使李纳相互勾结，先后发动了反对唐中央的叛乱。建中三年（782年）十一月，四镇又仿效战国诸侯之制，建号立国，分别称为赵王、

---

①[宋] 宋祁、欧阳修等撰：《新唐书》（十九）卷二一〇《藩镇魏博序》，中华书局，1975年，第5921页。

②[北宋] 司马光：《资治通鉴》（十五）卷二二五，大历十二年十二月，中华书局，1956年，第7250页。

冀王、魏王和齐王，并建置百官，史称"四镇之乱"或"四王事件"。

## 一

唐代史籍有关"四王"建号立国、署置百官的记载主要有十一条，其中以《资治通鉴》卷二二七唐德宗建中三年（782年）十一月己卯条的记述最为简明而扼要："田悦德朱滔之救，与王武俊议奉滔为主，称臣事之，滔不可，曰：'恦山之捷，皆大夫二兄之力，滔何敢独居尊位！'于是幽州判官李子千、恒冀判官郑濡等共议：'请与郓州李大夫为四国，俱称王而不改年号，如昔诸侯奉周家正朔。筑坛同盟，有不如约者，众共伐之。不然，岂得常为叛臣，茫然无主，用兵既无名，有功无官爵为赏，使将吏何所依归乎！'滔等皆以为然。滔乃自称冀王，田悦称魏王，王武俊称赵王，仍请李纳称齐王。是日，滔等筑坛于军中，告天而受之。滔为盟主，称孤；武俊、悦、纳称寡人。所居堂曰殿，处分曰令，群下上书曰笺，妻曰妃，长子曰世子。各以其所治州为府，置留守兼元帅，以军政委之；又置东西曹，视门下、中书省；左右内史，视侍中、中书令；余官皆仿天朝而易其名"。"四王"建号立国、署置百官的情况，一般通史和专著都有详略不等的介绍，人们似乎比较清楚，但实际上仔细推究起来，至少有三个具体问题需要进一步研究。

第一个问题是关于四王建号的性质，即必须明确"四王"之号是爵号还是国号？爵号是指唐王朝制度规定的爵位之号，国号是指先秦及以降"授土授民"的诸侯王、诸王王国之号。唐朝缀以"王"字的爵位有亲王、嗣王、郡王，亲王虽然有一套相应的官属和机构，甚至也可以称"国"（《旧唐书》卷四四称"亲王国"有国令、国尉、国丞等），但并无封土。自然也不可能治民。唐代的王爵，按制度规定本来只能授予皇室宗亲，外臣无缘厕身其中，唐德宗以后外臣始获封王爵。四镇首领称王这是明确的，但是否有国号，史籍记载不一致，而据《唐代墓志汇编》下册1833页朱滔部将宋俨墓志铭称朱滔为"冀国王"，可知"四王"之称不同于一般意义上唐朝爵位制下的王号，它是追求与"授土授民"相联系的"国王"之号，既是王号也是国号，绝非唐王朝通常意义上的爵号。

第二个问题是关于朱滔的称号。《资治通鉴》卷二二七、《旧唐书·五行志》和《旧唐书·田承嗣传》均称朱滔为"冀王"，《旧唐书·德宗本纪》则称"大冀王"。究竟是"冀王"还是"大冀王"？据《资治通鉴》，田悦、王武俊在称王之前就曾拟议"奉滔为主，称臣事之"，称王之后，推"滔为盟主，称孤；武俊、悦、纳称寡人"，说明四人虽然共同称王，但其中有主次排序，朱滔既为盟主，称为"大冀王"完全在情理之中，且《旧唐书·朱滔传》中也有"十一月滔借称大冀王，伪署百官，与李纳、田悦、王武俊并称王"等语，可以佐证朱滔的正式王号是"大冀王"。这与其他史籍称他为"盟主"相一致，说明四王有主次之分，有盟主与从盟之分。

第三个问题是"四王"建号的起止时间。"四王"建号的开始时间，《新唐书·朱滔传》记载是"建中三年十月庚申，为坛魏西，祀天，各僭为王"，十月庚戌为朔，庚申应为十月十一日。《旧唐书》的《德宗本纪上》《王武俊传》《朱滔传》都记为建中三年（782年）十一月，而不载具体日期，只有《旧唐书·田悦传》有确切的时间，为"十一月一日"，《资治通鉴》采用《旧唐书·田悦传》的记载，称"《旧·本纪》、《朱滔》、《王武俊传》皆云十一月，而无日，惟《田悦传》云'十一月一日'，今从之"。[①]我们认为《资治通鉴》的说法比较可靠，"四王"建号的时间应为建中三年（782年）十一月一日。

"四王"建号的截止时间，各镇先后不一，首先废除王号的是恒冀镇和魏博镇。王武俊废除王号的时间，《旧唐书·德宗本纪上》和《旧唐书·王武俊传》明确记载为兴元元年（784年）二月。其王号官制存续了一年零三个多月的时间。田悦是与王武俊同时归顺朝廷的，魏博镇的王号官制也只存在了一年零三个多月的时间。淄青李纳取消王号官制的时间稍晚于成德、魏博二镇，据《旧唐书·李正己传》和《册府元龟》卷四三六记载，李纳应于兴元元年（784年）四月归顺朝廷，其王号官制维持了一年零五个多月的时间。四镇中最后取消王号的是幽州镇，《旧唐书·朱滔传》将朱滔归顺唐廷置于兴元元年（784年）六月之后，《资治通鉴》卷二三一则置于八月至十月之间，朱滔应于兴元元年（784年）八月上章归顺废除王号，其王号官制维持了一年零九个

①［北宋］司马光：《资治通鉴》（十六）卷二二七，建中三年十一月，中华书局，1956年，第7336页。

多月的时间。"四王"建号存续时间最长的是幽州镇,为一年零九个多月,其次是淄青镇,存续时间为一年零五个多月,成德镇和魏博镇最短,存续时间为一年零三个多月。总体上看,四镇所建制度的存继时间都非常短暂。

## 二

四镇称王建号署置百官的指导思想是在效仿战国七雄的口号下建立世袭小朝廷,即"四国俱称王而不改年号,如昔诸侯奉周家正朔。筑坛同盟,有不如约者,众共伐之"。这番话虽出自幽州判官李子千(或作年)、恒冀判官郑濡等人之口,但最终能为四镇首领接受并奉为圭臬,显然代表了四镇统治集团的群体意识和集体意志,堪称四镇集团政治诉求的典型表述。那么,四镇集团政治诉求的内涵是什么呢?我们认为,这可以借用欧阳修《新唐书·藩镇传序》中的一句话来加以概括,就是"效战国,肱髀相依,以土地传子孙"。这个基本内涵由三个要素构成,就是"效战国""肱髀相依"和"以土地传子孙"。

所谓"效战国",用《资治通鉴》的话说就是"如昔诸侯奉周家正朔",用《旧唐书·田悦传》的话说就是"古有战国连衡誓约以抗秦,请依周末七雄故事,并建国号为诸侯,用国家正朔,今年号不可改也",用《新唐·朱滔传》的话说则是"古有列国连衡共抗秦。今公等在此,李大夫在郓,请如七国,并建号,用天子正朔",三段话详略不同,重点有别,但模仿战国七雄建国称王的基本精神并无不同。

不过，这种模仿至少包括两个层面的内容，第一个层面的内容是对战国国号的模仿，即四镇称王的国号取自战国时期的七雄诸侯。我们知道，四王的建号分别是幽州镇的朱滔号称冀王，魏博镇的田悦号称魏王，成德镇的王武俊号称赵王，淄青镇的李纳号称齐王。其中的魏王、赵王、齐王三王的国号完全取自战国时期的魏、赵、齐三国，只有朱滔的冀国之号出自新创。实际上，四镇初议国号时，幽州镇本来也是拟以战国时期的燕国为国号的，但是朱滔反对，原因是他认为"禄山、思明皆起燕，俄覆灭，恶其名，以冀，尧所都，因号冀"（《新唐书·朱滔传》）。朱滔是因为忌讳安禄山、史思明兵败身灭的"燕"之号才拒用的，可见四镇议国号之初本来是以幽州镇为燕国之号的，其名取意于战国的七雄之一燕国并无疑义。

第二个层面的内容是对战国诸侯与周天子关系的模仿，即所谓"不改年号，如昔诸侯奉周家正朔""用国家正朔，今年号不可改也""请如七国，并建号，用天子正朔"。两周时期，列国诸侯与周天子的关系是封臣与封主之间的关系，周天子是天下共主，列国诸侯接受周天子的分封而在各自封域内行使各项权利，周天子不能直接插手诸侯国内部的行政事务，列国诸侯对周天子负有朝觐、进贡和助征伐的义务；各国有自己的王位纪年，同时也兼用周天子的纪年（严格地说，四镇所谓"如昔诸侯奉周家正朔"并不正确，列国诸侯是各自王位纪年与周天子纪年同时兼用而以各自王位纪年为主，这只要看看《史记》的《十二诸侯年表》和《六国年表》即可了然）；尽管春秋以后周天子的权威日趋衰微，但直至战国时期，周天子依然是名义上的天下共主。周王朝与各诸侯国之间的关系，并不是单一制下中央与地方的关系，而是复合制下特殊的中央与地方之间的关系。所以，"不改年号，如昔诸侯奉周家正朔""用国家正朔，今年号不可改也""请如七国，并建号，用天子正朔"，就是四镇在形式上模仿战国诸侯与周天子的关系，在建号称王、署置百官的同时，继续奉行唐朝廷的正朔，继续使用朝廷的年号。当然，四镇继续奉行唐朝廷的正朔，不仅仅是一个使用什么年号的问题，也是一个对其最大政治对立面采取什么态度、实行什么政策的问题，亦即是否承认唐朝廷的正统地位，是否承认唐朝皇帝为"天下共主"的地位，事关是否尊奉朝廷"正统"地位，是否确立四镇与其从属关系的重大原则问题。所以，"不改年号，如昔诸侯奉周家正朔""用国家正朔，今年号不可改也""请如七国，并建号，用天子正朔"，实际上是一种政治宣示，表明四镇在处理其与唐朝廷的关系上，不挑战唐朝廷的"正统"和"天下共主"的地位，至少在名义和形式上保持对唐朝廷的从属关系。

所谓"肱髀相依"，"肱"本指手臂自肘至腕的部分，后引申指整个手臂，"髀"指腿骨、大腿，"肱髀相依"本意是说手足一体，不可分割，这里则用以比喻藩镇结盟，组成利益共同体，相互依傍，共同对付中央朝廷的压力和挑战。《资治通鉴》所谓"筑坛同盟，有不如约者，众共伐之"，《旧唐书·田悦传》称四镇幕僚主张仿效"战国连衡誓约以抗秦"，在朱滔称冀王，田悦称魏王，王武俊称赵王，请李纳称齐王的基础上又推举朱滔"为盟主，称孤；武俊、悦纳称寡人"，《新唐书·朱滔传》所说"古有列国连衡共抗秦"，主张"宜择日定约，顺人心，不如盟者共伐之"，都表达了四镇集团模仿春秋战国诸侯盟会和合纵连横，通过结盟对抗唐廷中央的理念。四镇集团不仅结盟意识强烈，而且在实际运作过程中非常注重结盟的合法性和协调联盟内部关系，他们通过于魏县西筑坛会盟，僭署告天，魏州功曹韦稔《益土颂》为盟会披上合法的外衣，以朱滔"为盟主"，号"大冀王"，自称为"孤"，田悦、王武俊、李纳分别称魏王、赵王、齐王，自称为"寡人"来协调联盟的内部关系，甚至规定有败盟的惩罚措施，要求"不如约者，众共伐之""不如盟者共伐之"。由此可见，面对唐朝廷巨大的、不对称的军事政治压力，四镇集团具有一种强烈的联合力量对抗朝廷的结盟意识，"肱髀相依"堪称割据藩镇政治诉求的主要内涵之一。

所谓"以土地传子孙"，这里的"土地"，非指一般意义上的土地，而是指藩镇统治之下的属地，也可指藩镇的地方政权组织；"传子孙"就是追求藩镇首领对地方节度使权位的世代占有，实现藩镇最高权力的世袭化，实现藩镇集团对地方政权的长期独占；"以土地传子孙"实质上就是保持地方势力对藩镇政权的独占性，不允许朝廷对藩镇权利的染指。保持藩镇的独立性，实行藩镇割据或曰地方自治，这也是"效战国"更深一层政治含义的具体表现。我们已经说过，"效战国"第一个层面的含义是对战国国号的模仿，第二个层面的含义是对战国诸侯与周天子关系的模仿，除此之外，"效战国"还有第三个层面的含义，这就是对战国列国诸侯政权组成方式的模仿，追求藩镇最高权力的世袭化，亦即"依周末七雄故事，并建国号为诸侯"，将战国时期诸侯政权最高权力依据血缘关系而世代延续的传承方式拿来为藩镇所用。四镇"并建国号为诸侯"，分别建号称王，各改"妻曰妃""长子曰世子""子曰国公"，四镇官员对妃、国公，"下皆称臣，谓殿下"，建立一套与之相适应的礼制和官制，无不是围绕"以土地传子孙"这一实质目标也是最高目标而展开的。所以，"以土地传子孙"不仅是藩镇势力政治诉求的主要构成内容，也是藩镇势力政治诉求的最高目标。

以上"效战国""肱髀相依""以土地传子孙"三个方面，构成了割据藩镇政治诉求的基本内容，其中"效战国"体现的是处理藩镇与朝廷之间关系的指导原则，表达了奉行唐朝廷正朔、承认唐朝廷正统地位、臣属于唐朝廷的愿望；"肱髀相依"体现的是处理藩镇之间关系的指导原则，表达了相互依托、相互联结、共同应付外敌（主要是唐朝廷）压力的愿望；"以土地传子孙"体现的是处理藩镇内部政治关系的指导原则，表达了建立地方割据式或曰地方自治式政权模式的愿望。这三个方面密切相关，不可分割，既是割据藩镇政治诉求的基本概括，也是割据藩镇政治纲领的完整表述，"效战国""肱髀相依"可以视为割据藩镇为达到政治目标而采取的政策方针和策略手段，"以土地传子孙"可以视为割据藩镇通过采取政策方针和策略手段而确立的政治目标，其策略手段就是在形式上承认朝廷天子的正统地位，政治目标就是在实质上建立维护藩镇自身利益的自治政体。换言之，割据藩镇的政治诉求或曰政治纲领的完整表述，就是在尊奉朝廷的名义下保持藩镇的割据性，实行地方自治。归根结底一句话，割据藩镇政治诉求的实质，就是在尊奉朝廷的名义和形式之下，最大限度地追求以藩镇最高权力世袭化为主要目标的地方自治。

四镇称王建号署置百官持续的时间首尾不及两年，但割据藩镇政治诉求的精神实质——追求藩镇最高权力的世袭化，并没有随着王号官制的废除而改变，河朔藩镇事实上的割据地位或曰自治地位除元和末年外也基本没有改变，从这个意义上说，研究割据藩镇的政治诉求对于理解整个唐代后期的藩镇尤其是割据型藩镇问题，无疑是一个独特的视角和颇有价值的课题。对于割据藩镇，以往学者较多注意其与唐王朝的对立面和矛盾面，忽略其与唐王朝的联系面和共生面，突出强调它对中央政权的威胁和对国家统一的危害。20世纪80年代以后，学术界已有一部分学者开始注意割据藩镇与唐王朝的共生和依存关系，使以往对割据藩镇片面化、绝对化、简单化的倾向认识得到一定程度的矫正，但此类"矫正"仍然稍嫌欠缺具体研究。本文对割据藩镇政治诉求的探讨，意在以文本阐释为基础，通过四镇集团之口以见四镇集团之意，揭示割据藩镇集团的真实意图和政治目的，从而反映割据型藩镇对唐朝廷既尊奉又背离的矛盾心态，最终为唐朝廷与割据藩镇既矛盾又共存的复杂关系提供一个生动的注脚。

（原刊于《光明日报》2010年3月23日史学版，题为《"四王"建号与署置百官：唐代割据藩镇政治诉求的制度表达》。发表时有删节，今恢复全文）

# 唐德宗"罪己诏"颁布的后果前因

——唐廷与河北叛镇第一轮谈判揭秘

一

中国历史上最著名的皇帝"罪己诏"有两个，一个是汉武帝征和四年（前89年）的"轮台罪己诏"，另一个就是唐德宗兴元元年（784年）的"奉天改元大赦制"，也是史家共知的"罪己诏"。所谓"罪己诏"，就是封建皇帝的自我责备诏，通俗一点讲就是皇帝的自我批评书。虽然汉武帝和唐德宗两个罪己诏都属于自我批评之类的文字，但若论起来自我批评的诚恳和自我责备的深刻，唐德宗的罪己诏较之于汉武帝的有过之而无不及。汉武帝"罪己诏"，《汉书·西域传》称其"深陈既往之悔"①，然从现存的内容看，属于直接自责的文辞也不过寥寥一句"曩者朕之不明"而已。但若论起

① [西汉] 班固撰：《汉书》卷九六《西域传》，中华书局，1975年，第3912页。

唐德宗的罪己诏，则通篇几乎全是痛责自己的文辞，如"长于深宫之中，暗于经国之务，积习易溺，居安忘危，不知稼穑之艰难，不恤征戍之劳苦。致泽靡下究，情不上通，事既壅隔，人怀疑阻。犹昧省己，遂用兴戎，征师四方，转饷千里。赋车籍马，远近骚然；行赍居送，众庶劳止。力役不息，田莱多荒。暴令峻于诛求，疲民空于杼轴，转死沟壑，离去乡里，邑里丘墟，人烟断绝。天谴于上而朕不寤，人怨于下而朕不知。驯致乱阶，变起都邑，贼臣乘衅，肆逆滔天，曾莫愧畏，敢行凌逼。万品失序，九庙震惊，上累于祖宗，下负于蒸庶。痛心腼面，罪实在予，永言愧悼，若坠泉谷"[1]等。以上追悔自责甚至近乎自詈自虐之辞，出于九五之尊的皇帝之口（实际上出于有"内相"之称的著名政论家陆贽之手），不可谓不痛切，堪称名副其实、空前绝后的"罪己"之诏，难怪当时人泽潞节度使李抱真称："宣谕之时，士卒无不感泣。"[2]

唐德宗颁布罪己诏的直接目的是要与河北藩镇媾和妥协。他在自责之后又宣布了自罚措施，表示要撤销自己"圣神文武"的尊号，还宣布："可大赦天下，改建中五年为兴元元年。李希烈、田悦、王武俊、李纳，咸以勋旧，继守藩维，朕抚驭乖方，致其疑惧，皆由上失其道而下罹其灾。一切并与洗涤，复其爵位，待之如初，仍即遣使宣谕。朱滔以

---

①[后晋] 刘昫等撰：《旧唐书》卷一二《德宗上》，中华书局，1975年，第339页。

②[后晋] 刘昫等撰：《旧唐书》卷一三九《陆贽传》，中华书局，1975年，第3800页。

泚连坐，路远必不同谋，永念旧勋，务存弘贷，如能效顺，亦与惟新。"①唐德宗宣布恢复淮西镇首领李希烈、魏博镇首领田悦、恒冀镇首领王武俊、淄青镇首领李纳的官爵并"待之如初"，说到底是要为河北叛镇（淮西镇、淄青镇均不属于河北藩镇，这里暂以河北叛镇概称）脱罪，重新承认他们半独立的合法地位。这表明唐德宗在与河北藩镇兵戎相见几年之后，试图要结束这场久战不胜、且几度造成唐王朝统治危机的平叛战争。

唐德宗的目的应该说基本达到了。"罪己诏"颁布以后，虽然他计划赦免的淮西镇李希烈不肯俯首就范，最后公然称帝，继朱泚之乱又发生了李怀光之叛，德宗被迫南逃梁州，再次经历颠沛流离之苦，但参与叛乱的河北诸镇相继归顺朝廷，恒冀镇王武俊和魏博镇田悦于兴元元年（784年）二月废除赵王、魏王之号，淄青镇李纳于四月废除齐王之号，幽州镇朱滔于八月废除冀王之号，唐朝廷终于与河北藩镇媾和，双方关系重新回到了战前状态。在此之前，唐军还于六月平定朱泚之乱，七月，唐德宗驾返长安。此后，李怀光和李希烈也相继兵败自杀或被杀，由河北藩镇之乱引起的其他变乱也渐次平定。由此可见，自建中二年（781年）开始的历时五年之久的唐朝廷与河北藩镇之间的战争及由此引起的朱泚之乱、李希烈之乱、李怀光之叛等变乱，以兴元元年（784年）正月唐德宗罪己诏颁布为标志，开始转入收尾

①[后晋]刘昫等撰：《旧唐书》卷一二《德宗上》，中华书局，1975年，第339页。

和结束阶段，"罪己诏"最终带来了唐廷与河北藩镇的妥协及大规模战争的结束之果。

二

兴元元年（784年）"罪己诏"是唐德宗初年平叛战争中战略方针和对藩镇政策的重大调整，也是一个不得已的选择，其后果已如上言，其意义正如白寿彝主编《中国通史·隋唐卷》所言："虽然不能根本改变藩镇割据的状况，但对于缓和与河北各藩镇的矛盾，把矛头集中指向朱泚、消灭朱泚还是起到了一定作用。"当然它还有另外一个意义，即缩短了战争过程，为饱经战乱的中原大地带来了和平曙光。

但与唐德宗"罪己诏"带来的后果显而易见相反的是，其导致的前因晦而不彰。我们知道，唐德宗是在躲避朱泚兵锋的奉天城里颁布罪己诏的，如果说他为了集中力量打击朱泚叛军而寻求与河北藩镇和解妥协比较容易理解的话，那他为什么要采取下诏罪己的方式呢？为什么不直接给河北叛镇以免罪处理官复原职呢？何必要冒臣民面前罪己自责损及圣君颜面的风险呢？唐廷平叛战争自建中二年（781年）开始，形势逆转也早在建中三年（782年）六月即已开始，为何迟至兴元元年（784年）正月才颁布"罪己诏"呢？这是一个长期以来为人们所忽略和缺乏研究而又非常关键的问题。恐怕很少有人知道，由德宗出面"罪己"，实际上是河北叛镇在与唐廷秘密谈判中提出的一个先决条件，下诏"罪己"也是唐德宗被逼无奈的不得已选择。

对于唐廷与河北藩镇进行的秘密谈判，史籍有些零星记载。《资治通鉴》卷二二九建中四年（783年）十二月乙丑条称："上（指唐德宗）在奉天，使人说田悦、王武俊、李纳，赦其罪，厚赂以官爵。悦等皆密归款，而犹未敢绝朱滔，各称王如故。"①所谓"上在奉天"，指的是建中四年（783年）十月泾卒兵变军人拥立朱泚为帝后唐德宗仓促之际逃到奉天被困之事；唐德宗"使人说田悦、王武俊、李纳，赦其罪，厚赂以官爵。悦等皆密归款"，说明这次秘密谈判是由唐德宗决策和主导，直接派人与田悦、王武俊、李纳接触的。关于这次唐廷与"四王"秘密接触谈判，《资治通鉴》一方面系于建中四年（783年）十二月条，另一方面又说是在"上在奉天"期间。按唐德宗奉天被困始于建中四年（783年）十月初四②，可见双方谈判时间应在建中四年（783年）十月至十二月之间。但这次谈判只能算是双方的第二轮甚至第三轮谈判，绝不是第一轮谈判。

第一轮秘密谈判是在建中四年（783年）六月。关于这次谈判的具体内容，两《唐书·王武俊传》与《资治通鉴》卷二二九建中四年（783年）六月条所述略同，以《旧唐书·王武俊传》所述时间具体且较原始，今录如下：

六月，李抱真使辩客贾林诈降武俊。林至武俊壁

①［北宋］司马光：《资治通鉴》卷二二九建中四年十二月乙丑，中华书局，1975年，第7386页。

②《新唐书》卷七《唐德宗纪》建中四年十月条称唐德宗"戊申，如奉天"，据《二十史朔闰表》，建中四年十月初一是乙巳，戊申当为十月初四。

曰："是来传诏，非降也。"武俊色动，征其说，林曰："天子知大夫宿诚，及登坛建国之日，抚膺顾左右曰：'我本忠义，天子不省。'是后诸军曾同表论列大夫。天子览表动容，语使者曰：'朕前事误，追无及已。朋友间失意尚可谢，朕四海主，毫芒安可复念哉！'"武俊曰："仆虏将，尚知存抚百姓，天子固不专务杀人以安天下。今山东大兵者五，比战胜，骨尽暴野，虽胜与谁守？今不惮归国，以与诸侯盟约，虏性直，不欲曲在己。朝廷能降恩涤荡之，仆首倡归国，不从者，于以奉辞，则上不负天子，下不负朋友。此谋既行，河朔不五旬可定。"[1]

从上文所述可见，贾林是奉李抱真之命与王武俊谈判的，他最初应是以接洽投降的名义与王武俊取得联系并获允的，所以才有了开头"是来传诏，非降也"一语。这次秘密谈判，贾林是代表李抱真与王武俊谈判呢？还是代表唐廷亦即唐德宗与王武俊谈判呢？我以为二者兼有。李抱真是泽潞镇节度使，也是统兵围攻叛军的唐军主要将领之一，并且泽潞镇与王武俊的成德镇是邻镇，可以推想平时交往联系较多。加之李抱真也是藩镇节帅（张国刚《唐代藩镇研究》将泽潞镇划为中原防遏型藩镇，与河朔割据型藩镇不同），与王武俊身份、角色相同，相对来说比较容易沟通。贾林的身

---

① [后晋] 刘昫等撰：《旧唐书》卷一四二《王武俊传》，中华书局，1975年，第3874页。

份，《资治通鉴》称是"参谋"，胡注称"节度参谋，关预军中机密"，贾林实际上是李抱真的幕僚。他名义上应该是以李抱真幕僚的身份代表李抱真与王武俊谈判的。但是，李抱真允许由贾林主持的这次谈判，应该事先获得唐廷同意，或至少得到朝廷的默许。贾林自称"是来传诏"，又说"天子览表动容，语使者曰：'朕前事误，追无及已。朋友间失意尚可谢，朕四海主，毫芒安可复念哉！'"这应该如宋人洪迈《容斋续笔》卷六《大义感人》所说"贾林说王武俊托为天子之语"，是假托皇帝之口而言。可是，贾林所说"天子知大夫宿诚，及登坛建国之日，抚膺顾左右曰：'我本忠义，天子不省。'是后诸军曾同表论列大夫。天子览表动容"等语，虽是辩客说辞，却绝非完全杜撰。这说明王武俊在"四王"建号登坛时所说的"我本忠义，天子不省"等语，曾经通过前线唐军的谍报系统报告过唐德宗；"诸军曾同表论列大夫"，说明前线唐军将领曾联名或先后上表唐德宗建议通过王武俊（即引文中的"大夫"）离间"四王"同盟，而"天子览表动容"则说明这一建议曾打动过唐德宗（即使"天子览表动容"是贾林杜撰的，那也同样能说明"诸军曾同表论列大夫"和"天子览表动容"都合乎常理）。因此，我们推测在这次秘密谈判之前，唐军内部和唐廷内部已经有了要求与"四王"举行谈判的呼声；李抱真的举动绝非孤立的个人行为，很可能他事先得到了唐廷授意，或是李抱真主动所为但得到了朝廷的默许。无论如何，贾林以诈降形式开始的这场谈判，实质上是唐廷投向叛军的试探气球，是唐朝方面与叛军方面的第一次秘密正式接触（此前也有前线将领的非正式接触）。而唐朝君臣之所以愿意在军事解决方式之外考虑采取以秘密接触谈判的形式结束与"四王"的冲突，则是因为"四王"政治诉求中含有"尊奉朝廷"的内容，这实质上也是双方谈判的政治基础。

从唐廷与河北叛镇第一轮秘密谈判的过程和分析可见，双方谈判的成果是王武俊答应和解，即愿意"首倡归国"，但也提出了和解的前提条件和谈判基础，"不欲曲在己，朝廷能降恩涤荡之"，即要求唐德宗首先承认错误，然后是朝廷赦免叛镇，最后是王武俊率先归顺朝廷。这一前提条件实际上也基本代表了河北叛镇的要求。贾林第一次秘密谈判是在建中四年（783年）的六月，但一直到十月"泾师之变"爆发前，史籍都没有见到李抱真或唐德宗对王武俊要求的正式回应，唐德宗实际上是将谈判搁置了起来。在当时唐德宗手中还有较多筹码的背景下，这个条件还难以被处于九五之尊、血气方刚、锐意进取、年轻气盛的唐德宗遽然接受。只是后来随着泾卒兵变、朱泚之乱的愈演愈烈，战争规模的扩大和发展态势的失控，他受到强烈刺激和诸多磨难，才改变了拒不认错的初衷。尤其是唐德宗奔逃出京被困奉天期间，在朱泚重兵强攻之下，"矢石雨下，死伤者众，人心危蹙，上（唐德宗）与浑瑊对泣"，[1]甚至发生了"贼射百张弩，于上前三步而下"的情况，他为此一度还产生向朱泚投降的念头，"朕自无德，上失天心，请从禅代，则百姓免涂炭之

---

[1][后晋]刘昫等撰：《旧唐书》卷一二《德宗上》，中华书局，1975年，第338页。

苦，战士无伤夷之患。朕之愿足"。①可见奉天之难对他的刺激之深。《资治通鉴》说唐德宗在奉天，"使人说田悦、王武俊、李纳，赦其罪，厚赂以官爵。悦等皆密归款"，时间就是建中四年（783年）的十二月二十三日（奉天被围四十余日，解围时间是十一月十八日），几天之后，唐德宗便借新年春节之际改建中五年为兴元元年（784年），颁布"奉天改元大赦制"亦即罪己诏。由此可见奉天之难与罪己诏颁布的对应关系。奉天之难最终促使他改变了拒不认错的初衷，他在奉天围解之后不久"使人说田悦、王武俊、李纳，赦其罪，厚赂以官爵"，也必定包含了承认错误准备"罪己"的内容，而罪己诏的颁布则是他对河北藩镇谈判前提条件的正式的、公开的回应。一言以蔽之，唐德宗首先承认用兵河北的错误，这就是王武俊提出的河北藩镇与唐廷进行妥协的前提条件和谈判基础，奉天之难促成了唐德宗对河北藩镇谈判条件由拒不接受到被迫接受的转变。这就是唐德宗"罪己诏"颁布的前因。

以上我们通过倒叙唐德宗"罪己诏"颁布的因果关系，重点揭露了唐廷与河北叛镇之间围绕解决"四王事件"而进行的第一轮秘密谈判，旨在通过拨开历史重重迷雾，还原历史真相，向人们展示唐后期中央朝廷与地方藩镇之间双方博弈过程中一段鲜为人知的细节，以有助于人们认识当时处理中央与地方关系的复杂性和艰巨性。最后，我们还想强调一下，虽然贾林与王武俊第一次谈判（确切地说是唐廷与河北

①［唐］赵元一著：《奉天录》卷二，中华书局，1985年，第12页。

叛镇第一轮秘密谈判）没有立即取得突破性的成果，但这毕竟是建中之乱中唐廷与河北藩镇之间就解决双方冲突而采取的积极行动和一次初步尝试，开启了唐廷与叛镇秘密谈判的渠道和平台，也为半年后整个事态的戏剧性转折及"四王"事件的最终解决准备了条件。因此，这次谈判具有重要的指标性意义。宋人叶适《习学记言》卷四二《唐书列传》称："朱泚既反，朱滔连回纥，围真州，将绝河津，窥东都，与泚合。时李怀光据河中，李希烈自汴逼江汉，李纳、田绪猖狂未已，唐号令所及十才二三。然而天下卒不至土崩者，李抱真结王武俊之力。抱真所以能说回武俊者，赖贾林之词也。存唐之功，过于曹刿、烛之武矣。德宗初立，运动天下，事出万全，及其荒急谬计，自取迁辱，而以存亡离合、呼吸俯仰之势寄于辩士之口，为人主者可不鉴哉！"宋人吕陶撰五言绝句《王武俊》称："巨盗盘根岁月深，交流战血竞浮沈。一言便解苍生祸，何事君恩薄贾林。"[1]叶适认为唐朝"天下卒不至土崩者"有赖于"贾林之词"，吕陶也认为"一言便解苍生祸"，都对贾林与王武俊的第一次秘密谈判及其影响给以极高的评价。

031

（原刊于《光明日报》2011 年年 11 月 2 日史学版，题为《唐廷与河北叛镇第一轮谈判揭秘》。发表时有删节，今恢复全文）

---

[1]［宋］吕陶撰：《净德集》卷三八，中国民艺出版社，2006 年，第 1109 页。

# 黑城学：一个更为贴切的学科命名

自《俄藏黑水城文献》陆续出版以来，学术界对其的介绍和研究逐渐增多，相关认识也日趋丰富。但是，由于研究时日毕竟尚短，因此，在现有的黑水城文献的知识体系中，不可避免地存在着一些似是而非的问题（如黑水城文献的学科定名），这就需要予以必要的澄清，以利于推动俄藏黑水城文献乃至整个黑水城文献学术研究的进一步深入。

一

对黑水城汉文文献的朝代构成，迄今并无专文研究，学者们大多是在涉及有关论述时才顺便提及。如《俄藏黑水城文献》第1册中史金波的《前言》说："俄藏黑水城文献有八千多个编号，系中国中古宋、夏、金、元时期的写本和刻本，其中绝大部分是西夏文文献"；同书，李伟国的《前言》也说："黑水城文献的发现，则展示了辽宋夏金元特别是西夏时期的文化资源，其数量之多，内容之广，质量之高，均差可同敦煌文献媲美，和敦煌文献相似。"前述史金波列举黑水城文献形成的朝代是"宋、夏、金、元"，李伟国列举的朝代则是"辽宋夏金元",考虑到《俄藏黑水城文献》第1册出版于1996年,只是汉文文献的第一部,限于当时的条件,他们尚无法综合全部汉文文献的情况因而出现上述的差异,实不足为怪。至2000年底《俄藏黑水城文献》第6册出版,俄藏中的汉文文献全部出齐,这就为全面考察黑水城汉文文献的朝代构成提供了一定的基础和可能性,而该书后附的由孟列夫、蒋维崧、白滨撰著的《叙录》就责无旁贷地承担起了这一职责。《叙录》实际上是俄藏黑水城文献的内容提要,包括文献的朝代年代、文献性质(刻本或写本)、页码数量、行款装潢、墨色题记、内容简介,甚至录文和考证等,非常便于检索和研究。从《叙录》的著录情况看,俄藏黑水城汉文文献的朝代构成就时序而言有唐、五代、宋、西夏、齐、金和元代(包括北元),其中,以西夏数量最多,其次是宋代,再次是元代,又次是金代,最少的是唐代、五代和伪齐文献,各只有几件。

以上是目前有关俄藏黑水城文献朝代构成的几种主要见解,也可以说是学术界有关这一问题的代表性看法。对此,还应补充和强调如下几点意见:

第一,《俄藏黑水城文献》汉文文献中包括少量的辽代文献。《俄藏黑水城文献》汉文文献中是否含有辽代文献,学者们起初意见并不一致,李伟国认为有(遗憾的是没有指出具体文献所在),史金波没有提到,《俄藏黑水城文献·叙录》(以下简称《叙录》)也没有确认。不过,《叙录》在著录第4册第52页至57页的TK166号《孙真人千金方》时提到,中国中医研究院的马继兴认为此件是辽刻本。《叙录》

中尽管没有采纳马继兴的意见而最终确认是金刻本，但至少说明，学者们已经注意到了其中包括辽代文献的可能性问题。在《俄藏黑水城文献》第6册出版数年之后，俄藏黑水城汉文文献中包括辽代文献这一观点几乎同时得到了中外学者的确认。2003年，日本学者竺沙雅章指出，《俄藏黑水城文献》第6册第69页刊发的两件原被《叙录》确定的西夏刻本的佛经残叶①是混入俄藏敦煌文献的黑水城文献，属于辽代刻本《契丹藏》的残片②。同年，中国学者金滢坤也撰文指出，《俄藏敦煌文献》第16、17两册误收入的黑水城文书达17件，其中一件《辽圣宗统和二年（984年）牒及判》就是辽代文书③。由此可见，在俄藏黑水城文献之中确实存有辽代文献，且不排除通过甄别再获新发现的可能。

第二，《俄藏黑水城文献》汉文文献中还夹杂一件清代文献。《俄藏黑水城文献》第5册第14页刊有俄藏编号为TK319的《官员加级录》，第6册后附的《叙录》称此件："宋刻本。白麻纸，细，薄。高26，宽15。版框高20.3，宽13.9。共9行，行12—14字。四周双边，中乌丝栏。宋体，墨色深匀。有穿孔装订痕迹。后附同样大小潢麻纸，亦有穿孔，或许是封底。有官员加级纪录、次数、人名。一说从四

①一是俄藏编号 ф123A《增壹阿含经利养品第十三》，一是俄藏编号 ф204A《增壹阿含经结林品第四十六》。

②［日］竺沙雅章：《关于黑水城出土的辽代刊本》，《汲古》2003年第43号。

③金滢坤：《〈俄藏敦煌文献〉中的黑城文书考证及相关问题的讨论》，《敦煌学辑刊》2003年第24辑。

角框线拼接，木板无裂纹等特点看，或为活字印刷品。"此件是否为活字印刷品可以不论，但是否一定是《叙录》所说的宋刻本则未必。为了便于说明，今将文书内容誊录如下：

> 五官正加五级，纪录十三次，恒德。
>
> 春官正加七级，纪录五次，王嵩龄。
>
> 夏官正加三级，纪录六次，何元瀛。
>
> 中官正加六级，纪录八次，陈恕。
>
> 秋官正加十级，纪录五次，贾德辅。
>
> 冬官正加二级，纪录二次，姚延之。
>
> 主簿加三级，纪录五次，常兴。
>
> 主簿加三级，纪录七次，方德裕。
>
> 五官司书加三级，纪录八次，何元滋。

《叙录》将此件定为宋刻本的依据是什么，我们不清楚，大概是鉴于唐代尚未有雕版经史，而文献下限又不及明朝，内容既非夏金，亦非元朝，因而推断为宋代吧。实际上，此件不可能为宋代印刷品，这可以从文献内容涉及的制度分析推知。如《叙录》所述，此件内容是分列恒德、王嵩龄等九人的官职、加级和纪录，亦即涉及了职官制度的官名和官员的加级、纪录制度等。按五官正、春官正、夏官正、中官正、秋官正、冬官正等官职，自宋代直至清代都有设置，仅凭这些官名，无从判断此件的年代。而加级和纪录制度则不然，在宋、元、明、清前后变化很大。例如，纪录制度，笔者曾检索电子本《四库全书》，得知《旧唐书》卷一九四《突厥传上》右补阙卢俌上疏有"义勇之士，犹能死战，功合纪录，以劝戎行"等语，《宋史》《元史》《明史》等书，也多有类似的用语，可知唐至明代这些"纪录"除了表示官员的功过记录或与考核制度有关之外，再未见到有更进一步的发展。但至清代，加级和纪录成了官员叙迁的重要制度，有关规定非常细密，如《清会典·吏部》卷一一记载："凡议叙之法有二：一曰纪录，其等三（计以次，有纪录一次、纪录二次、纪录三次之别）；二曰加级（计以级，有加一级、加二级、加三级之别），合之，其等十有二。"所以，在清代文献中，常见某某官员加若干级、纪录若干次的记载，如《四库全书》的《御制日讲礼记解义序》就后附有现任副总裁官汪由敦的官衔和加级、纪录，称"经筵讲官、太子少师、刑部尚书、加二级、纪录一次"。显而易见，繁密详赡的加级和纪录制度是清代官制的内容，而非宋代制度，所以，《官员加级录》应是清代文献，而非宋代刻本[1]。由此可见，《俄藏黑水城文献》至少应有一件清代文献[2]。

第三，《俄藏黑水城文献》汉文文献的朝代构成还应包括伪齐刘豫政权的三件文书。如前所述，《叙录》已确认《俄藏黑水城文献》汉文文献中有伪齐写本文书，但奇怪的是，学者们在介绍文书情况时却往往忽略伪齐文书，所以，在此应该特别强调一下。伪齐写本文书总共有三件，均收录

----

①笔者曾就宋代有否加级、纪录制度请教过宋代职官制度研究专家苗书梅，她称未曾见到有关资料。谨此向苗女士致以谢意。

②考虑到整个俄藏黑水城文献的形成年代均在北元以前，因而，此件不排除是俄藏黑水城文献的混入品的可能。

于第6册，依页码顺序分别为第248页、286页和301页。第248页属于俄藏编号инв.No211 213，被编者定名为《宋西北边境军政文书》的一组文书，是这组文书的第85页，被《叙录》定名为《阜昌二年（1131年）八月十五日第七将牒》。该件文书的前6行内容如下：

(前缺) 监押 /远即转牒州县，递送前去，无致依/前违戾。所有副将，亦仰一面关报。仍具知禀供申。准此。/第七将/阜昌二年八月十五日

第286页俄藏编号为инв.No709，被编者定名为《阜昌三年（1132年）秦凤路第柒将请发遣状》，系由西夏文刻本蝴蝶装《维摩诘所说经》封套裱纸拆出。该件文书的前12行内容如下：

安抚使衙三月十八日牒，请速将前/张立、孟元，火药匠张二奇、陈大立便发遣前/当司出头，须至申 /闻者。 /右充依准/指挥。已即时将炮手张立、孟元，火药匠张 /陈福等四人随状发遣赴 /行衙出头去讫。谨具申 /启安抚路/照会收管施行。谨状。阜昌三年三月二十一日武翼郎秦凤路第七将权会州冯（以下缺——引者）。

第301页俄藏编号为инв.No2559，被编者定名为《阜昌三年（1132年）本路第七将呈状》，也是由西夏文刻本蝴蝶装《维摩诘所说经》封套裱纸拆出。该件残存5行内容如下：

照会收管施行。谨状。/阜昌三年三月十八日迪功郎会州司法参军/修职郎会州司理参军/武翼郎本路第七将权/敦武郎门祗候本路兵马都监（以下缺——引者）。

从以上引文可见，第248页第5行为"阜昌二年八月十五日"，第286页第11行残存有"阜昌三年三月二十一日武翼郎秦凤路第七将权会州冯"等字，第301页第2行残存有"阜昌三年三月十八日迪功郎会州司法参军"等字，这三件文书均缀有"阜昌"字样。我们知道，阜昌是伪齐刘豫政权的年号，这三件文书毫无疑问属于伪齐刘豫政权的文书。刘豫政权是两宋之际，继张邦昌伪楚之后由金人扶植的又一个傀儡政权，存续时间极短，首尾不过八年。尽管伪齐文书在《俄藏黑水城文献》汉文文献中可以确认的仅此三件，但毕竟聊胜于无，理所当然应列入《俄藏黑水城文献》汉文文献的朝代构成之中，更何况伪齐刘豫政权的文书迄无存世者，其资料价值不言而喻①。

第四，《俄藏黑水城文献》汉文文献还包括几件唐代和五代文献，这一点常常为人们所忽略。据《叙录》，编者确认的唐代文献有TK157《妙法莲华经信解品第四》（第3册第

---

①笔者已利用后两件文书所出现的有关火药的资料，撰成《火器发展史上的重要文献———新刊伪齐阜昌三年（1132年）文书解读》一文（即将刊于新近出版的一期《敦煌吐鲁番研究》）。在"黑水城汉文文献与宋夏金元史"学术研讨会上，冯金忠则利用这两件文书提交了《从新刊黑水城阜昌三年文书所见伪齐职官制度》一文。

384页）、TK188《妙法莲华经授学无学人记品第九》（第4册第190页）、TK317《大般若波罗蜜多经卷第一百卅八题签》（第5册第13页）、TK325《妙法莲华经安乐行品第十四》（第5册第89页）、B54《妙法莲华经卷第三》（第6册第17页）、B55《妙法莲华经卷第三》（第6册第18页）、B56《妙法莲华经卷第五》（第6册第28页）、B57A《华严三圣版画》（第6册第41页）、инв.No 5949《建中六年书信》（第6册第319页）；编者确认的五代文献有TK283《大圣文殊师利菩萨像供养文》（第4册第372页）、TK288《四十八愿阿弥陀佛供养文》（第4册第377页）、TK289《大圣文殊师利菩萨像供养文》（第4册第378页）、Φ221Φ228Φ26《大乘入藏录卷上》（第6册第72页）。《叙录》编者已经指出，以上唐代文献中的TK188、TK325、B54、B55、B56诸号和五代文献中的TK283、TK288、TK289诸号均为混入的敦煌文书，那么很显然，TK157、TK317、B57A、инв.No5949诸号唐代文献和Φ221Φ228Φ26五代文献则是黑水城所出。总之，唐代和五代文献也是《俄藏黑水城文献》汉文文献的朝代构成之一，尽管其数量甚少。

综上所述，目前所见的《俄藏黑水城文献》6册汉文部分除了人们所熟知的大量西夏、宋、金、元（包括北元）文献之外，还有数量不等的唐代、五代、辽代和伪齐文书，并有一件清代文书。如果说其中的清代文献很可能是混入品只能作为一个例外的话，那么，我们不妨这样说，《俄藏黑水城文献》汉文文献以至整个俄藏黑水城文献的朝代构成就是唐、五代、辽、宋、西夏、金、伪齐、元（包括北元）诸朝。这就是本节得出的基本结论。

## 二

明确《俄藏黑水城文献》汉文文献的朝代构成，有助于探讨黑水城文献的学科定名问题。笔者此前在《历史研究》2004年第2期发表的《黑水城宋代文书所见荫补拟官程序》一文曾经指出，20世纪初敦煌文书的发现不仅催生了一门新兴的学科——敦煌学，而且还深刻地改变了唐史研究；比敦煌藏经洞发现稍晚的黑水城文献的发现也同样催生了一门新兴的学科——西夏学，可以预期，随着《俄藏黑水城文献》的出版必将推动这一学科的发展壮大，但它对宋史研究的影响远逊于敦煌文书对唐史的影响；其原因固然是由于过去黑水城文献的主体皮藏异域秘不示人，而新出《俄藏黑水城文献》书价昂贵，普通学人难以购阅，也与一般研究者将黑水城文献简单地理解为以西夏文、西夏历史文化内容为主，而忽略了其中汉文和非西夏资料的认识误区不无关联。当时，笔者刚刚涉足俄藏黑水城文献研究，尽管对其中汉文资料的整体情况缺乏系统了解而认识不免肤浅，然而强烈地感觉到，长期以来将黑水城文献简单定性为"西夏学"，这在相当程度上影响或限制了非西夏学学者对黑水城文献研究的关注和参与。现在，《俄藏黑水城文献》已经出版了十多册，汉文部分（前六册）全部出齐，距第一册出版的时间也有了十多年的时间，但研究现状与学者们的预期目标仍然有着相当差距。造成这种状况的原因固然有多种，例如《俄藏黑水城文献》虽然称得上是大宗文献，但文献总量与敦煌文书（包括吐鲁番文书）相比仍然偏少；大多数黑水城文献是西夏文，汉文文献比例太低；与敦煌文书（包括吐鲁番文书）对应的十六国南北朝和隋唐五代时期传世史籍整体资料缺乏，学术界对新出资料的渴求度比较高；与黑水城文献对应的宋夏金元时期传世史籍整体资料丰富，学术界对新出资料的渴求度比较低等，但是，一个基本的原因恐怕仍然是与一般研究者将黑水城文献简单理解为西夏文、西夏历史文化内容的认识误区有关。因此，笔者认为，探讨俄藏黑水城文献的学科定名有必要首先弄清"西夏学"的内涵、辨明黑水城文献与西夏学的关系，澄清笼罩在二者关系之间的重重迷雾，以利于黑水城文献研究的发展。

所谓"西夏学"，根据目前学者们通行的用法，至少包括两层含义：第一，围绕西夏文文献研究而形成的专门学问；第二，围绕西夏王朝研究而形成的专门学问。按照第一种含义，"西夏学"是围绕西夏文而形成、研究对象为单一文种的学问，凡是使用西夏文的文献和以西夏文文献为研究对象并与此相关的论题，均应属于西夏学的范畴。按照第二种含义，"西夏学"是围绕西夏王朝一代、研究对象为西夏单一王朝而文字不限于西夏文的学问，因为西夏王朝使用的文字还包括汉文、藏文及其他多种文字，凡是以西夏王朝为研究对象包括以西夏王朝各种文字文献为对象以及与此相关的论题，均应属于西夏学的范畴。要而言之，如果一分为二，西夏学或是指围绕西夏文文献研究而形成的单一文种的专门学问，或是指围绕西夏王朝研究而形成的单一王朝的专门学问；如果合二而一，西夏学则是指围绕西夏文和西夏王朝研究而形成的专门学问。无论如何，"西夏学"与"西夏文""西夏王朝"紧密相连，不可割裂。

尽管笔者不同意以"西夏学"指称或概称围绕黑水城文献研究而形成的专门学问，但"西夏学"一称的出现、使用与流行有其科学性和合理性的一面，这至少表现在以下三个方面：第一，"西夏学"一语反映了黑水城出土文献以西夏文为主的实际构成。如俄藏黑水城文献8000多个编号，其中西夏文献的编号占了90%以上，实际文献量也不低于80%。这一点，学者共知，无须赘举。第二，"西夏学"一语留下了近代以来国内学术界最初对黑水城文献关注点与兴奋点的痕迹。如所周知，黑水城文献首先由科兹洛夫发现而入藏俄罗斯，接踵而至的斯坦因续有收获而入藏英国，因而最早对这些文献进行整理研究的自然非国外学者莫属。国内学术界最早全面介绍黑水城文献发现和内容的是1932年《国立北平图书馆馆刊》四卷三号《西夏文专号》，该刊虽以《西夏文专号》为名，其实也包含相当数量的汉文文献，据史金波统计，其中介绍的汉文文献共有26种。明知包含汉文却仍称《西夏文专号》，可见中国学术界对西夏文文献的关注。第三，"西夏学"一语凸显了黑水城文献研究的学术特色。黑水城文献的主体是西夏文，而西夏文又是已经消失的死文字，并且历史上西夏王朝的文献极其稀缺，这一切都足以形成黑水城文献研究诱人的学术魅力，也恰好体现了它不同于以汉文为主要记载形式并且是活文字的甲骨学、简牍学、敦煌学的学术特色。正是由于以上三个原因，"西夏学"的称谓一经使用，很快风靡学术界，以"西夏"冠名的学术会议、研究机构、文化单位、书籍名称层出不穷，大有覆盖"黑水城文献研究"称谓之势，这本身就在一定程度上说明了"西夏学"概念所具科学性的"合理内核"。

但是，我们在看到"西夏学"固有的科学性、合理性的同时，也必须实事求是地认识到这一称谓自身存在的局限性和狭隘性。

第一，"西夏学"一语所体现的单一文字含义不足以涵盖黑水城文献所包括的多语种的文字构成。据史金波《俄藏黑水城文献·前言》，俄藏黑水城文献8000多个编号包括的语言文字种类有西夏文、汉文、藏文、蒙古文、回鹘文等多种民族文字。其中，西夏文文献数量最多，约占90%；汉文文献次之，不足10%；其他民族文字资料，数量较少。这些文献又可分为世俗文献和佛教文献，其中佛教文献占绝大多数。西夏文文献就内容而言，大致可以分成以下几类：据谢玉杰《英藏黑水城文献·序言》，4000多件文书中除了西夏文和汉文外，"还有为数可观的藏文、回鹘体蒙文等"；据内蒙古文物考古研究所、李逸友等编《黑城出土文书（汉文文书卷）》介绍，1983年和1984年在黑水城发掘所得文书涉及的文字种类计有汉文、"西夏文、畏兀儿体蒙古文、八思巴字、藏文、亦思替非字、古阿拉伯文等等各种民族文字文书"。由此可见，尽管黑水城文献三大部分相加之后的主体文献是西夏文，但其中全都包括汉文及其他多种民族文字，绝非"西夏文"所能涵盖。

第二，"西夏学"一语所体现的单一王朝含义不足以涵盖黑水城文献所包括的多王朝的朝代构成。正如笔者上节所述,《俄藏黑水城文献》汉文文献所反映的朝代构成是唐、五代、辽、宋、夏、金、伪齐、元(包括北元)诸朝(甚至混有清代文献),这也同样可以代表整个黑水城文献的情况。这种综合的朝代文献构成显然非"西夏王朝"单一朝代的含义所能涵盖。

第三,"西夏学"一语所体现的清一色西夏文和西夏王朝文献的含义均不符合黑水城文献非西夏文、非西夏王朝文献占有相当比例的事实。俄藏黑水城文献一般说有8000多个编号,其具体数量据白滨介绍,1963年由戈尔芭切娃和克恰诺夫编定的《苏联科学院民族研究所藏西夏文写本和刊本考定书目》收录的文献编号是8090号,其中,汉文文献的数量据1984年孟列夫编辑的《黑城出土汉文遗书叙录》收录的是488件,中国社会科学院民族研究所、上海古籍出版社、俄罗斯圣彼得堡东方学研究所合作整理、编辑的《俄藏黑水城文献》汉文部分六册收录的文献有636个编号。就编号而言,汉文文书只占全部编号的0.79%,但是实际数量远远超过这个比例。据出版计划介绍,《俄藏黑水城文献》拟出30册,而已出的汉文部分即已有6册,占全部计划册数的20%。汉文文献仅次于西夏文。非西夏王朝的文献占整个黑水城文献的比例,目前没有确切的统计数据,但据内蒙古文物考古研究所等编《黑城出土文书》介绍,1983年和1984年两次在黑水城发掘所得的文书近3000件,其中汉文文书计有2200余件,全部是元代(包括北元)文书。在黑水城三大文献构成中,这是唯一的以汉文和元代文书为主的黑水城文献。尽管这无法改变黑水城文献中以西夏文献为主的比例构成，但尝鼎一脔，余味可知，足以说明"西夏学"一语无法涵盖整个俄藏黑水城文献的性质。

综上所述，我们可以得出这样一个基本认识，目前流行的"西夏学"一语不足以涵盖黑水城文献的性质，"西夏学"不等于黑水城文献学，围绕黑水城文献研究而兴起的专门学问不宜用"西夏学"来指称或代称。

那么，围绕黑水城文献研究而兴起的专门学问如何冠名呢？或曰黑水城文献的学科定名如何解决呢？笔者以为应该仿效敦煌学，定名为"黑水城文献学"，或者干脆简称为"黑城学"。我们知道，学者们常将黑水城文献与殷墟甲骨文、居延汉简、敦煌文书并称为20世纪初的重大考古新发现。实质上，以上新发现的四大考古新材料，就文献的文字种类和时代构成而言，殷墟甲骨文与居延汉简很类似，黑水城文献则与敦煌文书很类似。殷墟甲骨文是殷商时期的占卜档案遗存，居延汉简是汉代边关军民的实用简册遗存，二者均为单一文字单一王朝文献。敦煌文书是以汉文为主而包括其他多种文字，时代构成是以唐代文献为主而包括其他诸朝文献，黑水城文献则是以西夏文为主而包括其他多种文字；时代构成是以西夏文献为主而包括其他诸朝文献。因此，黑水城文献的学科名称应该仿效包容多种文字多个朝代的"敦煌学"一语而冠名"黑城学"，不应仿效只反映单一文字单个朝代的"殷墟甲骨学""汉简学"等语而冠名"西夏学"。一句话，"黑水城文献学"或曰"黑城学"，是准确反映黑水城文献学术研究性质、完全涵盖黑水城文献文字种类时代构成而又名实相副的最佳学科名称。

最后还需说明一下"黑城学"与"西夏学"的关系问题。我们不主张以"西夏学"来指称或代称黑水城文献研究的学科，但并不反对使用"西夏学"一语，而应明确"黑城学"与"西夏学"各自所对应的研究对象和学科范围："黑城学"所对应的研究对象应是所有黑水城出土的文献材料（包括唐、五代、辽、宋、金、伪齐、元、北元等所有文字和文献），所有围绕黑水城文献研究涉及的论题均应属于这一学科范围："西夏学"所对应的研究对象应是所有西夏文文献及所有与西夏王朝有关的材料，所有围绕西夏文、西夏王朝涉及的论题均应属于这一学科范围。因为黑水城文献既以西夏文、西夏王朝文献为大宗，又有相当比例的非西夏文、非西夏王朝文献，这就不可避免地造成了"黑城学"与"西夏学"既存在大量的交叉渗透，也存在不少方面的壁垒分明。如西夏文的《文海宝韵》既属于西夏学研究的范畴，同时也属于黑城学研究的范畴，这足以体现"黑城学"与"西夏学"两个学科的交叉与渗透。但是《文海宝韵》背面的汉文文书《宋西北边境军政文书》，它就只能属于黑城学研究的范畴，而无法归入"西夏学"的研究范畴，因为它既非西夏文也非西夏王朝的文献。如果说西夏曾经与两宋王朝并存将近两百年，勉强将宋代文献研究也纳入西夏学的研究范畴，那么，无论如何也不能将黑水城所出与西夏毫无关系的唐、五代、元朝（包括北元）等文献的研究也纳入西夏学的研究范畴。再如，对西夏文凉州感通塔碑，贺兰山下西夏王陵等的研究，它可以归类为西夏学的研究范畴，却无法作为黑城学的研究范畴。这无疑体现的是"黑城学"与"西夏学"的壁垒分明。总之，"黑城学"与"西夏学"既有相互联系、交叉渗透的一面，也有相互区别、壁垒分明的一面，二者既不是包含关系，也不是简单的并列关系，而是复杂交叉的并列关系，必须还要视具体情况做具体分析。

（见《河北学刊》2007年第4期第91页）

# 黑水城文献发现的始年及在近代新材料发现史上的地位

1908年4月和1909年6月，俄国探险家科兹洛夫两次进入位于今内蒙古自治区额济纳旗的黑水城遗址，攫取了大批历史文物和文献运往俄罗斯，其中的历史文献就是足以与殷墟甲骨文、汉晋简牍、敦煌文书、内阁大库档案等相媲美的黑水城文献。黑水城文献发现虽然已经百年，但围绕着这门学问而需要解决的学科命名、黑水城文献发现始年、它在近代新材料发现史上的定位等一系列问题悬而未决。去年，笔者之一的孙继民曾撰文《黑城学：一个更为贴切的学科定名》①，提出了黑城学的概念，力图澄清有关西夏学与黑水城文献研究的关系。现在，笔者拟利用纪念黑水城文献发现100周年的机会，就学术界认识不一的文献发现始年、鲜有系统论及黑水城文献在近代新材料发现史上的地位问题发表一些不成熟的见解，以求正于大家。不妥之处，望批评指正。

---

①孙继民：《黑城学：一个更为贴切的学科定名》，《河北学刊》2007年第4期，第91—100页。

## 一、黑水城文献发现的始年应定在1908年

关于黑水城文献发现的时间，学术界目前还没有专文研究，通行的习惯是把1909年作为黑水城文献发现的时间。例如俄罗斯学者列夫·尼古拉耶维奇·缅希科夫（汉名孟列夫）在《黑水城出土汉文遗书叙录》一书的《序言》中就说："1909年，当柯兹洛夫在死城哈拉浩特'著名的塔'中发现了大批——迄今世界上数量最多的——西夏文图书时，谁会想到，这收集品成了几代学人悉心研究的对象。"[1]他的另文《黑城遗书（汉文）诠注目录·导言（一）》也说："柯兹洛夫1909年在哈拉浩特（黑城——译注）'著名的塔'中发现的包括古代书面文献在内的收集品，早已举世闻名"。[2]俄罗斯另一学者捷连吉耶夫—卡坦斯基在《西夏书籍业》一书中称科兹洛夫在1908年发现了黑水城，是次年"第二次来到黑城发现写本"的。[3]同为俄罗斯学者的克平在为《西夏书籍业》汉文版所写的序言中称圣彼得堡东方学研究所是"科兹洛夫于1909年在哈拉浩特（即黑水城）发现的著名西夏文献的书库"。他们都是把1909年作为黑水城文献发

---

①［俄］孟列夫著，王克孝译：《黑水城出土汉文遗书叙录》，宁夏人民出版社，1984年，序言第1页。

②［俄］缅希科夫［孟列夫］著，王克孝译：《黑城遗书（汉文）诠注目录·导言（一）》，《敦煌研究》1988年第4期，第104页。

③［俄］捷连吉耶夫—卡坦斯基著，王克孝、景永时译：《西夏书籍业》，宁夏人民出版社，2000年，第2页。

现的时间。

不仅国外学者如此，中国多数学者也不例外。例如陈育宁《承百年传统创未来新业》一文就曾提到"1909年沙俄大佐科兹洛夫在我国内蒙古额济纳旗黑水城盗走了大量西夏文献与文物"。[①]杨浣《二十世纪中国西夏学学术园地》一文也说："1909年俄国人科兹洛夫在我国内蒙古居延海地区盗掘到大批以西夏文为主的古代文献，俗称'黑城文献'。"[②]至于其他有过类似议论或说法的学者更不在少数，例如聂鸿音、钟焓、崔红芬、孙颖新、宋璐璐、许文芳、韦宝畏、孙昌盛、魏灵芝、木子、杜建录、李辉、冯国栋、段玉泉、柴剑虹、孙星群、惠宏、张如青、慧达法师等，兹不赘举。

当然，也有少部分学者意识到1909年发现说的不准确，在研究或行文中有意采用1908年发现说，例如汤开建《二十世纪西夏军事制度研究》一文即说："西夏研究起步于上世纪初，1908年，俄国探险队长科兹洛夫在内蒙古西部额济纳旗的西夏故黑水城发现了一大批西夏文献，并将之带回俄国。"[③]景永时《二十世纪俄国西夏学研究》还专门提到1908年科兹洛夫第一次进入黑水城时进行了大规模的挖掘，其中

①陈育宁：《承百年传统创未来新业》，收于杜建录主编：《二十世纪西夏学》，宁夏人民出版社，2004年，第4页。

②杨浣：《二十世纪中国西夏学学术园地》，收于杜建录主编：《二十世纪西夏学》，宁夏人民出版社，2004年，第270页。

③汤开建：《二十世纪西夏军事制度研究》，收于杜建录主编：《二十世纪西夏学》，宁夏人民出版社，2004年，第44页。

的文物有"西夏、汉文和波斯文书籍残卷"。[①]这说明一部分学者已经注意到了学术界在黑水城文献发现的时间上存在着歧异。[②]

对于黑水城文献发现的时间上存在着歧见或者说以1909年作为发现始年的通行说法，笔者持否定的意见。换言之，笔者赞成以1908年作为黑水城文献发现的始年，这是因为在1909年黑水城"著名的塔"文献发现之前的1908年，科兹洛夫第一次进入黑水城遗址时就发现了一定数量的西夏文、汉文和其他文字的材料。

如所周知，科兹洛夫率领的俄国探险队在1908年4月、1909年6月两次进入黑水城。对于其第二次进入黑水城，因为伴随有"著名的塔"所藏文献的惊人发现而为人所熟知，因而也就往往被人想当然地视为黑水城文献发现的始年。实质上，科兹洛夫早在此前的1908年4月第一次进入黑水城的时候就已经发现了一定数量的文献材料，其中就有西夏文文献。据俄罗斯学者克恰诺夫《俄藏黑水城文献·前言》[③]介绍，科兹洛夫探险队第一次在黑水城逗留时间是从1908年4月1日到13日，发现物品计有"西夏文字手抄本残片""波斯文名著《七智者》故事集残叶""伊斯兰教经写本""三本

①景永时：《二十世纪俄国西夏学研究》，收于杜建录主编：《二十世纪西夏学》，宁夏人民出版社，2004年，第234页。

②早期国外从事黑水城文献研究的学者有相当一部分采认黑水城文献1908年发现说，如俄国著名汉学家伊凤阁在《西夏语言资料》，法国东方学家伯希和在《科兹洛夫考察队黑城所获汉文文献考》等文章中均有所体现。

③［俄］克恰诺夫：《俄藏黑水城文献·前言》，《俄藏黑水城文献》第1册，上海古籍出版社，1996年，第5—6页。

西夏文书本和三十本西夏文簿册"。除了西夏文和波斯文文献外，还应该有一定的汉文文献。据1908年10月15日俄国地理学会专门组织的研讨会上，奥登堡等人所做报告称，当时科兹洛夫"从废城所出写本除汉文外，还有一种用某一未知语言书写的抄本，至少是谁也不懂这种语言"。[①]尽管由于缺乏记录我们不知道上述文献具体是哪些，但这些"10个俄担箱"包括相当数量的文献是无可置疑的，因为正是这些文物运到圣彼得堡由俄国地理学会专家确认"有一种用某一未知语言书写的抄本，至少是谁也不懂这种语言"之后，才指令科兹洛夫第二次返回黑水城的。可以肯定地说，科兹洛夫1908年第一次进入黑水城遗址时就发现了包括西夏文、汉文、波斯文等在内的历史文献，黑水城文献的发现始年应是1908年而非1909年。

既然黑水城文献实际发现于1908年，为什么会造成多数人误以为1909年是发现始年的错觉呢？笔者以为有两个原因。第一，科兹洛夫虽然在1908年和1909年两次进入黑水城地区，但实际上他率领考察队进入中国西北地方是一次跨1907年、1908年和1909年三个年度的探险活动。他原来的探险计划还包括四川，后来只是由于俄国地理学会发现他寄回俄国的黑水城文献有西夏文文献（当时尚未确认属于何种文字），才指令他放弃四川考察活动返回黑水城地区继续进行发掘，因此，后来的记述就往往以1909年发现"著名的塔"

---

①［俄］克恰诺夫：《俄藏黑水城文献·前言》，《俄藏黑水城文献》第1册，上海古籍出版社，1996年，第6页。

所藏文献来指代、涵盖整个科兹洛夫考察队长达三个年度的考察活动的惊人发现，从而忽略了科兹洛夫1908年初入黑水城时就已发现历史文献的事实。第二，与科兹洛夫1908年第一次进入黑水城发现少量历史文献相比，1909年"著名的塔"所发现的历史文献无疑数量巨大，而且1908年发现的文献多是在黑水城内各遗址地下挖出地面捡拾，分布极其零散，"著名的塔"所藏文书却集中而丰富，再加上这一发现具有强烈的神秘感和传奇性，以至于它喧宾夺主后来居上，竟然使不少人只知有"著名的塔"的发现而不知其他，只知有1909年发现说而不知有1908年发现说。

总而言之，在构成黑水城文献发现的1908年、1909年两个时段和黑水城城内各遗址、城外佛塔两个地点中，如果以数量计，当然以1909年城外佛塔文献的发现最为丰富和集中，影响也最大；若以时间而言，无疑又以1908年黑水城城内各遗址出土的文献为最早。判断学术新材料的发现始年当然应当考虑文献的数量和事件的影响，然而起决定因素的毕竟是时间的早晚。所以，无论如何，1908年都应当是黑水城文献发现的始年，这就是笔者最终得出的结论。同时，这也是笔者写作本文并于本年4月在河北省社会科学院举办"纪念黑水城文献发现一百周年学术研讨会"的最初动机。

## 二、黑水城文献在近代新材料发现史上的地位

（一）黑水城文献是近代中国古文献新发现的重要构成

20世纪20年代，著名学者王国维在《最近二三十年中中

国新发见之学问》一文中曾对近代以来我国发现的几大宗新材料予以高度概括和评价，称"自汉以来，中国学问上之最大发现有三：一为孔子壁中书；二为汲冢书；三则今之殷墟甲骨文字，敦煌塞上及西域各处之汉晋木简，敦煌千佛洞之六朝及唐人写本书卷，内阁大库之元明以来书籍档册"，并认为"此四者之一已足当孔壁、汲冢所出，而各地零星发现之金石书籍，于学术之大有关系者，尚不予焉"，从而得出了"近日之时代可谓之'发见时代'，自来未有能比者"的卓识。[①]王氏一言九鼎，从此奠定了殷墟甲骨、汉晋简牍、敦煌文书和内阁大库档案四大发现在中国近代新材料发现史上的崇高地位，"近代中国学术史四大发现"或曰"近代中国古文献四大发现"的命题由此不胫而走，几乎成为学人津津乐道的共识。

实际上，在中国近代与殷墟甲骨、汉晋简牍、敦煌文书和内阁大库档案四大发现足以等量齐观的大发现还有一个，这就是近年屡有学者提到的黑水城文献。[②]理由有三：第一，黑水城文献发现于1908年，与殷墟甲骨、汉晋简牍、敦煌文书和内阁大库档案发现于1900年前后的时间差不多。第二，黑水城文献首先由俄国探险家发现并运藏俄国，这与20

①王国维：《静安文集续编·最近二三十年中国新发见之学问》，《王国维遗书》第5册，上海古籍出版社，1983年，第64—65页。

②例如白滨在《黑水城遗书述略》一文即说黑水城文献可与被学术界誉为19世纪末到20世纪初中国学术史上四大发现的殷墟甲骨文、甘肃汉晋简牍、敦煌遗书、清内阁大库档案相媲美，可视为第五大发现。（收于沈卫荣等主编：《黑水城人文与环境研究》，中国人民大学出版社，2007年，第518页）。

世纪初敦煌文书发现后遭到外国探险家攫取，大部分珍品流失海外的归宿类同。也正因为如此，形成了黑水城文献主体庋藏于海外，国际影响巨大，学术研究国际化程度高的特点。第三，黑水城文献虽然与敦煌文书（包括吐鲁番文书）相比数量偏少，但总体而言内容丰富，数量巨大，仍称得上是大宗文献。敦煌文书的总量目前缺乏精确统计，据粗略估计在四五万件以上。黑水城文献的总量也没有精确统计，就其三大收藏而言，俄藏黑水城文献一般说有8000多个编号，英藏黑水城文献有4000多件，中国藏即内蒙古文物考古队1983年和1984年两次在黑水城发掘所得文书近3000件，全部加起来不到2万个编号（件）。如果以印刷的版面计算，白滨先生粗略估计至少有15万—20万面。这一数字尽管与敦煌文书总量相比差距甚大，但比殷墟甲骨、汉晋简牍要丰富许多，作为考古出土的文献已是相当可观。仅凭这三点，黑水城文献就足以与殷墟甲骨、汉晋简牍、敦煌文书和内阁大库档案并称近代以来古文献的重大发现。

黑水城文献既有如此数量如此影响，又与其他重大发现几乎在同时期，为什么王国维不与之并列五大发现而只称"此四者"呢？综观王国维《最近二三十年中中国新发见之学问》一文，他确实是将汉代以来"中国学问上"最大的发现归结为三次，第一次是汉代的"孔子壁中书"，第二次是西晋的"汲冢书"，第三次则是近代的殷墟甲骨、汉晋简牍、敦煌文书和内阁大库档案"此四者"，没有将黑水城文献列入其中。但是，王国维在发出"故今日之时代，可谓之发见时代，自来未有能比者也"的议论之后紧接着又说道：

"今将此二三十年发见之材料，并学者研究之结果，分五项说之。"他在随后列举新发现材料的五个方面中，前四个即殷墟甲骨、汉晋简牍、敦煌文书和内阁大库档案，第五个则是"中国境内之古外族遗文"。他所列举的"古外族遗文"根据发现人国籍和"遗文"种类分为三类，一是俄国人"拉特禄夫"于蒙古元和林故城北发现的"突厥阙特勤碑、苾伽可汗碑、回鹘九姓可汗碑三碑"的突厥文字、粟特文字材料；二是英、法、德、俄四国探险队入新疆"所得外族文字写本尤夥，其中除梵文、佉卢文、回鹘文外，更有三种不可识之文字，旋发现其一种为粟特语。而他二种则西人假名之曰第一言语、第二言语，后亦渐知为吐火罗语及东伊兰语"；三是"宣统庚戌俄人柯智禄夫大佐于甘州古塔得西夏文字书，而元时所刻河西文大藏经后亦出于京师，上虞罗福长乃始通西夏文之读，今苏俄使馆参赞伊凤阁博士（Iva-noff）更为西夏语音之研究"。由此可见，王国维在一篇短文中使用了两组系列数字，一组系列数字是"中国学问上之最大发见有三"，另一组系列数字是分五项说明的近"二三十年发见之材料"。他所说的"中国学问上之最大发见有三"，包括属于第三次发现的殷墟甲骨、汉晋简牍、敦煌文书和内阁大库档案"四大发现"，指的都是汉文材料；他所列属于"二三十年发见之材料"的五项则是总括汉文和"古外族遗文"而言，其中的前四项是汉文材料，后一项则是专指"古外族遗文"。这说明王国维有关近代新材料发现的两种说法是从不同的视角而做出的判断。换言之，他所说的"此四者"即后来被学者们概括为学术史的四大发现是单就汉文而言，他所列举的近"二三十年发见之材料"的五项材料则是在汉文之外又加上了"中国境内之古外族遗文"。王国维实际上从不同的角度提出了学术史的"四大发现说"和"五大发现说"两种说法，前者是单就汉文而言，后者是就总括汉文和"古外族遗文"而言。

王国维虽然也将"中国境内之古外族遗文"作为五大新发现材料之一，并将科兹洛夫（王国维称为柯智禄夫）发现的黑水城文献作为其中的组成部分，但遗憾的是并没有将黑水城文献单独提出与殷墟甲骨、汉晋简牍、敦煌文书和内阁大库档案并列，其原因可能是王国维当时所得信息有限并夹杂有相当的错误，例如他说科兹洛夫发现的文献来自"甘州古塔"显然不符合黑水城当时属于土尔扈特蒙古的事实，所说这些文献是"西夏文字书"显然也不符合其中汉文等非西夏文文献占有相当比例的事实。我们有理由推知《学衡》1925年发表《最近二三十年中中国新发见之学问》时，王国维对黑水城文献所知非常有限，这应该就是他将"中国境内之古外族遗文"列为近二三十年中新材料第五大发现却没有将黑水城文献独立作为一大发现的原因。无论如何，综合考虑学术影响和文献数量等因素，或至少是在文献数量方面，黑水城文献都超过同属"古外族遗文"范畴的突厥文、粟特文、梵文、佉卢文、回鹘文、吐火罗语及东伊兰语等材料，完全称得上是中国近代以来一次新材料的大发现。一言以蔽之，黑水城文献是近代中国古文献新发现的重要构成，而且应该是与殷墟甲骨、汉晋简牍、敦煌文书和内阁大库档案一起并称为中国近代学术史的五大发现。

（二）黑水城文献的出土形成了近代新发现材料的完整系列

黑水城文献不仅应该与殷墟甲骨、汉晋木简、敦煌遗书、内阁大库档案并称近代中国学术史的五大发现，而且由此实现了五大新材料之间的彼此衔接，构成了近代新发现材料的完整系列。这主要体现在以下两个方面：

第一，从时间上说，黑水城文献填补了敦煌遗书与内阁大库档案之间的时代空白，由此形成了从殷墟甲骨到汉晋木简，到敦煌遗书，再到黑水城文献直至内阁大库档案，最终使近代发现的五大新材料形成了上下贯通、与时代衔接、与整个中国历史演进脉络相对应的完整的新材料链条。我们知道，近代以来甲骨文主要出土于今河南安阳地区的殷墟一带，所属时代都是殷商时期，以后其他地方也有少量出土，所属时代延至西周，可以说甲骨文是反映殷周时期特别是殷商时期历史的新材料。我们还知道，近代以来发现的汉晋木简也随着考古发掘的新进展使其内容不断扩大充实，20世纪70年代发现的云梦秦简，80年代以后陆续发现的战国楚简、汉南越王国简牍、尹湾汉简、走马楼吴简和近年发现的里耶秦简等，极大地增加了简牍的数量和丰富了简牍的内容。这些简牍出土地由北到南，从西到东，所属时代由汉而上延至秦，再延至战国，时代跨度自战国直至西晋，成为反映战国至西晋时期历史的新资料。我们更知道，数万件敦煌文书的时代范围自公元5世纪至11世纪，对应的朝代自十六国时期至北宋初期，无疑是反映十六国时期至北宋初期特别是唐五代历史的新材料。至于内阁大库档案，其时间范围是明清两代，数量十分惊人，有1000多万件，绝大多数是反映明清两朝历史的新材料。以上四大新发现材料，甲骨文所对应的朝代主要是殷周时期特别是殷商，简牍文献所对应的朝代主要是战国秦汉三国西晋时期，敦煌文书所对应的时间是十六国南北朝隋唐五代北宋初期，内阁大库档案所对应的朝代是明清时期。由此可见，在中国古代传统的王朝体系（即夏商周春秋战国秦汉魏晋南北朝隋唐五代宋辽金元明清）中，以上四大新发现材料所对应的王朝只缺夏代和宋辽金元两大时期，而夏代是否有文字产生迄今无法得到考古证实，所以在殷商至明清的王朝体系中缺乏对应新材料的时期实际上只有宋辽金元一段①，可以这样说，四大新发现材料所对应的历史时期只在宋辽金元这一段存在缺口。而黑水城文献的主体部分是西夏文文献，西夏文之外的汉文部分除了人们所熟知的大量夏、宋、金、元（包括北元）文献之外，还有数量不等的唐代、五代、辽代和伪齐文书，这些西夏文和汉文文书主体部分所对应的历史时期恰好是宋辽夏金元时期。②我们正是从这个意义上说，黑水城文献可以填补近代以来新材料体系中敦煌遗书与内阁大库档案之间的时代空白，从而使近代发现的五大新材料形成上下贯通、与时代衔接、与整个中国历史演进脉络相对应的完整的新材料链条。黑水城文献是

---

①敦煌文书的时间下限是北宋初年，但这些文书都属于归义军政权，而归义军政权又属于独立性极强的地方藩镇，因此这些文书严格意义上讲与北宋无关。

②关于黑水城文献的朝代构成，笔者曾撰《黑城学：一个更为贴切的学科定名》进行说明，见《河北学刊》2007年第4期，第91—100页。

近代新发现材料链条中不可或缺的环节。

第二，从物质形态上说，黑水城文献填补了近代发现新材料体系中有关版本和装帧形式方面的某些残缺环节，从而丰富了新发现古代文献载体及其版本和装帧形式的种类构成，并使之形成了比较完整的系列。在殷墟甲骨、汉晋简牍、敦煌文书、黑水城文献和内阁大库档案五大新材料体系中，殷墟甲骨文献的载体是龟甲和兽骨，汉晋简牍文献的载体是竹木板条，这两种载体都属于硬质材料；敦煌文书、黑水城文献和内阁大库档案的载体都是纸张，属于软质材料，因此，单就文献载体的质料而言，殷墟甲骨、汉晋简牍、敦煌文书和内阁大库档案已经具备了各种软硬质的书写材料，黑水城文献在这一点上并没有提供新的内容。但是，在文献的形成方式、版本形式和装帧形式方面，黑水城文献贡献良多。例如文献的形成方式和版本形式，殷墟甲骨文的形成方式是锲刻，汉晋简牍的形成方式是在竹木板条上书写，敦煌文书和内阁大库档案绝大部分或大部分是手写本，极少或很少是刻本印本，尤其是敦煌文书，其具有特点的形式是在纸上书写的写本。黑水城文献的特点则是印本，虽然它也包含相当数量的写本，而且是最具价值的部分，但它与其他四大新材料相比较而具有的独特之点就是印本数量所占比例最高，以印本为主且种类繁多（有木刻印本、活字印本等。活字印本中又有木活字印本和泥活字印本等）是黑水城文献极其鲜明的特点之一。再如装帧形式，殷墟甲骨文多是以单件龟甲和兽骨为文献单位，汉晋简牍现在所能看到的虽是单片木简而原本多是编连成册，敦煌文书则"已经具备了卷轴装、龙鳞装、梵夹装、经折装、粘页装、蝴蝶装、线装的各种形式。但是，由于写本占据的绝对地位，从简帛形式导致的卷轴装、从贝叶形式导致的梵夹装，从卷轴装演变的经折装，从卷轴装演变的龙鳞装，始终是主要的形式"。[1]而黑水城文献在装帧形式方面有了更进一步的发展，既具有十分成熟的线装，也具有后来长期不知其名的缝缋装。近代出土发现的新材料包含了有关古籍版本的各种主要装帧形式，至少其中成熟的线装和缝缋装就是由黑水城文献提供的，所以从这个意义上说黑水城文献对于新材料在文献载体、版本装帧形式等方面构成完整系列功不可没。

当然，黑水城文献的贡献不止以上两个方面，例如它以西夏文文献的特色为近代新材料的多文字家族增添了一个新的种类，更为人熟知。限于篇幅，恕不一一列举。

## 近代新发现材料的系列构成表

|  | 时间 | 文献载体 | 版本 | 代表性的装帧形式 |
|---|---|---|---|---|
| 殷墟甲骨 | 商周 | 硬质 | 锲刻 | 单片甲骨 |
| 汉晋木简 | 秦汉晋 |  | 书写 | 简册编连 |
| 敦煌文书 | 十六国至北宋初 | 软质 | 写本为主 | 卷轴装 |
| 黑水城文献 | 唐五代宋辽夏金元 |  | 印本为主 | 成熟线装 |
| 内阁大库档案 | 明清 |  | 写本为主 | 档案卷宗 |

以上我们通过说明黑水城文献发现的始年和论证黑水城文献在中国近代新材料发现史上的地位，力图解决黑水城文

---

[1] 束锡红：《西夏文献版本五题》，《敦煌研究》2008年第1期，第112页。

献学或曰黑城学的两个基本问题。本文的这一目的不管是否达到，都无法改变这样一个事实：黑水城文献重见天日已经走过了百年。

敦煌文书发现于1900年，黑水城文献发现于1908年，黑水城文献仅比敦煌文书晚了八年，两者基本上属于同时发现。但百年之中，敦煌学很快风靡全球，成为一门国际性的显学；黑水城文献的研究却步履蹒跚，起步早而发展慢、影响小，直至20世纪90年代前后特别是随着《俄藏黑水城文献》的陆续出版才渐入佳境；两门几乎同时发现的大宗文献，其学术命运竟形成了如此巨大的落差。黑水城文献研究的滞后，主要原因当然在于以往主要文献收藏国文化政策的封闭性，但也与我国学术界事实上存在的敦煌学界和唐史学界不越界、宋史学界不屑于、元史学界不关注、学术界的认识不到位不无关联。然而，"祸兮福所倚，福兮祸所伏"。黑水城文献研究滞后的时差，固然是其自身的不幸，但同时也为学术界提供了新机；黑水城文献研究的前人成果少积累少[1]，固然造成了研究的参考资料少，但同时也为学者提供了更多的突破点和填补空白的空间；黑水城文献研究薄弱环节的存在，也正是其自身价值和广阔学术发展的前景所在。总之，黑水城文献研究或曰黑城学充满了学术生机，是一方值得继续开垦和精耕细作的学术沃土。

（与刘广瑞合作，见《中国史研究》2008年第4期。收入本书有压缩）

---

[1] 据笔者粗略统计，自黑水城文献发现以来公开发表的有关黑水城文献研究的论文总数最多四百篇，专著寥寥无几。

# 敦煌学视野下的黑水城文献研究

　　1908年4月和1909年6月，俄国探险家科兹洛夫两次进入位于今内蒙古自治区额济纳旗的黑水城遗址，攫取了大批历史文物和文献运往俄罗斯，其中的历史文献就是足以与殷墟甲骨文、汉晋简牍、敦煌文书、内阁大库档案等相媲美的黑水城文献。黑水城文献作为近代中国古文献新发现的重要组成部分，虽然与殷墟甲骨、汉晋简牍、敦煌文书和内阁大库档案一起堪称中国近代学术史的五大发现，发现时间也已超过百年，但是与其他四大新发现材料尤其是与早已成为国际性显学的敦煌学相比，却显得命运坎坷，偃蹇多舛。尽管自20世纪90年代中期以来随着《俄藏黑水城文献》的出版，黑水城文献的研究渐成学术新潮，但围绕着这股学术新潮而需要解决的一系列问题，例如学科命名、黑水城文献发现始年、在近代新材料发现史上的定位、与其他新材料发现而形成学科（例如敦煌学）的关系等一系列问题长期悬而未决。近年来，笔者曾陆续撰文《黑城学：一个更为贴切的学科定名》①《黑水城文献发现的始年及

063

---

①孙继民：《黑城学：一个更为贴切的学科命名》，《河北学刊》2007年第4期，第91—100页。

在近代新材料发现史上的地位》等，力图澄清黑水城文献研究与西夏学的关系，确立黑水城文献发现在中国近代新材料发现史上的地位等问题。本文拟就黑水城文献研究与敦煌学的关系问题，包括黑水城文献研究与敦煌学的相关性和区别点、黑水城文献研究如何借鉴敦煌学已有经验和理路等，提出笔者个人一些初步的见解，以求正于大家。

## 一、黑水城文献与敦煌文书的联系

黑水城文献研究或曰黑城学、西夏学虽然已经走过了百年的时间，但也只是在最近20来年才愈来愈以一门独立学科或专门学问的姿态活跃于中外学术舞台。在黑水城文献发现以来的百年时间内，有相当长的一个时期由于信息的闭塞和主要文献收藏国文化政策的封闭性，黑水城文献的整体情况对多数人来说基本处于一种扑朔迷离的状态，人们知之甚少，以致有时候不免将敦煌文书与黑水城文献混为一谈，例如《俄藏敦煌文献》混入了一部分黑水城文献就是典型的事例。[①]当然，也有不少情况是因为黑水城文献自身在许多方

①如日本学者竺沙雅章指出，《俄藏黑水城文献》第6册第69页刊发的两件原被《附录·叙录》确定的西夏刻本的佛经残叶一是俄藏编号 φ123A《增壹阿含经利养品第十三》，另一是俄藏编号 φ204A《增壹阿含经结林品第四十六》，是混入俄藏敦煌文献的黑水城文献（见《关于黑水城出土的辽代刊本》，《汲古》第43号，2003年，第20页）。同年，中国学者金滢坤也撰文指出，《俄藏敦煌文献》第16、17两册误收入的黑水城文书达17件（见《俄藏敦煌文献中的黑城文书考证及相关问题的讨论》，《敦煌学》第24辑，2003年，第62—63页）。

面与敦煌文书存在接近或相似之处，而被作为敦煌学外围学科、相关学科、交叉学科进入了敦煌学者的视野，被视为敦煌学的一部分。所以，有些黑水城文献（包括西夏学）的信息就是通过敦煌学的信息平台发布的，有些黑水城文献研究的学术论文是通过敦煌学方面的专业期刊发表的，有些学者在主要研究敦煌学之外也同时涉猎一些黑水城文献方面的研究。例如在敦煌学信息平台发布刊登的有关黑水城文献（包括西夏学）信息方面，《中国敦煌吐鲁番学著述资料目录索引》第9页即刊有罗福苌的《俄人黑水访古所得记》，向达的《斯坦因黑水获古纪略》；《中国敦煌吐鲁番学著述资料目录索引续编》第22页刊有苏联学者缅希科夫著、中国学者王克孝翻译的《黑城遗书（汉文）诠注目录·导言（一）》，第113页刊有王三庆的《新史料——西夏文〈类林〉据译原典的发现》。此类信息甚多，无须赘举。在敦煌学专业期刊发表黑水城文献研究论文方面，《敦煌研究》《敦煌学辑刊》《敦煌吐鲁番研究》《吐鲁番学研究》等刊物都先后发表过数量不等的黑水城文献研究方面或与此有关的论文。例如《敦煌研究》1996年第3期发表有鲁多娃著、张之林译《哈拉浩特发现的中原风格的绘画作品》，1996年第2期有府宪展《敦煌文献辨疑录》，2001年第1期有宗舜《〈俄藏黑水城文献〉汉文佛教文献拟题考辨》，2004年第2期有李辉、冯国栋《俄藏黑水城文献〈慈觉禅师劝化集〉考》，2005年第5期有束锡红、府宪展《英藏黑水城文献和法藏敦煌西夏文文献的版本学术价值》等。据黄秀兰《西夏学研究20年文献计量分析》一文统计，截至2000年，《敦煌研究》发表西夏学方面的文章计有12篇，占全部发表论文资料869篇总量的1.38%。《敦煌学辑刊》2005年第2期发表有马格侠《俄藏黑城出土写本〈景德传灯录〉年代考》和石坤《从黑城出土汉文文书看元亦集乃路的西夏遗民》，2006年第3期有陈瑞青《黑城所出宋代统制司相关文书考释》，2002年第2期有拙文《黑水城所出宋赵德成家状试释》等。《敦煌吐鲁番研究》第七卷发表有杨富学《回鹘僧与〈西夏文大藏经〉翻译》、第十卷有沙知《〈斯坦因第三次中亚考古所获汉文文献（非佛经部分）〉勘误》和拙文《火器发展史上的重要文献——新刊伪齐阜昌三年（1132）文书解读》。《吐鲁番学研究》2008年第2期发表有吴超《亦集乃路农业管理初探》一文。主要从事敦煌学研究同时也兼做一些黑水城文献研究的学者则有荣新江、邓文宽、柴剑虹、金滢坤、杨富学、余欣等。荣新江有《俄藏〈景德传灯录〉非敦煌写本辨》《〈俄藏敦煌文献〉中的黑水城文献》，邓文宽有《黑城出土〈宋淳熙九年壬寅岁（1182）〉具注历日考》，柴剑虹有《关于俄藏敦煌文献整理与研究的几个问题——兼谈学习潘重规先生在"新亚"演讲体会》《列宁格勒藏〈文酒清话〉残本考索》《俄藏黑城出土释道诗词写本简析》、金滢坤有《从黑城文书看元代的养济院制度——兼论元代的亦集乃路》《〈俄藏敦煌文献〉中黑城文书考证及相关问题的讨论》，杨富学等有《西夏与丝绸之路的关系——以黑水城出土文献为中心》，余欣有《俄藏黑水城方术文献研究：以TK190〈推择日法〉为中心》等。

敦煌文书之所以有时混入黑水城文献，黑水城文献研究之所以有时与敦煌学纠缠在一起，被视为敦煌学的一部分，或被作为敦煌学的外围学科、相关学科、交叉学科，其原因不外乎以下两点：

第一，这是由于二者的学科性质相近，都是中国近代新发现五大材料的重要组成部分，而且是五大新材料中学缘最近的两大学科。我们知道，在中国近代新发现五大材料即殷墟甲骨文、汉晋简牍、敦煌文书、黑水城文献和内阁大库档案中，黑水城文献与敦煌文书在书写材料、形成年代、出土地点、发现时间等方面最为接近。就书写材料而言，殷墟甲骨文和汉晋简牍属于一类，都是硬质材料（殷墟甲骨文属于动物类的龟甲牛骨，汉晋简牍属于植物性的竹木简牍，二者虽有动植物的区分，但都是硬质材料则无区别）；敦煌文书、黑水城文献和内阁大库档案属于一类，都是软质材料，即利用纸张书写或印刷的文献。就文献形成的时间及对应的古代王朝而言，甲骨文所对应的朝代主要是殷周时期特别是殷商，简牍文献所对应的朝代主要是战国秦汉三国西晋时期，敦煌文书所对应的朝代是十六国南北朝隋唐五代北宋初期，黑水城文献所对应的朝代是唐五代宋辽夏金元（包括北元）时期，内阁大库档案所对应的朝代是明清时期。[1]就文献的出土地点和保存地点而言，殷墟甲骨文主要是在中原地区的河南安阳，汉晋简牍主要是在甘肃、新疆维吾尔自治区、内蒙古自治区，敦煌文书主要是在甘肃敦煌的莫高窟，黑水城文献主要是在今内蒙古自治区额济纳旗的黑水城遗

---

①孙继民：《黑水城文献发现的始年及在近代新材料发现史上的地位》，《中国史研究》2008年第4期，第22页。

址，内阁大库档案则是在京城皇宫。就文献的发现时间而言，殷墟甲骨文、敦煌文书和黑水城文献都是在1900年前后几年，内阁大库档案和汉晋简牍则稍后几年。由此可见，在以上书写材料、形成年代、出土地点、发现时间四个方面，中国近代新发现五大材料中只有黑水城文献与敦煌文书同时具备既在书写材料、文字载体上完全一致，又在文献形成年代上衔接密切、交叉较深，还在文献的出土地点、保存条件上相近（都在西北，因气候干燥而得以保存），并在文献的发现时间上接近（敦煌文书1900年发现，黑水城文献1908年发现），其他的殷墟甲骨文、汉晋简牍和内阁大库档案等新材料则不同时具备以上诸点。所以，在近代新发现的五大材料中，黑水城文献与敦煌文书堪称是学缘最近的两个学科或两门学问。

第二，也是由于二者发现的国际文化背景相同，文献最初流散的命运归宿相似。敦煌文书与黑水城文献发现的国际文化背景，是一直持续至20世纪20年代、与西方殖民主义帝国主义相联系的中亚考古探险和文化扩张活动。黑水城文献1908年首先由俄国人科兹洛夫发现，1909年继而又将所获大塔文献亦即黑水城文献的主体全部劫归俄国，最后入藏于俄罗斯科学院东方学研究所圣彼得堡分所（今称俄罗斯科学院东方文献研究所）和俄国国家艾尔米塔什博物馆（冬宫）。1914年5月斯坦因第三次中亚探险从黑水城所获文书后来入藏印度新德里博物馆和大英博物馆，也属于同样性质。敦煌文书虽然是1900年首先由中国人王圆箓发现，但其后来的命运由于外国探险家斯坦因、伯希和、橘瑞超、奥登堡等人的巧取豪夺，其主体和精华相继落入英国、法国、俄罗斯和日本等国的收藏机构和研究机构，只剩劫后残余入藏于北京图书馆（即今国家图书馆）。敦煌文书与黑水城文献这种相同的背景和归宿，影响所及就出现了两种情况：一是不同的探险家将不同批次、不同探险地点所获不同的文献文物带回了探险家同一国籍的所在国，俄国科兹洛夫所获黑水城文献和奥登堡等人所获敦煌文书最后入藏于同一机构——俄罗斯科学院东方文献研究所就属于这种情况；二是同一探险家将同一批次不同探险地点所获不同的文献文物带回了同一收藏机构，斯坦因第三次中亚探险在吐鲁番、敦煌、黑水城等地所获文书文物最后都入藏于印度新德里博物馆和大英博物馆就属于这种情况。以上两种情况又造成了两种结果：前一种情况即科兹洛夫所获黑水城文献和奥登堡等人所获敦煌文书最后入藏于同一机构，无疑是《俄藏敦煌文献》混入了部分黑水城文献，成为敦煌文书与黑水城文献混淆的一个基本原因；后一种情况即斯坦因第三次中亚探险活动的连续性以及将吐鲁番、敦煌、黑水城等地所获文书文物集中一处，实际上就迫使敦煌学学者在研究探险活动和探讨敦煌吐鲁番文书的来龙去脉、原始信息时必须要部分地涉及、了解和研究黑水城等地出土的文献文物，这也就是郭锋《斯坦因第三次中亚探险所获甘肃新疆出土汉文文书——未经马斯伯乐刊布的部分》[①]、沙知《斯坦因第三次中亚考古所获汉文文献

---

①郭锋：《斯坦因第三次中亚探险所获甘肃新疆出土汉文文书——未经马斯伯乐刊布的部分》，甘肃人民出版社，1993年。

（非佛经部分）》①，以及其他一些敦煌学学者需要涉猎黑水城文献的一个基本原因。

## 二、黑水城文献与敦煌文书的区别

明确了黑水城文献与敦煌文书的共同点和联结点后，还需认清黑水城文献与敦煌文书或曰黑城学与敦煌学的区别点。在探讨这一问题之前，需要首先对黑城学与西夏学的关系加以简单说明。

我们知道，学术界长期以来习惯以西夏学代称围绕黑水城文献研究而形成的专门学问，西夏学几乎成为黑水城文献研究的代名词。我们认为这一习惯认识具有相当大的局限性和狭隘性。所谓"西夏学"，根据目前学者们通行的用法，至少包括两层含义：一是指围绕西夏文文献研究而形成的专门学问；二是指围绕西夏王朝研究而形成的专门学问。按照第一种含义，"西夏学"是围绕西夏文而形成、研究对象为单一文种的学问，凡是使用西夏文的文献和以西夏文文献为研究对象并与此相关的论题，均应属于西夏学的范畴。按照第二种含义，"西夏学"是围绕西夏王朝一代、研究对象为西夏单一王朝而文字不限于西夏文的学问，因为西夏王朝使用的文字还包括汉文、藏文及其他文字，凡是以西夏王朝为研究对象，包括以西夏王朝各种文字文献为对象以及与此相

①沙知：《斯坦因第三次中亚考古所获汉文文献（非佛经部分）》，上海辞书出版社，2005年。

关的论题，均应属于西夏学的范畴。概而言之，如果一分为二，西夏学或是指围绕西夏文文献研究而形成的单一文种的专门学问，或是指围绕西夏王朝研究而形成的单一王朝的专门学问；如果合二而一，西夏学则是指围绕西夏文和西夏王朝研究而形成的专门学问。无论如何，"西夏学"与"西夏文""西夏王朝"紧密相连，不可割裂。但是实际上黑水城文献除了人们所熟知的大量西夏文和西夏王朝的文献之外，还有相当数量的非西夏文和非西夏王朝文献，仅《俄藏黑水城文献》汉文文献部分就包括宋、金、元（包括北元）文献，并有少量的唐代、五代、辽代和伪齐文书，黑水城所出汉文文献的朝代构成有唐、五代、辽、宋、西夏、金、伪齐、元（包括北元）诸朝。因此，"西夏学"含义本身的局限性和狭隘性就难免与黑水城文献的客观实际发生冲突。

"西夏学"一语所体现的单一文字含义不足以涵盖黑水城文献所包括的多语种的文字构成；"西夏学"一语所体现的单一王朝含义不足以涵盖黑水城文献所包括的多王朝的朝代构成；"西夏学"一语所体现的清一色西夏文和西夏王朝文献的含义均不符合黑水城文献非西夏文、非西夏王朝文献占有相当比例的事实。正是鉴于目前流行的"西夏学"一语不足以涵盖黑水城文献的性质，"西夏学"不等于黑水城文献学，因此我们主张围绕黑水城文献研究而兴起的专门学问不宜用"西夏学"来指称或代称，而应仿效敦煌学，定名为"黑水城文献学"，或简称为"黑城学"，这是准确反映黑水城文献学术研究性质、完全涵盖黑水城文献文字种类时代构成而又名实相符的最佳学科名称。

当然，我们不主张以"西夏学"来指称或代称黑水城文献研究的学科，但并不反对使用"西夏学"一语，而应明确"黑城学"与"西夏学"各自所对应的研究对象和学科范围："黑城学"所对应的研究对象应是所有黑水城出土的文献材料（包括唐、五代、辽、宋、夏、金、伪齐、元、北元等所有文字所有文献），所有围绕黑水城文献研究涉及的论题均应属于这一学科范围；"西夏学"所对应的研究对象应是所有西夏文文献以及所有与西夏王朝有关的材料，所有围绕西夏文、西夏王朝涉及的论题均应属于这一学科范围。因为黑水城文献既以西夏文、西夏王朝文献为大宗，又有相当比例的非西夏文、非西夏王朝文献，这就不可避免地造成了"黑城学"与"西夏学"既存在大量的交叉渗透，也存在不少方面的壁垒分明。二者既不是包含关系，也不是简单的并列关系，而是有复杂交叉的并列关系，必须具体情况具体分析。

明确了"黑城学"与"西夏学"的关系问题，有助于我们理解黑城学与敦煌学的区别问题。关于二者的区别，我们认为应该主要把握以下两点：

第一，黑城学与敦煌学虽然学缘最近，研究范围有交叉，文献材料的朝代构成有衔接，但二者的研究对象毕竟分属不同的领域，各自构成相对独立的专门学问。在中国近代新发现的五大考古材料中，就文献的文字种类和时代构成而言，敦煌文书与黑水城文献确有相似的一面，即都是一种以文字为主而包括多种文字，以一朝为主而兼跨数朝，但二者表面的相似无法掩盖巨大的实质性区别，敦煌文书是以汉文为主而包括其他多种文字，时代构成是以唐代文献为主而包括其他诸朝文献。黑水城文献则是以西夏文为主而包括其他多种文字，时代构成是以西夏文献为主而包括其他诸朝文献[①]。这说明黑城学的最大特点是以西夏文为主包括汉文以及其他民族文字，研究的朝代涉及唐、五代、辽、宋、西夏、金、伪齐、元（包括北元）诸朝而以宋、西夏、金、元（包括北元）为主。敦煌学是以汉文为主包括其他非汉文的民族文字，研究的朝代以唐朝为主而包括十六国南北朝、隋、五代直至北宋。二者研究的文字、朝代虽有交叉衔接，但各自的研究对象领域分明、区别明显。尤其是黑水城文献的主体是西夏文，而西夏文又是已经消失的死文字，并且历史上西夏王朝的文献极其稀缺，这一切都体现了黑城学诱人的学术魅力，也恰好体现了它不同于以汉文为主要记载形式并且是活文字的敦煌学（也包括甲骨学、简牍学）的最大学术特色。

第二，黑水城文献与敦煌文书虽然在文字载体的书写材料方面都使用纸张，但二者作为代表性的版本形式和装帧形式明显不同，体现了不同的时代特色（见表1）。例如在近代五大新材料体系中文献的形成方式和版本形式方面，殷墟甲骨文的形成方式是锲刻，汉晋简牍的形成方式是在竹木板条上书写，敦煌文书和内阁大库档案绝大部分或大部分是手写本，极少或很少是刻本印本，尤其是敦煌文书，其具有特点的代表性形式是在纸上书写的写本。黑水城文献的特点则是

---

①黑水城出土文献以西夏文文献为主，如俄藏黑水城文献8000多个编号，其中西夏文文献的编号占了90%以上，实际文献量也不低于80%。

印本，虽然它也包含相当数量的写本，而且是最具价值的部分，但它与其他四大新材料相比较而具有的独特之点就是印本数量所占比例最高，以印本为主且种类繁多（有木刻印本、活字印本等，活字印本中又有木活字印本和泥活字印本等）是黑水城文献非常鲜明的特点之一。再如装帧形式，殷墟甲骨文多是以单件龟甲和兽骨为文献单位，汉晋简牍现在所能看到的虽是单片木简而原本多是编连成册，敦煌文书虽然有卷轴装、龙鳞装、梵夹装、经折装、蝴蝶装、线装等各种形式，但代表性的形式是卷轴装等。而黑水城文献最具代表性的装帧形式则是成熟的线装，并出现了后来长期不知其名的缝缋装①。近代出土发现的新材料包含了有关古籍版本的各种主要装帧形式，至少其中成熟的线装和缝缋装就是由黑水城文献提供的。可以这样说，在文献载体、版本装帧形式等方面，黑水城文献较之于敦煌文书具有自己鲜明的时代特色。

## 表1 近代新发现五大材料诸要素构成对照表

|  | 时间 | 文献载体 | 版本 | 代表性的装帧形式 |
|---|---|---|---|---|
| 殷墟甲骨 | 商周 | 硬质 | 锲刻 | 单片甲骨 |
| 汉晋木简 | 秦汉晋 |  | 书写 | 简册编连 |
| 敦煌文书 | 十六国至北宋初 | 软质 | 写本为主 | 卷轴装 |
| 黑水城文献 | 唐五代宋辽夏金元 |  | 印本为主 | 成熟线装 |
| 内阁大库档案 | 明清 |  | 写本为主 | 档案卷宗 |

①牛达生：《西夏活字印刷研究》，宁夏人民出版社，2004年，第131—144页。

### 三、敦煌学对黑水城文献研究的意义

敦煌文书发现于1900年，黑水城文献发现于1908年，黑水城文献仅比敦煌文书晚了八年，两者基本上是同时发现。但百年之中敦煌学很快风靡全球，成为一门国际性的显学；黑水城文献的研究却步履蹒跚，起步早而发展慢、影响小，直至20世纪90年代前后特别是随着《俄藏黑水城文献》的陆续出版才渐入佳境。两门几乎同时发现的大宗文献，其学术命运竟形成了如此巨大的时代落差。黑水城文献研究的滞后，固然是黑城学的不幸，但也意味着它是一方值得继续开垦和精耕细作的学术沃土，它的未来充满了学术生机。黑城学也正好可以借鉴敦煌学百年来的经验教训，利用自己的后发优势，将黑城学研究的学术水平推进到一个新的高度。笔者以为，敦煌学对黑水城文献研究的意义至少可以体现在以下两点：

（一）敦煌学的学术成就和学科建设对黑城学的发展具有重要的示范作用

在近代五大新发现材料中，殷墟甲骨文、汉晋简牍和内阁大库档案三大材料的主要部分收藏在国内，敦煌文书和黑水城文献两大材料的主要部分收藏在国外。因此，就新材料的收藏分布而言，黑水城文献和敦煌文书具有明显的国际性，殷墟甲骨文、汉晋简牍和内阁大库档案则不具备这个特点。由此围绕五大新材料而形成的各个专门学问也形成了两大分野：黑城学（包括西夏学）和敦煌学因为文献材料收藏

的主体在国外，从事研究的既有中国人也有外国人，因此学科的国际属性色彩比较浓厚；而甲骨学、简牍学和内阁大库档案学因为文献材料收藏的主体在国内，从事研究的主要人员是中国人，其学科的国内属性比较典型。

黑城学（包括西夏学）和敦煌学尽管都是文献主体庋藏于海外，学科的国际影响巨大，学术研究的国际化程度高，但二者在学科规模、学术成就和学术影响方面不可等量齐观、同日而语。敦煌学被称之为一门国际性的显学，黑城学则显然不能如是说，其学术成就显然不能望敦煌学之项背。不过，敦煌学的学术成就可在两个方面对黑城学有着重要的启示作用。

一是敦煌学构筑了一个近代罕有的中西互动的共同学术平台，促进了中西学术平台的国际接轨。我们知道，19世纪下半叶和20世纪上半叶是中国传统文化学术走向近代化的重要转折时期。这一时期，面对西方世界铺天盖地、风靡华夏的欧风美雨，中国传统的文化学术基本上只有招架之功而无还手之力，二者完全处于一种不对称的地位。由于时代使然，中国传统的文化学术只能选择走向近代的转型与改造之途，中西文化在总体上不可能旗鼓相当，不可能有对等的学术平台。但是，敦煌文书的发现及其主要部分流落国外，一方面刺激了中国知识界，触动了知识分子的悲情意识，唤醒和强化了知识界维护发掘祖国文化遗产的学术自觉，于是就有了"敦煌者，吾国学术之伤心史也"的浩叹，19世纪20年代阻止斯文·赫定单独前往西北地方的探险，并最后组成了"中瑞西北科学考察团"的行动；另一方面，敦煌文书分布的国际性特点和中外学者共同感兴趣的资料和论题，又为中西学者提供了双方互动的共同材料、共同话语、共同平台，从而在中西文化总体不对称、不对等的大背景之下，却在敦煌学这一狭小领域和局部环境之内营造了一个中西文化相对平等、可以互动、伯仲之间的学术平台。这不仅在近代五大新发现材料形成的新领域、新学问中绝无仅有，而且在整个近代中国学术领域中也属凤毛麟角，非常罕见。这不能不说是我国近代学术史上一个生动独特的学术奇观，从而使敦煌学在学科如林的中国学术界脱颖而出，率先实现了与国际学术平台的对接。

二是敦煌学推动了中国传统学术的近代化进程，为中国传统学术向近代化的转型创造了一个成功的学科实例。说到近代五大新发现材料形成的学科对中国近代学术史的贡献，可以说敦煌学是最成功的学科，但不是贡献最大的学科，贡献最大的学科应该首推甲骨学。因为甲骨学，确切地说是王国维通过甲骨文的实证研究，印证了《史记·殷本纪》有关商史资料的基本可信度，揭示了殷商历史的客观存在，从而"发现了一个时代"，这不仅在甚嚣尘上的疑古思潮中振聋发聩，扭转乾坤，而且开启了将"纸上之材料"与"地下之新材料"相互印证——"二重证据法"的实践先河和最成功的范例，其文化意义和学术贡献不言而喻。但是，由于甲骨文释读的困难，社会内容资料的单薄，甲骨学研究的门槛过高，障碍过多，挖掘难度过大，这毫无疑问限制了学者的参与和社会的广泛关注，因此甲骨学的学术贡献巨大而社会影响有限。它在学科建设层面上对中国学术史的影响，对中国传统学术近代化的影响显然不及敦煌学。敦煌学与甲骨学相比恰巧具备资料齐全、内容丰富（包括语言文字、文学、宗教、史地、艺术、科技、医学等）、便于释读的天然优势，既有利于较多学者的参与，形成学科规模优势，又容易引起大众关注，成为"显学"。敦煌学在成为"显学"的过程中，也的确发挥了对整个学术界乃至社会的影响带动效应，它所倡导和实践的学术理念（重视新材料、重视考古材料、重视中西文化交流等）、学术方法（重视"二重证据法"、重视国际交流等）在中国学术界无疑发挥了持续而重要的影响。可以说，敦煌学通过自身实践，不仅直接推动了中国传统意义上的形而下的金石、博物之学提升到了近代的形而上的学理之学，而且间接促进了整个中国学术的近代化转型，在中国近代化诸学科中起到了先锋前卫作用，成为中国学术近代化的一个侧影和成功典型。

（二）敦煌学研究方法的成熟经验对提高黑城学的整体水平具有重要的借鉴意义

黑城学研究目前存在的问题，一是整体研究力量偏小，相对于敦煌学尤其突出。二是研究力量失衡，国外主要集中在俄罗斯和日本，国内长期以来主要集中在北京和宁夏回族自治区等地，尤其是宁夏，以至给人的印象似乎西夏学只是宁夏回族自治区的地域之学、地方之学，作为黑水城文献之乡的内蒙古自治区很少有人涉猎研究，这种情况只是在近年才有所改变。三是研究成果的不平衡也比较突出，整个20世纪的研究成果主要体现在西夏的语言文字方面。这种状况直到20世纪90年代随着《俄藏黑水城文献》的陆续出版才逐渐得到改变；非西夏文材料的研究成果日益增多，其中汉文文献的研究更获得长足进步。四是重整理而轻研究，出版的资料很多，而深入的研究较少，甚至是低水平地重复出版。因为缺乏深入的研究，以至有些出版的资料书籍在体现学术水平的文献定名方面要么错误百出，要么过于简单，失去定名的意义。五是整体研究水平有待进一步提高。就笔者比较熟悉的汉文文献研究而言，与敦煌学比较，在大致相同或类似的文献研究方面，黑城学的研究水平要明显落后于敦煌学。例如对文书的录文校对，敦煌学界早已形成一套通行的整理规范，既注意做到科学准确，也注意吸收并尊重前人成果。但这套整理规范对研究黑城学的不少人显得非常生疏，或文字只有释录而无校注，或利用别人已有释录却不加以任何说明。再如学风空疏，空洞的研究多于具体的考证，有些研究貌似宏观，实质上空洞无物或空话连篇，重复率太高。这与敦煌学界的细密具体相去甚远。

　　黑城学研究方面存在的问题不止于以上五个方面，这里只是粗略罗列一二，希望引起同行的注意。以上存在的问题对于敦煌学界来说基本上已解决，但对黑城学界来说目前还有不少问题仍在重复。黑城学在这一方面应该向敦煌学界学习，借鉴敦煌学界已有的经验教训，避免敦煌学界曾经走过的弯路，将敦煌学界行之有效的一整套文献整理的方法，包括文书的缀合、录文、校注、辨伪、定名、考证等原则做法统统拿来为我所用。敦煌学所走过的历程有些是不可逾越的阶段（例如从个案研究走向层次研究、类别研究，从具体研究走向整体研究、关联研究等），有些则是应避免的弯路

（例如录文校注的失范等）。黑城学只要认真借鉴和吸收敦煌学的已有经验和理路，充分发挥自己的后发优势（目前黑城学三大收藏资料的绝大部分已经出版公布，其中《中国藏黑水城汉文文献》还是彩色印刷，这对研究极为有利），就一定能够迎头赶上，缩短与敦煌学的差距，创造自己的学术辉煌。我们期待着这一天的到来。

（见《南京师大学报（社会科学版）》 2009年第3期）

# 公文纸本：传世文献最后一座待开发的富矿

近代以来，我国对典籍文献新资源的利用和开发首先开始于考古出土新文献的发掘、整理和研究，20世纪50年代以后特别是80年代以后又扩展到传世典籍文献新资源的搜集、整理与开发。考古出土新文献的发掘、整理与研究的对象就是人们津津乐道的近代考古新材料的"三大发现"或曰"四大发现"。称三大发现者通常指商周甲骨文、战国至西晋简帛文字、十六国至宋初敦煌文书（包括吐鲁番文书）；称四大发现者则加上属于宋辽夏金元时期的黑水城文献。传世典籍文献新资源的搜集、整理与开发的对象主要是明清内阁大库档案、徽州文书、清水江文书及巴县档案、南部县档案、河北获鹿档案等。经过近百年，特别是改革开放以来30多年，我国学术界、出版界在文献新资源的整理、开发方面取得了辉煌成就，出版了一系列标志性的大型文献资料编纂成果，对文献新资源整理与开发涉及的范围之广、种类之多和数量之大，几乎涵盖了传世典籍文献和考古出土文献的各个方面，从而形成了我国历史上前所未有的整理出版新文献的高潮。不过，目前已出土的考古新文献基本整理完毕（仍有一批正在进行中），各地古代公私档案（包括民间散存的各种文献）正陆续进入相关地区、部分研究者视野或已着手整理，普遍认为除了将来考古新发现之外已无大宗新材料、新文献发现的情况下，笔者提请学界同行注意：我们还有一笔非常丰厚却基本不为人所知而处于待开发状态的文化遗产和文献资源，这就是蕴藏于我国传世典籍文献中的公文纸本文献。

所谓公文纸本，在版本学界和目录学界通常称为公文纸印本，也称公牍纸本、文牍纸本、官册纸本等，是古籍刻印本的一种特殊形态，专指宋元明时期利用官府废弃的公文档册账簿（包括私人书启等写本）纸背刷印的古籍，亦即古人利用公私废旧纸张背面印刷的古籍印本。不过，笔者认为，对"公文纸印本"概念的使用还需要一个补充说明，即除了"公文纸印本"之外，还应该有"公文纸抄本"的概念，即古人利用公私废旧纸张背面抄写的古籍，公文纸抄本虽然极少，但毕竟存在（详下），应视为"公文纸本"之一类。

现存的公文纸本最早为宋代，元明时期相对较多，清代很少见。传世公文纸本的数量，周广学先生《古代的公牍纸印书》一文所列有16种①，日本学者竺沙雅章先生《汉籍纸背文书の研究》一文曾就包括中国和日本所见所知做过统计，共计35种，其中，宋代9种，元代9种，明代17种。②竺沙雅章先生的统计并不全面，笔者曾据《中国古籍善本书目》所载进行过不精确的统计，发现宋元明时期的公文纸印

---

①周广学：《古代的公牍纸印书》，《图书与情报》1991年第3期，第65—67+34页。

②[日]竺沙雅章：《汉籍纸背文书の研究》，《东京大学文学部研究纪要：第十四》，1973年，第1—54页。

本远不止35种，各朝公文纸印本累计至少有64种之多。而瞿冕良先生在《略论古籍善本的公文纸印、抄本》一文中更是罗列出各代公文纸印本81种，另外还列出公文纸抄本15种，总计96种。①这仍然不可能是现存公文纸本的全部，例如沈津先生《公文纸印本——〈重刊并音连声韵学集成〉》②《明代公文纸抄本两种——〈明文记类〉〈观象玩占〉》③两文介绍的公文纸印本《重刊并音连声韵学集成》和公文纸抄本《明文记类》《观象玩占》，这三种印本和抄本即不在瞿冕良先生的统计之列。由此推测，古代公文纸本的总数超过100种应无疑义，估计至少应有一百几十种。

因为现在缺乏古代公文纸本的总数统计，公文纸本所包含的古代公私文献的总量不得而知，但我们不妨做一个大致推测。按现存公文纸本总数100种推算，如果每种约略相当《宋人佚简》④所含公私文档780页，则公文纸总数100种本应含公私文档在78000面左右；如果每种约略相当《宋西北边境军政文书》⑤所含文档109页，则公文纸本总数100种应

①瞿冕良：《略论古籍善本的公文纸印、抄本》，《山东图书馆季刊》1992年第2期。

②沈津：《公文纸印本——〈重刊并音连声韵学集成〉》，收于氏著《书林物语》，上海辞书出版社，2011年，第53—60页。

③沈津：《明代公文纸抄本两种——〈明文记类〉〈观象玩占〉》，收于氏著《书林物语》，第61—66页。

④《宋人佚简》为宋龙舒本《王文公文集》纸背文献，见上海市文物管理委员会、上海博物馆编：《宋人佚简》，上海古籍出版社，1990年。

⑤《宋西北边境军政文书》为西夏文《文海宝韵》纸背文献，图版收于《俄藏黑水城文献》第6册，上海古籍出版社，2000年，第164—273页。

含公私文档11000面左右。《宋人佚简》属于篇幅相对较大的公文纸本，《宋西北边境军政文书》属于篇幅相对较小的公文纸本，二者相加除以二，则100种公文纸本所含公私文档的平均总数应在44000面左右。我们知道，专家们估计敦煌文书总数有58000多件，吐鲁番文书总数约有42000件，黑水城文献约有20000件（当然，我们这里说的敦煌、吐鲁番文书和黑水城文献的"件"，与公文纸本的"页"即"面"有所不同。有的"件"可能包含多个"面"，例如黑水城文献20000件，白滨先生估计其页数应在15万—20万面）。可见，公文纸本所含公私文档总页（面）数虽然不能与敦煌文书、吐鲁番文书和黑水城文献相提并论，但其数量之大仍足以堪称是敦煌文书、吐鲁番文书和黑水城文献之外的又一大宗历史文献。

公文纸本所蕴涵的文献在来源上与敦煌文书、吐鲁番文书、黑水城文献明显不同。敦煌文书、吐鲁番文书和黑水城文献属于考古出土文献，公文纸本则属于传世文献的一部分。不过，公文纸本又与一般意义上的传世文献不同。如果说传世文献包括以古籍形式流传的文献和以公私档案形式流传的文献两大部分的话，那么，以古籍形式流传的文献和以公私档案形式流传的文献，均为藏者和读者有了一定程度的了解或研究，包括著录、阅读和使用，属于人们已知或曰已经开发、利用的传世文献。而公文纸本则因为属于册子线装形式的古籍的背面文献，古籍由于线装装订的缘故不能或不宜轻易打开，因此其背面文献内容不为人知或知之甚少。所以，它在相当程度上属于人们未知或曰未被开发、利用的传世文献。公文纸本虽形式上属于传世文献却在性质上类似于考古新发现的新文献，而其总量又仅次于敦煌文书、吐鲁番文书和黑水城文献，这便是我们将其称为传世文献最后一座待开发的富矿的原因所在。

公文纸本文献作为一种文献资源富矿，目前的利用或曰开发极其有限，笔者所知仅有两种。一种是出自黑水城文献的《宋西北边境军政文书》（该文献属于考古出土的文献，与传世古籍保存的公文纸本在来源上有所不同），一种是根据宋代公文纸印本《王文公文集》背书整理而成的《宋人佚简》。《宋西北边境军政文书》本是宋代西北边境鄜延路地区（今延安地区）军政活动的原始记录和公文档案，共109页，涉及两宋之际政治军事活动、陕西战场宋军的军事建置、陕西驻军司法活动、军人日常生活和管理及宋代文书制度等方面内容，后落入西夏人之手，其背面被用来印刷西夏文刻本《文海宝韵》，原书今藏俄罗斯圣彼得堡东方文献研究所，后影印收入《俄藏黑水城文献》第6册，2000年由上海古籍出版社出版。笔者于2006年申请并获国家社科基金资助，撰著而成《俄藏黑水城所出〈宋西北边境军政文书〉整理与研究》一书，2009年由中华书局出版发行。《宋人佚简》系拆自宋刻龙舒本《王文公文集》。《王文公文集》即王安石文集，现存残帙两部，一在日本，一在中国（藏于上海博物馆）。在日本的一部为普通印纸，在中国的一部为公文纸印本。中国的这部印本现存72卷（原本应有100卷），共900余页，其中大部分是用公文纸刷印，有780余页。这些旧纸原是南宋时期舒州的废旧公文档册和舒州知府向沟等官员文人的书启，时间范围在宋高宗绍兴三十二年（1162年）至宋孝宗隆兴元年（1163年）之间，1990年由上海古籍出版社以《宋人佚简》为名影印出版。该书分装为五大册，包括"书简""公牍"两大部分。书简分装于前四册，涉及60余人（其中见于史籍的人物有20余人），计300余通，内容为官员、文士之间交往、酬酢的书启，间或涉及公务处理等。公牍集中于第五册，为绍兴末隆兴初舒州的官府公文，计有127页，分属53件公文，内容涉及南宋初期政治、经济、军事、文化等多个方面。这些资料既是研究宋代州级官府行政制度、公文制度和酒务行政管理制度的细节资料，还是研究宋代财政史和经济史的第一手资料，具有重要的史料价值，正如《宋人佚简·编后记》所说：其"内容之丰富和可贵，无异打开了一座宋代文化遗藏的宝库。"①

公文纸本具有独特的文化和史料价值。周广学先生《古代的公牍纸印书》一文曾将公文纸本的价值概括为四个方面：一是"考定古籍版本的依据"，二是"研究古代纸张的珍贵实物"，三是"研究古代刻书情况的重要参考"，四是"公牍纸上原有的文字，也是研究历史的良好实物资料"。②可以这样说，公文纸本具有正面为古籍刻本内容，背面为原始文献内容的双料价值，公文纸印本相对于一般古籍版本更加珍贵。特别是宋代刊本传世极少，而通过宋代刊本以实物形态保存至今的公牍私启尤其少之又少，由公文纸印本《王

①上海市文物管理委员会、上海博物馆编：《宋人佚简》第5册《编后记》，上海古籍出版社，1990年，第1页。

②周广学：《古代的公牍纸印书》，《图书与情报》1991年第3期，第67、34页。

文公文集》整理而成的《宋人佚简》，正面是"宋代文献"，背面是"珍本古籍"，"两者均系稀世之品，可誉为'国宝'"，充分展现了公文纸印本作为一种特殊古籍版本形态所具有的双料文献文物的价值所在。李伟国先生在《绍兴末隆兴初舒州酒务公文研究》一文中的认识更深刻，曾称公文纸本所承载的公文档案，"从文献角度说，如公牍之类的实物，未经任何删汰概括加工，比方志、会要、法典、编年史、杂史、正史等原始得多""即使片纸只字，亦被珍同球（珠）璧"。①

总而言之，公文纸本文献是我国传世典籍中一座极具珍贵价值、富于开发意义而又亟待发掘的文献资源富矿。1991年周广学先生即呼吁："现在存世的公牍纸书已为数不多，公牍纸书对于今天的学术研究具有较大的参考价值，应当引起人们的足够重视。"20年过去了，笔者愿意在此响应周先生的疾呼：吁请学术界、版本目录学界和图书馆学界的朋友关注传世文献最后一座待开发的富矿——公文纸本文献！

（与魏琳合作，见《光明日报》2012年4月12日"史学版"）

---

①李伟国：《绍兴末隆兴初舒州酒务公文研究（之一）》，收于邓广铭、漆侠主编：《国际宋史研讨会论文选集》，河北大学出版社，1992年，第119页。

# 近代以来公文纸本古籍的流传和存佚

## ——兼议公文纸本原始文献与次生文献的价值比较

古籍公文纸本包括公文纸印本和公文纸抄本两种，本指古人利用废弃官府公文档册和私人文书背面刷印的古籍，有"公牍纸""文牍纸""官册纸""册子纸""册籍纸"等不同称谓①，1987年北京书目文献出版社出版的《北京图书馆古籍善本书目》一书使用"公文纸印本"一语著录此类古籍以后，公文纸本古籍才有了统一的称谓。1989年瞿冕良先生《略论古籍善本的公文纸印、抄本》一文又在公文纸印本之外，提出了公文纸抄本的概念，并列举了十多种公文纸抄本的古籍。②于是，涵盖公文纸印本和公文纸抄本两种古籍形式于一体的"公文纸本"概念的提出就成为一种必然，这也是笔者近年有时在使用"公文纸印本"之外也不排除使用"公文纸本"一称的学术背景。不过，瞿文在追述公文纸印本起源时

---

① [清] 叶德辉著，李庆西标校：《书林清话》卷八《宋元明印书用公牍纸背及各项旧纸》，上海：复旦大学出版社，2008年，第196—198页。

② 瞿冕良：《略论古籍善本的公文纸印、抄本》，《山东图书馆季刊》1992年第2期，第49—55+19页。

提到了敦煌文书中一纸两面书写的写本，认为"是我国版本史上最早的公文纸抄本"。①从公文纸本古籍广义的内涵讲，将敦煌文书（包括吐鲁番文书）唐五代宋以前两面书写的抄本纳入公文纸本也未尝不可，但为避免杂糅混淆之嫌，本文使用的公文纸本古籍一语仅指以册叶线装形式传世的古籍，暂不包括像敦煌文书和黑水城文献等考古发现的卷轴装的公文纸印本和公文纸抄本，这是本文必须首先说明的一点。

自从1990年上海古籍出版社将上海博物馆收藏的宋代公文纸印本《王文公文集》（王安石文集）纸背文献拆装原色原大影印出版成《宋人佚简》②以来，国内学术界对这批南宋的公私档案文献发表了相当数量的研究成果。21世纪初以来，笔者在潜心黑水城汉文文献整理研究的同时，也开始关注并介入《宋人佚简》的整理研究，先后指导研究生完成了五篇有关《宋人佚简》整理研究的硕士学位论文，发表了一系列专题研究论文，并与魏琳等合作出版了《南宋舒州公牍佚简整理与研究》一书。③以此为基础，笔者还于2012年4月12日在《光明日报·史学理论版》上发表《公文纸本：传世文献最后一座待开发的富矿》④一文，在2013年6月5日

①瞿冕良：《略论古籍善本的公文纸印、抄本》，《山东图书馆季刊》1992年第2期，第50页。

②上海市文物管理委员会、上海博物馆编：《宋人佚简》，上海古籍出版社，1990年。

③孙继民、魏琳：《南宋舒州公牍佚简整理与研究》，上海古籍出版社，2011年。

④孙继民、魏琳：《公文纸本：传世文献最后一座待开发的富矿》，《光明日报·史学理论版》2012年4月12日。

《中国社会科学报》A5版《历史学》上发表《现存古籍公文纸本数量概说》①一文，呼吁学术界重视公文纸本古籍原始文献资源的开发和整理研究。近年，随着学术界关注度的提高和国家社科基金课题的连续立项，公文纸印本古籍的整理研究方兴未艾。同时，笔者在各地图书馆调研、查阅和抄录公文纸本古籍原始文献的过程中，也遇到了公文纸本古籍资源底数不清、查阅障碍太多、整理难度太大等问题，因此草成此文，以求教于学界同仁尤其是图书馆学界古籍版本目录学界的学者朋友，殷望各位不吝赐教。

全国现存古籍数量庞大，据文化部原副部长周和平在2007年接受中国政府网采访时称："现在据图书馆、博物馆和文献收藏单位不完全统计，数量在2700万册以上。大量存在于民间的古籍国家还没有进行统一的普查登记。我认为数量至少在3500万到4000万册以上。"②这还不包括民间大量藏于个人和寺庙的古籍。由于我国的古籍普查登录系统目前没有采集公文纸本古籍的专门信息设置，也没有进行过这方面的普查，因此，我们并不了解国内外目前古籍公文纸本存世数量的确切信息，我们只能借助以往学者的相关著录加以推测。

公文纸本古籍如果以写本言，诚如瞿文所说应始于敦煌文书吐鲁番文书主体时代的唐代，如果以印本言应始自宋代。换言之，以一纸双面文献为特征的公文纸本古籍至迟在

①孙继民、魏琳：《现存古籍公文纸本数量概说》，《中国社会科学报》2013年6月5日。

②中国网引述 china.com.cn　时间：2007-03-02。http://www.china.com.cn/culture/txt/2007-03/02/content_7894084.htm－#

宋代已开始存在和流传。但在相当长时间内，公文纸本古籍只是作为一种少见的特殊版本形式存续于历史发展的长河之中，并未引起人们太多的注意。传世文献中首见文人学者提及公文纸本古籍的似是元代人吴师道，他在宋姚宏《战国策注》序跋中说："余所得本，背纸有宝庆字，已百余年物，时有碎烂处。"①吴师道的序跋作于元文宗"至顺四年（1333年）癸酉七月"，吴氏所称经历百余年时有碎烂的"所得本"应是刻于宋理宗宝庆年间（1225—1227年）的公文纸本。吴氏为南宋入元人，这是笔者目前所知最早提及公文纸本古籍的古代学者。如果说吴氏还只是顺便提及公文纸本的个案和特例的话，那么到了明人张萱《疑耀》一书，则专门设置了谈论古籍公文纸本这一版本现象的条目。该书《疑耀》卷三《宋纸背面皆可书》记载：

> 颜文忠每于公牒背作文稿，黄长睿得鸡林小纸一卷，已为人书郑卫《国风》，复反其背以索靖体书章草《急就》二千一百五十字。余尝疑之，自有侧理以来，未闻有背面皆书者，颜乃惜纸，黄或好奇耳。余幸获校秘阁书籍，每见宋板书，多以官府文牒翻其背以印行者，如《治平类篇》一部四十卷，皆元符二年（1099）及崇宁五年（1106）公私文牒笺启之故纸也。其纸极坚

①转引自瞿冕良《略论古籍善本的公文纸印、抄本》，《山东图书馆季刊》1992年第2期，第52页。

厚，背面光泽如一，故可两用，若今之纸不能尔也。[①]

张萱是明后期人，万历年间为官，曾授殿阁中书、户部郎中、平越知府等。其云"获校秘阁书籍"，应是在京师做官时所为。他原来还怀疑宋人的公文纸张印书之事，但及至亲自入校皇家秘阁书籍，才知道"宋板书多以官府文牒翻其背以印行"。《疑耀》中此《宋纸背面皆可书》的条目和对公文纸本用纸的议论，是古代学者有关宋代公文纸本古籍最早的议论和研究，很值得重视。进入清朝和民国以后，公文纸本古籍已经成为藏书家和版本目录学家时常记载和议论的话题，可以说已经成为相关领域学者们关注的一个学术话题，这一点我们可以从下面引述的瞿文和列表中看到。这一时期，需要特别提到的是清末民初的版本目录学家叶德辉及其《书林清话》。在《书林清话》一书中，卷八《宋元明印书用公牍纸背及各项旧纸》一节即是专门研究公文纸本古籍的成果[②]，卷六《宋人钞书印书之纸》也涉及了不少公文纸本古籍的内容[③]，叶德辉堪称清末民初记录、研究公文纸本古籍最有成就的专家和大家。中华人民共和国成立后直至改革开放时期，在公文纸本古籍整理方面最大的成就是《宋人佚

---

①［明］张萱：《疑耀》卷三《宋纸背面皆可书》，《丛书集成初编》本，中华书局，1985年，第49—50页。

②［清］叶德辉著，李庆西标校：《书林清话》，复旦大学出版社，2008年，第196—198页。

③［清］叶德辉著，李庆西标校：《书林清话》，复旦大学出版社，2008年，第143—145页。

简》的出版，这种拆装原大彩色影印出版的形式也是目前公文纸本古籍最理想、最高水平的整理方法。在公文纸本古籍研究方面最有成就的学者应首推瞿冕良先生，而他的《略论古籍善本的公文纸印、抄本》一文集录了所见所知清代民国时期各私家藏书目录、题跋有关公文纸本古籍的所有资料和公立图书馆收藏的情况，也是近代以来对清代民国时期公文纸本古籍目录的系统梳理和进行综合研究的第一人。①因此，本文有关近代以来公文纸本古籍的流传和存佚就主要围绕瞿文内容地再整理再分析展开。

## 一、清代民国时期著录的公文纸本古籍已有相当部分不见踪影

　　瞿文是目前摘录古籍公文纸本文献最多最丰富的文献，列出公文纸本古籍总计有101种。这101种公文纸本古籍是瞿氏根据所见各种善本书目、题跋而摘出，著录的内容一般包括作者（编者、辑者）、书名、卷数、版本、年代等，对于现今藏地明确的书目，往往直接标明"现藏北京图书馆""现藏台湾'中央'图书馆"等图书馆的名称，对于历史上有著录但现今不知藏地或下落不明的书目，则只揭示该书的著录来源根据，不涉及现今藏地的信息。因此，我们可以根

①瞿冕良：《略论古籍善本的公文纸印、抄本》，《山东图书馆季刊》1992年第2期，第49—55+19页。

据这两类信息，将藏地明确和下落不明的两类书目（此处原有表格，因篇幅过大，从略），其中收藏单位一栏所列国家图书馆、上海图书馆、上海市文物管理委员会、南京图书馆、浙江图书馆、北京大学图书馆、复旦大学图书馆、南京大学图书馆、苏州大学图书馆、旅大市图书馆、苏州市文物管理委员会、宁波天一阁、台湾"中央"图书馆、台湾故宫博物院、日本天理大学图书馆、日本静嘉堂文库，都是瞿文明确著录的"现藏"图书馆。笔者曾经核查过《中国古籍善本书目》《中国古籍善本总目》和《中国古籍总目》等书，瞿文上表所著录的公文纸本古籍的收藏单位绝大多数与上述书目一致。有关境外与国外的收藏单位，笔者也查对了日本学者竺沙雅章1973年发表的《汉籍纸背文书の研究》一文①，该文附表中的南宋绍兴间刻本《白氏六帖事类集》确实藏于日本天理大学图书馆（竺沙雅章作20卷），南宋绍兴间刻本《欧公本末》4卷本确藏于日本静嘉堂文库。由此可见，瞿文著录的收藏单位应是其亲见或依据相应的图书馆藏目录，可以信从。

以上瞿文不著现今藏地的古籍公文纸本书目，瞿文本身并没有解释不著现今藏地的原因和内涵，笔者推测可能是作者瞿先生成文时尚不知上述书目的下落而然，因此笔者将瞿文该部分古籍概称为"公文纸本古籍现今藏地不明的书目"。实际上，根据笔者的考察和分析，瞿文这部分古籍有

---

①［日］竺沙雅章：《汉籍纸背文书の研究》，《东京大学文学部研究纪要：第十四》，1973年，第1—54页。

三种情况：一是有少部分古籍现在已归藏于中外公私图书馆，二是有相当部分可能已经失传或灭失，三是有一部分目前可能仍然存世但暂时不知下落或尚未识别。

关于少部分古籍现在已归藏于中外公私图书馆的情况，至少有《洪氏集验方》《尔雅疏》（上表中有两个本子的《尔雅疏》，一为宋刻宋印本，一为元刻元印本。此处指后者。）《增修互注礼部韵略》《欧阳先生文粹》《幽兰居士东京梦华录》《侨吴集》《蛟峰集》《蛟峰外集》《山房先生遗文》《城游录》《文章轨范》《史记题评》《乐府诗集》《负暄野录》等书属于这种情况。例如宋人洪遵五卷本《洪氏集验方》一书，瞿文称："南宋姑孰郡斋本。《铁琴铜剑楼藏书目录》称用淳熙七、八年（1180、1181年）官册纸背印，中钤官印，惜不可识。"①瞿文未著此书今藏地，但据《中国古籍善本书目》《中国古籍善本总目》等书载，今国家图书馆藏有此书。又据2008年6月30日《人民日报海外版》所刊《宋刻孤本〈洪氏集验方〉》一文介绍，此书即"宋乾道六年姑孰郡斋刻公文纸印本"，称其"用公文纸刷印，纸背文字清晰可见，为宋淳熙七、八年（1180、1181年）档册内容"。二者版本和年代均相同，可证瞿文著录的《洪氏集验方》一书今藏国家图书馆无疑。再如宋人毛晃五卷本《增修互注礼部韵略》一书，瞿文称："元湖州刻本，用元初户口册子纸背印，载有'湖州路某县某人，亡宋民户，至元某年归顺'字

---

① 瞿冕良：《略论古籍善本的公文纸印、抄本》，《山东图书馆季刊》1992年第2期，第51页。

样，见《潞喜斋藏书记》。"①据《中国古籍善本书目》等书载，上海图书馆藏有《增修互注礼部韵略》一书，称其为宋刻元公文纸印本。2013年由南开大学教授王晓欣主持的国家社科基金资助项目"元公文纸印本《增修互注礼部韵略》纸背所存元代户籍文书的整理与研究"，就是对上海图书馆所藏《增修互注礼部韵略》一书的整理研究课题。据王晓欣先生介绍，上海图书馆藏该书即源自潞喜斋，五卷本，内容为元初湖州路各县户口册，可见瞿文著录的该书即今上海图书馆所藏。又如宋邢昺《尔雅琉》十卷本，瞿文称："元复印北宋本。据陆心源、傅增湘记载，纸背系元致和、至顺中公牍，有蒙古文官印，曾藏苏州袁氏五砚楼。"②而竺沙雅章《汉籍纸背文书の研究》一文附表中即有日本静嘉堂文库的"致和至顺间公牍"本《尔雅琉》十卷。③瞿文所称的"纸背系元致和、至顺中公牍"与静嘉堂文库的"致和至顺间公牍"高度契合，二者显然同为一书。此外，瞿文所著录的南宋刻巾箱本宋代文牍纸印《欧阳先生文粹》现今归藏于南京图书馆，元刻国子监生功课薄纸背印《幽兰居士东京梦华录》今藏于静嘉堂文库，元至正二十二年（1362年）刻昆山钱粮册纸背印《通鉴续编》今藏于国家图书馆，明弘治九年

①瞿冕良：《略论古籍善本的公文纸印、抄本》，《山东图书馆季刊》1992年第2期，第52页。

②瞿冕良：《略论古籍善本的公文纸印、抄本》，《山东图书馆季刊》1992年第2期，第52页。

③[日] 竺沙雅章：《汉籍纸背文书の研究》，《东京大学文学部研究纪要：第十四》，1973年，第5页。

（1496年）刻明人笺翰简帖纸背印本《侨吴集》今藏于国家图书馆，明天顺间刻弘治嘉靖递修官文书纸印本《蛟峰集》《蛟峰外集》《山房先生遗文》今藏于南京图书馆，明嘉靖刻公文纸蓝印本《城游录》今藏于南京图书馆，明嘉靖刻官纸背印《文章轨范》今藏于南京图书馆，明刻公文纸印本《史记题评》今藏于南京图书馆，明末汲古阁刻明公牍纸印《乐府诗集》今藏于上海图书馆，明隆庆五年昆山人叶恭焕（1523—？年）抄本嘉靖十八年（1539年）官文书纸反面写《负暄野录》今藏于上海图书馆。

关于有相当部分可能已经失传或灭失的情况，应即上表中标注为"现藏地不明"中的书目。不过，这应该区分为两种情况：第一种情况是"现藏地不明"的宋元公文纸印本古籍应该已经失传或灭失，如宋刻元符二年（1099年）、崇宁五年（1106年）公私文牍纸背印本《治平类编》，北宋仁宗时刻南宋初修补宋官文书纸印本《尔雅疏》（此为宋刻宋印本，与上文元刻宋元印本不同），南宋刻乾道六年（1170年）官司簿册纸背印《北山小集》，南宋淳熙十四年（1187年）邵州公使库刻印的10卷本《花间集》①，南宋刻收粮案牍废纸印《芦川词》，南宋刻册子纸印本《皇朝文鉴》，南宋绍兴四年（1134年）刻册子纸背印《战国策注》，南宋刻宋

①国家图书馆也藏有一个宋刻宋印的公文纸本《花间集》，但瞿文称"今北京图书馆另有宋刻递修公文纸印本"（瞿冕良：《略论古籍善本的公文纸印、抄本》，《山东图书馆季刊》1992年第2期，第51页），认为自己所列南宋淳熙十四年（1187年）邵州公使库刻印本《花间集》与今国图本非同本。不知瞿文何据，今暂仍其说。

枢府诸公交承启札纸背印《扬子方言》，"纸背亦宋人公移文牍"印本《陶诗》，南宋刻宋人诗稿背印《放翁先生剑南诗稿》，宋蜀刻元公牍纸背印《汉书注》，元刻册子纸印《皮子文薮》，元至正二十五年（1365年）平江路刻印本《战国策校注》等，都应该是已经损毁或灭失的公文纸本古籍。之所以做这样的推断，一是因为我们从现在大型古籍目录书《中国古籍善本书目》《中国古籍善本总目》《中国古籍总目》，以及各大图书馆目录中都查不到上述古籍的信息和踪迹；二是宋元刻本属于古籍善本中的精品，相当于"超级善本"，历来为古籍版本、目录学家和收藏家所珍视熟知，如果这些古籍存世，一般来说都逃不过他们的眼睛，多少会有所著录。既然不见各家书目和图书馆著录，那只能依理推断已经失传或灭失。第二种情况是"现藏地不明"的明清公文纸本古籍应该大部已经失传或灭失，但不排除还有一部分尚未识别出来（理由详下）。

关于有一部分古籍目前可能仍然存世但暂时不知下落或尚未识别的情况。上面主要是分析瞿文中"现藏地不明"的宋元公文纸印本古籍应该已经失传或灭失，现在再分析一下明清公文纸本古籍应该大部已经失传或灭失，但不排除还有一部分尚未识别出来的可能。我们之所以做出这样的推测，主要是基于明清古籍历来不为古籍版本学家、目录学家和收藏家所重视，明代古籍和清代前期古籍受到重视并被国家列为善本只是近几十年的事情。流风所及，人们对明清公文纸本古籍重视的程度远不及宋元公文纸印本古籍，因此古籍版本学家、目录学家和收藏家对明清公文纸本古籍的著录极少。加之一般市、县级图书馆工作人员也缺乏对公文纸本古籍的了解，没有给以必要的关注，因此一般图书馆目录卡片不对公文纸本的信息予以著录，这就造成了相当数量的明清公文纸本古籍没有得到识别，长期湮没于一般古籍之中。《中国古籍善本书目》和《中国古籍善本总目》虽然著录了不少的公文纸本古籍，但明清公文纸本古籍由于时代稍晚或刻印装帧稍欠，也未能入选其中。例如在2010年6月公布的第三批国家珍贵古籍名录中，明嘉靖十三年（1534年）江西布政司刻本（公文纸印本）《苏文忠公全集》（111卷）和明隆庆六年（1572年）施笃臣、曹科刻公文纸印本，罗振玉跋《重修政和经史证类备用本草》（30卷）就没有在《中国古籍善本书目》和《中国古籍善本总目》中得到著录。2014年4月公布的第四批国家珍贵古籍名录中，明正德九年（1514年）张缙刻公文纸印本《宋学士文集》（75卷，存49卷）一书也没有在《中国古籍善本书目》和《中国古籍善本总目》中著录过。这就是我们推测瞿文中"现藏地不明"明清公文纸本古籍中有一部分尚未得到识别的基本依据。事实上，瞿文中"现藏地不明"的明清公文纸本古籍中也的确有一部长期未得到识别、未被《中国古籍善本书目》和《中国古籍善本总目》著录而入选国家珍贵古籍名录的古籍，这就是瞿文所列的"明刻本，用公文纸背印。据赵鸿谦记背有朱丝栏，并官印"[1]的《史记题评》一书。第四批国家珍贵古籍名录

---

①瞿冕良：《略论古籍善本的公文纸印、抄本》，《山东图书馆季刊》1992年第2期，第54页。

公布的古籍中就有一部藏于今南京图书馆的明嘉靖十六年（1537年）胡有恒、胡瑞刻公文纸印本《史记题评》，该书显然与瞿文所记应是一书。又如，瞿文中所云现藏地不明的明隆庆五年（1571年）昆山人叶恭焕（1523—? 年）抄本，用嘉靖十八年（1539年）官文书纸反面写《负暄野录》一书，据笔者亲自查阅，发现其现藏于上海图书馆。所以，笔者推测瞿文中"现藏地不明"的明清公文纸本古籍今后还会有一部分会陆续得到识别和公布，瞿文中"现藏地不明"的明清公文纸本古籍不大可能全部失传或灭失。

以上我们在列表和分析瞿文所述宋元明清公文纸本古籍的存佚情况基础上，可以对近代以来公文纸本古籍的流传和保存情况做出一个基本估计和判断。根据以上"公文纸本古籍现今藏地明确的书目"和"公文纸本古籍现今藏地不明的书目"统计，瞿文所列公文纸本古籍藏地明确的古籍包括印本45种，抄本1种，总共46种；现藏地不明确的印本41种，抄本14种，总共55种，二者相加为101种。①在这101种版本的公文纸本古籍中，现在藏地明确的46种毫无疑问是

①以前笔者曾著文称瞿文所列各代公文纸印本81种，公文纸抄本15种，总计96种。这一数字是基于瞿文形式上分为96段，每段各介绍一种书籍或一个版本，实际上，瞿文有的段落并非只列一种书籍，例如宋方逢辰《蛟峰集》一段，同时介绍的书籍除了《蛟峰集》7卷之外，还有《蛟峰外集》4卷和《山房先生遗文》1卷，此段实际上介绍了三种古籍。又如"后蜀赵崇祚《花间集》10卷"一段，作者除了介绍南宋淳熙十四年（1187年）邵州公使库刻本外，还提到了"今北京图书馆另有宋刻递修公文纸印本"，此段实际介绍了两个版本的《花间集》。这就是本文有关瞿文所涉古籍数字与以往不同的缘故，特此说明。

现存的古籍，而在瞿文当时不明藏地的55种中，我们判断至少应有14种已经归藏中外公私图书馆之中，在其余现藏地不明的古籍版本中，我们分析12种宋元公文纸印本古籍可能已经失传或灭失。这样，在剩余的现藏地不明的明清古籍版本还有29种。对这29种古籍版本的具体下落，我们目前还无法做出准确判断，只是推测应该大部已经失传或灭失，但不排除还有一部分尚未识别出来。如果以三分之二失传或灭失、三分之一尚未识别出来计算，则29种古籍版本中失传或灭失的应在20种左右，尚未识别的应占9种左右。如此，则瞿文涉及的101种历代公文纸本古籍中，现藏地明确的46种加上瞿文当时不明藏地而我们判明已经归藏中外公私图书馆的14种，再加上现藏地不明中有三分之一可能尚未识别出来的9种，瞿文所知公文纸本古籍版本流传下来的应是69种左右，已经失传或灭失的应是32种左右，两者比例应是流传率占68%，失传率占32%。

以上瞿文所涉公文纸本古籍版本流传率与失传率对于我们判断近代以来整个公文纸本古籍的存佚状况具有重要的参考价值。根据笔者目前掌握的资料，瞿文所知公文纸本古籍的数量远非现存的全部，却是近代以来直至目前古籍版本学家、目录学家和收藏家著录最多的一种，因此，该文对揭示近代以来公文纸本古籍的存佚状况具有一定的代表性。再者，从瞿文引文内容可见，他依据的资料除了极少数属元明时期之外，绝大多数出自清代和民国时期的古籍版本学家、目录学家和收藏家之手，因此，这一书目反映的应主要是清代和民国时期公文纸本古籍的存世情况。而将这一清末民初存世情况与目前的佚失状况进行对照，则百年来公文纸本古籍的存佚状况便显而易见。正是从这个意义上我们说，瞿文古籍版本流传率与失传率一定程度上反映了整个近代以来公文纸本古籍的存佚状况，即流传至今的公文纸本古籍应占清末民初时期全部公文纸本古籍的近70%，失传或灭失的应占全部公文纸本古籍的30%多。换言之，近代以来整个公文纸本古籍的流传率与失传率之比是5.4∶4.6，这应是近代以来公文纸本古籍整个存佚状况的近似写照。

总而言之，明清时期著录的公文纸本古籍截至目前已有三分之一不见踪影，这既是近代以来公文纸本古籍流传的一个基本状况，也是我们必须面对的一个严峻现实。

## 二、公文纸本古籍保存现状亦有隐忧

笔者近年来致力于公文纸本古籍文献的搜集和整理工作，先后到多家图书馆、博物馆查阅抄录公文纸背的原始文献。在这一过程中，笔者发现，《中国古籍善本书目》和《中国古籍善本总目》刊载的古籍公文纸本至少有几种有目无书，在相关图书馆查不到现存的实物。这几种古籍公文纸本：一是南京大学图书馆收藏的宋刻宋元递修公文纸印本《魏书》，二是北京市文物局收藏的明张溥刻汉魏六朝百三名家集公文纸印本《庾度支集》，三和四是苏州大学图书馆收藏的明代苏州顾氏刻《顾氏明朝四十家小说》公文纸印本《寓意编》和《国宝新编》。

有关南京大学图书馆藏宋刻宋元递修公文纸印本《魏

书》的情况，见于《中国古籍善本书目》史部68、69页。据该书所载，公文纸印本《魏书》共有五种：1.配宋元明递修本，编号为717号，藏北京图书馆（0101，北京图书馆）；2.存十二卷本，编号为718号，藏上海图书馆（0201，上海图书馆）；3.存卷四七、八一的两卷本，编号为719号，藏四川图书馆（2701，四川图书馆）；4.存卷四一的一卷本，编号是720号，藏南京大学图书馆（1641，南京大学图书馆）；5.存卷一至一七的十七卷本，编号是723号，藏北京图书馆（0101，北京图书馆）。南京大学图书馆藏宋刻宋元递修公文纸印本《魏书》的情况，也见于《中国古籍善本总目》第2册229至230页史部纪传部分。据该书刊载，公文纸印本《魏书》共有六种，均不记行款：1.配宋元明递修本的是845号（0101，北京图书馆）；2.存卷四一一卷本的是846号（1641，南京大学图书馆）；3.存卷四二一卷本的是847号（0201，上海图书馆）；4.存卷十二的是848号（0201，上海图书馆）；5.存卷四七、八一的两卷本是849号（2701，四川图书馆）；6.存卷一至一七的十七卷本的是854号（0101，北京图书馆）。从以上所列可见，《中国古籍善本书目》和《中国古籍善本总目》虽然有关公文纸印本《魏书》藏书的总数有异，一记五种，另一记六种，但所记南京大学图书馆藏有一卷本的宋刻宋元递修公文纸印本《魏书》则完全相同。然而不可思议的是，笔者曾于2012年11月通过南京大学的两位学者查阅该校图书馆所藏的公文纸印本《魏书》，但得到的回答均称没有此书，后来图书馆采访部荣方超先生11月16日还给自己回复了一个邮件，称："先生：您好！得知您要查阅宋刻元印《魏书》，即向古籍部同事询问。古籍部查找了南大自编馆藏目录以及古籍数据库，均无宋刻元印《魏书》的记录。在古籍书库中也没有找到此书，可以确认南大图书馆并无此书。1.《中国古籍善本书目》编纂年代较早，编者也是通过各种目录所编，有时恐怕不能亲见原书。所以，或许会跟实际情况有些出入；2.50年代至70年代期间，南大的古籍在院系资料室与图书馆之间出现了一些馆藏地的变化。目前有些院系（历史系与文学院）的古籍存藏情况我们还不是很清楚。所以，这部《魏书》无法得见，我馆也是无能为力。非常抱歉！敬颂秋安！——荣方超/南京大学图书馆采访部。"总而言之，一卷本的宋刻宋元递修公文纸印本《魏书》，南京大学图书馆查无此书。

有关北京市文物局藏明张溥刻《汉魏六朝百三名家集》公文纸印本《庾度支集》（一卷）的情况，见于《中国古籍善本书目》集部上册第37页，编号为467号，称："梁庾肩吾撰。明张溥刻汉魏六朝百三名家集公文纸印本。"据该书下册2238页，与书名编号467号对应的藏书单位代号为0198号。再查集部下册2196页，与藏书单位代号0198号对应的单位为北京市文物局。《中国古籍善本总目》有关公文纸印本《庾度支集》的信息见于该书第4册第1171页汉魏六朝别集部分，著录信息为："《庾度支集》一卷，梁庾肩吾撰。明张溥刻汉魏六朝百三名家集公文纸印本。九行、十八字、白口、左右双边。"书名编号为259。据第4册第1147页汉魏六朝别集部分259号的收藏单位代号为0198，据第1册《藏书单位代号表》第3页，收藏单位代号0198号即北京市文物局。由此可见，《中国古籍善本书目》和《中国古籍善本总目》均记公文纸印本《庾度支集》收藏在北京市文物局。但同样奇怪的是2014年7月24日上午笔者前往北京市文物局资料室查阅该书，工作人员查找后坚称查无此书，并称根据《中国古籍善本总目》，该书应在中国科学院图书馆收藏。最近，笔者为写本文，又一次仔细查对了《中国古籍善本书目》和《中国古籍善本总目》两书，收藏单位确凿无疑写的是北京市文物局。

有关苏州大学图书馆收藏的明代苏州顾氏刻《顾氏明朝四十家小说》公文纸印本《寓意编》和《国宝新编》的情况，见于前文屡称的瞿文，称："明都穆《寓意编》1卷，明代苏州顾氏刻《明朝四十家小说》本，用万历间公文纸背印。据莫棠记：'纸背皆明万历初公牍，涉及人名有邝彭龄、敖选、黄尚明、陈汉、夏时等人。似系会计案牍刷印纸张之卷，但不知属江南何县耳。'现藏苏州大学图书馆。"又称："明顾璘《国宝新编》1卷，同上书。"[①]也就是说，《国宝新编》一书也在苏州大学图书馆，且同在《明朝四十家小说》公文纸印本一书之中。我们知道，瞿冕良先生长期供职于苏州大学图书馆，熟悉古籍版本目录学，他称两书现藏苏州大学图书馆，一定是亲眼见过。而且，苏州古籍保护网所刊载2009年江苏省政府公布的"第一批江苏省珍贵古籍名录"，共1588部，其中苏州市共364部，说苏州大学图书馆

105

---

①瞿冕良：《略论古籍善本的公文纸印、抄本》，《山东图书馆季刊》1992年第2期，第54页。

"顾氏明朝四十家小说四十种四十三卷，（明）顾元庆编，明嘉靖十八年（1539年）至二十年（1539—1541年）顾氏大石山房刻本，苏州大学图书馆存二种二卷（国宝新编一卷，寓意编一卷）"。应该说以上各种信息都非常明确地将公文纸本《寓意编》和《国宝新编》的现存地指向了苏州大学图书馆，然而笔者于2014年10月22日前往苏州查阅公文纸本古籍并专派课题组成员前往苏州大学图书馆查阅上述两书时，该馆工作人员却无论在计算机目录还是纸质目录卡片，都查不到以上两书，笔者只好失望而归。

以上四种公文纸本古籍分明著录在公私图书馆的相关目录中，相关古籍也是收藏在公立图书馆中，但就是在现场查检不到，笔者实在百思不得其解。苦思冥想的结果，笔者推测应该不外乎以下原因：第一，有的可能是目录书在著录、编校和印刷中存在失误，导致著录的现藏情况不准确。例如《中国古籍善本书目》和《中国古籍善本总目》都是大型联合目录，涉及单位上千家，国家图书馆、省级、市级、县级图书馆等多个层次，各个图书信息从最初填报到层层上报、汇总，再到编排、印刷、校对和出版，涉及的环节和人员之多难以想象，任何一个环节都难免存在一些意想不到或可能预料之中的疏失。这一点学术界已就两书中存在的问题发表过不少意见和具体的指摘，此处不赘。第二，或许是出于保护善本减少磨损的本能，以找不到作为婉拒读者的借口。第三，也许是相关人员不熟悉业务，不了解善本的收藏所致。总而言之，笔者不敢说以上四种公文纸本古籍已经灭失或丢失，但至少目前不能为读者利用，有灭失或丢失之虞。这一点希望引起图书馆学界和有关部门的重视。

笔者近年去不少图书馆查阅公文纸本古籍文献，感受最大的一点就是：难！不是一般意义上的难，而是难上加难。这些"难"至少可以归纳为三个方面：

一是借阅难。古籍尤其是善本古籍管理部门的书难借，有的管理部门和工作人员任凭你怎么说，还是不肯同意查阅。

二是阅读难。公文纸本原始文献主要在背面，也就是说是在线装书古籍的折叶之内，阅读只能是从书叶夹缝向里看，如果线装书叶有足够的宽度和合适的高度还好些，能够阅读的空间相对大些，内容也相对多些，如果宽度不够高度狭长，纸缝掀开的空间极其有限，纸背文献往往只能看到上下两端，中间文字很难看到。如果装订线再宽些，则被缝合掩盖其下的文字更多，整叶纸能够阅读抄写的内容更少。当然，这是由公文纸背文献的性质和装帧形式决定的。

三是抄写难。国内图书馆学界古籍抄录文献的清规戒律太多，不能拍照，不能用水笔和签字笔抄录，只能用铅笔，必须戴手套等。由于阅读的空间受限，抄录的范围大受限制，往往文字零散，缺行缺字，纵不成行，横不成页，形不成系统连贯的内容。还有，能够抄录的有效时间偏少，有的图书馆善本部提书的速度太慢，还书的时间太早，有时提书需等一个多小时甚至两个小时才能拿到书，一天之内有效的抄录时间屈指可数。如果加上交通、食宿等费用，整理公文纸本文献的经济成本之高和人力投入之大不难想见。

纸背文献的整理虽有以上三难，其实最难的是借阅难。

阅读难和抄录难虽难但操之于我，属于整理者主观可控的范畴，是自甘于难，可以设法自我克服，唯有借阅难是整理者自身无法逾越的障碍。借阅难固然有管理体制借阅制度、工作人员业务素质职业精神等方方面面的原因，但最大的问题是管理者思想意识深处的认识误区，认为公文纸本是善本，善本是文物，不能轻易借阅，不能拆装整理，借阅、拆装会有损于古籍文物价值，不能因整理背面文献而损害古籍文物。

造成上述认识误区的主观原因确实含有保护古籍、保护文物的良苦用心和高度责任感，这一点应该肯定，但是其中客观原因也确实存在不了解古籍公文纸本正面文献与背面文献的关系，不了解纸背文献的特点和价值的不足之处。大家都知道，古籍公文纸本是废纸利用的结果，是用废弃的旧纸来刷印新编新著的书籍，因此纸背文献在形成时间上早于正面文献，纸背文献是一次利用文献，正面文献是二次利用文献；纸背文献是原始文献，正面文献是次生文献。大家还知道，纸背文献通常是官府档案和私人文书，一般为写本文献，正面文献为新编新著新印各种内容的刻本印本文献（这里暂不包括公文纸抄本）。这样一来，作为原始文献的写本文献，因为是现实生活中的实用文献，往往只有一份；而作为次生文献的印本文献化身千百，往往流传存世的不只一本。从这个意义上说，原始文献的写本文献往往又是孤本文献，次生文献的印本文献往往又是重本文献。二者的逻辑顺序和逻辑关系既明，其价值顺序和价值关系便不言自明：即一次文献早于二次文献，原始文献优于次生文献，孤本文献珍于重本文献，写本文献高于印本文献。一言以蔽之，每一公文纸本古籍虽是同一版本同一纸文献，但背面文献和正面文献有着不同的时间、不同的内涵、不同的价值，纸背原始文献的价值总体上高于正面次生文献。正因为公文纸本古籍具有正面为刻本古籍文献内容，背面为原始写本文献内容的双料价值，其相对于一般古籍版本更加珍贵。所以著名版本学家顾廷龙先生曾经感叹："自宋以来公文纸所印宋刻之书，今所存者，殆仅十余种，其稀珍为何如哉！"①《宋人佚简·编后记》也说由公文纸印本《王文公文集》整理而成的《宋人佚简》，正面是"宋代文献"，背面是"珍本古籍"，"两者均系稀世之品，可誉为'国宝'"，一语道出了《王文公文集》和《宋人佚简》作为公文纸印本古籍一体双面、一本双宝的珍贵价值，也阐明了公文纸印本古籍作为一种特殊古籍版本形态所具有的双料文献文物的价值所在。对于后一点，李伟国先生《绍兴末隆兴初舒州酒务公文研究》一文的认识更深刻，曾称公文纸本所承载的公文档案，"从文献角度说，如公牍之类的实物，未经任何删汰概括加工，比方志、会要、法典、编年史、杂史、正史等原始得多""即使片纸只字，亦被珍同珠璧"。②以上各位先生所论，也完全适用于元明清各个时期公文纸本的情况。再者，因为纸背文献属于孤本文献，如果不加以整理，让孤本内容化身千百，一旦有闪失，就将造成纸背文献作为唯一存世文献永远灭失而

---

①上海文物管理委员会、上海博物馆编：《宋人佚简》，上海古籍出版社，1990年，"序言"。

②李伟国：《绍兴末隆兴初舒州酒务公文研究（之一）》，收于邓广铭、漆侠主编：《国际宋史研讨会论文选集》，河北大学出版社，1992年，第119页。

无法弥补的损失。我们应该汲取近代以来已有近三分之一公文纸本古籍灭失的深刻教训。所以说，公文纸本古籍纸背文献的整理不仅仅是一个简单整理的问题，还具有抢救濒临灭失危险文献文物的性质。

　　总之，对公文纸本古籍纸背文献的整理应该引起图书馆学界、古籍学界的高度重视，应该将公文纸本古籍纸背文献的整理放在比限制阅读和简单"保护"更优先、更突出、更重视的地位，何况公文纸本原始文献的整理不仅不会损害正面文献的价值，反而可以极大地提高原本文献的价值。

（见《河北学刊》2015年第3期）

# 古籍公文纸背文献学的内涵与外延

　　笔者从21世纪初开始转入黑水城文献研究，最先接触的文献是《宋西北边境军政文书》。①《宋西北边境军政文书》系西夏文刻本《文海宝韵》的背面文献，为宋代西北边境鄜延路地区军政活动的原始记录和档案，共109页。西夏文的《文海宝韵》与汉文的《宋西北边境军政文书》实为一体两面文献，属于古籍版本目录学界所称的公文纸印本的正面文献与背面文献合璧于一体的双面文献。《宋西北边境军政文书》是作为《文海宝韵》背书而得以保存流传的特殊文献形式，使笔者在从事黑水城文献研究的过程中，逐渐对古籍公文纸背文献产生了兴趣，因而于1990年由上海古籍出版社出版的公文纸背文献专集《宋人佚简》②便进入了自己的视野。《宋人佚简》系拆自上海博物馆藏宋刻龙舒本王安石著《王文公文集》。这部印本现存72卷（原本应有100卷），共900余页，其中大部分是用公文纸刷印，有780余页，内容是

---

　　①《宋西北边境军政文书》图版收于《俄藏黑水城文献》第6册，上海古籍出版社，2000年，第164—273页。

　　②上海市文物管理委员会、上海博物馆编：《宋人佚简》，上海古籍出版社，1990年。

南宋时期舒州的废旧公文档册和舒州知府向沟等官员文人的书启，时间范围在宋高宗绍兴三十二年（1162年）至宋孝宗隆兴元年（1163年）之间，既是研究宋代州级官府行政制度和公文制度特别是酒务行政管理制度的细节资料，还是研究宋代财政史和经济史的第一手资料，具有重要的史料价值。正如《宋人佚简·编后记》所说：其"内容之丰富和可贵，无异打开了一座宋代文化遗藏的宝库"①。笔者自2007年开始指导研究生对《宋人佚简》进行整理研究，先后完成了专门以《宋人佚简》为整理研究对象的五篇硕士论文。笔者也先后在《文史》《中国经济史研究》《光明日报》理论版和《中国社会科学报》发表了多篇有关《宋人佚简》和公文纸本古籍的论文，并最后完成了由本人主编多人参加的《南宋舒州公牍佚简整理与研究》②一书，2011年由上海古籍出版社出版，成为《南宋史研究丛书》的一种。2012年，我们还组织了一次"公文纸背文献整理与研究学术研讨会"，邀请部分知名学者就有关公文纸本古籍纸背文献整理研究的学术问题进行讨论。此后，有关公文纸本古籍纸背文献的整理研究逐渐引起学术界的重视：2013年国家社科基金首次将公文纸本文献整理研究列入资助范围，有王晓欣先生《元公文纸印本〈曾修互注礼部韵略〉纸背所存元代户籍文书的整理与研究》和魏琳女士《古籍公文纸印本〈王文公文集〉纸背文书整理与研究》两项课题获得立项；2014年笔者以"古籍公

①《宋人佚简》第5册《编后记》，第1页。
②孙继民、魏琳：《南宋舒州公牍佚简整理与研究》，上海古籍出版社，2011年。

文纸本《洪氏集验方》和《论衡》纸背所存宋元公牍文献整理与研究"为题，成功申请国家社科基金重点项目；2015年又以《上海图书馆藏明代古籍公文纸背文献整理与研究》为题，申请国家社科基金重大招标项目也获得成功；2016年度《国家社科基金项目课题指南》将"宋元明古籍公文纸本文献整理与研究"一题列入指南范围。截至目前，古籍纸背文献的整理研究已获得长足进展，先后有7项青年项目、一般项目、重点项目和重大项目获得国家社科基金立项，有2项面上项目和特别资助项目获得中国博士后科学基金立项。①有关公文纸本古籍纸背文献的整理研究作为一门新学科、新学问方兴未艾，已经成为我国史学领域新的学术增长点。

笔者自承担两项公文纸本文献整理的国家课题后，已将研

---

①本文为2018年写作，所统计为截至2018年数据。截至2020年，国家社科基金共计获立11项相关课题，分别为：王晓欣2013年一般项目"元公文纸印本《增修互注礼部韵略》纸背所存元代户籍文书的整理与研究"；魏琳2013年青年项目"古籍公文纸印本《王文公文集》纸背文书整理与研究"；孙继民2014年重点项目"古籍公文纸本《洪氏集验方》和《论衡》纸背所存宋元公牍文献整理与研究"；孙继民2015年重大招标项目"上海图书馆藏明代古籍公文纸背文献整理与研究"；杜立晖2015年一般项目"公文纸本《魏书》纸背元代文献整理与研究"；宋坤2015年青年项目"天一阁藏公文纸本《国朝诸臣奏议》纸背文献整理与研究"；张重艳2016年一般项目"国图藏宋代公文纸本《三国志》纸背文献整理与研究"；李哲坤2018年青年项目"新见《诸史会编大全》纸背文献整理与明代铺户问题研究"；孟月2019年青年项目"新见《册府元龟》裱纸文献整理与明代诉讼问题研究"；孙继民2019年冷门绝学专项项目"新见三种古籍纸背文书'清康熙早期行省奏销册'整理与相关财政问题研究"；张春兰2020年一般项目"新见三种明代赋役黄册的散叶复原与攒造问题研究"等，另有杜立晖中国博士后科学基金面上项目和特别资助项目各1项获得立项。

究重点转到公文纸本文献的整理方面。近几年主要做了三个方面的工作：一是带领课题组成员或由课题组成员独自前往北京、上海、天津、辽宁、黑龙江、山东、江苏、浙江、安徽、福建、河南、湖北、广东、广西、海南、青海、陕西、重庆、四川等地的众多图书馆和部分博物馆，搜寻、查找、抄录古籍纸背文献；二是对誊抄移录的纸背文献进行定名、题解、录文、标点和校注，目前两项重点课题和重大课题的纸背文献的整理任务已大体完成，并围绕新出文献写出一组研究论文；三是笔者也在整理过程中开始思考纸背文献整理研究需要解决的学科框架、内涵、种类、性质、地位等学理层面的问题，并已完成或发表几篇文章，如《公文纸本：传世文献最后一座富矿》①《现存古籍公文纸本数量概说》②《古籍公文纸背文献：中国古文书家族的新丁》③《近代以来公文纸本古籍的流传和存佚——兼议公文纸本原始文献与次生文献的价值比较》④《明代五城兵马指挥司研究的新线索——明正德二年南京南城兵马指挥司呈文的发现及意义》⑤《曾巩〈局事帖〉认识误区

①孙继民、魏琳：《公文纸本：传世文献最后一座富矿》，《光明日报·史学理论版》2012年4月12日。

②孙继民、魏琳：《现存古籍公文纸本数量概说》，《中国社会科学报》2013年6月5日。

③孙继民：《古籍公文纸背文献：中国古文书家族的新丁》，《原生态民族文化学刊》2015年第4期，第13—16页。

④孙继民：《近代以来公文纸本古籍的流传和存佚——兼议公文纸本原始文献与次生文献的价值比较》，《河北学刊》2015年第2期，第149—158+171页。

⑤孙继民、耿洪利：《明代五城兵马指挥司研究的新线索——明正德二年南京南城兵马指挥司呈文的发现及意义》，《军事历史研究》2016年第1期，第1—8页。

盲区的几点正补》<sup>①</sup>《宋本〈洪氏集验方〉印纸属地的确认及其意义》<sup>②</sup>《宋刻元修公文纸印本〈论衡〉纸背元代文书的整理研究》<sup>③</sup>和《一种特殊形态的古籍公文纸本文献——明刻〈文苑英华〉封皮裱纸文书简介》<sup>④</sup>等文，或多或少地涉及了上述问题的某个侧面。其实，笔者多年以来最想写的一篇是有关公文纸背文献含义外延及学科定名的文章，只是考虑到见闻有限、见解不成熟而迟迟不敢动笔。现在鉴于感性认识的积累和见闻的丰富，因此尝试就公文纸背文献的含义和外延发表一些不成熟的意见，以求教大家。

## 一、古籍公文纸背文献的内涵

构成古籍公文纸背文献这一概念的要素有四个，即古籍、公文纸、纸背和文献。在确定古籍公文纸背文献的内涵之前首先需要明确与这一内涵密切相关的四要素的具体所指。

关于古籍一语，历来有不同见解，但大略不外乎上古时期

---

①孙继民、耿洪利：《曾巩〈局事帖〉认识误区盲区的几点正补》，《光明日报·史学理论版》2016年9月21日。

②孙继民：《宋本〈洪氏集验方〉印纸属地的确认及其意义》，《唐宋历史评论》2017年第1辑，第252—262+381页。

③孙继民：《宋刻元修公文纸印本〈论衡〉纸背元代文书的整理研究》，收于刘进宝、张涌泉主编：《丝路文明的传承与发展》，浙江大学出版社，2017年，第445—462页。

④孙继民：《一种特殊形态的古籍公文纸本文献——明刻〈文苑英华〉封皮裱纸文书简介》，收于《纪念岑仲勉先生诞辰130周年国际学术研讨会论文集》，中山大学出版社，2019年，第169—172页。

硬质书写材料的简策类文献、中古时期的纸质书写材料的卷子类文献和宋以后的册子类文献。对于公文纸本古籍的范围、种类和时代起讫，目前尚未见专门论述，只有瞿冕良先生将公文纸本古籍的起源追溯至敦煌文书中背面有写本文献的一纸两面文书。但笔者所谓的公文纸本古籍，不拟包括敦煌文书的两面文书，也不包括简策文书的两面简策，只想将其限定在宋代以后与卷子装形式对称的册子装古籍的范围以内，亦即专指宋代以后各种册子装形式的古籍，包括蝴蝶装、包背装、经折装和线装在内的各种古籍，从而将战国至西晋时期的简策和十六国至唐五代北宋时期卷子装的敦煌文书中的双面文书排除在外。

关于公文纸一语，此处需要特别强调，它是古籍纸背所有公私文献的代称，绝非专指官府形成的公文文书。我们在各地图书馆搜寻公文纸本古籍的过程中，多次遇到过这种情况，当询问古籍部工作人员有否公文纸本古籍时，回答称没有。当改问是否有书叶正反两面均有文字的古籍时，则回答称有。这说明即使在古籍专业领域，对古籍版本中"公文纸"一语的理解相当程度上不甚了了。①对于"公文纸本古

---

①对"公文纸本"内涵的望文生义，还有另外一种形式的误解。例如吉林文史出版社2009年7月出版的王爱功、李古寅主编的《河南图书馆古籍善本联合目录》著录新野县图书馆藏有一种公文纸本图书，书名为清筹备宪政考核处撰《河南宪政月报》，宣统元年公文纸本。笔者于2014年12月曾专程前往新野县图书馆查阅，但我们将该馆所藏《河南宪政月报》宣统元年第五期全部拍照和翻阅之后，没有在背面发现任何文字。开始我们百思不得其解，询问工作人员定为公文纸印本的依据是什么，答称是老馆长在退休前申报的善本，他们也不知道据何在。后来我们恍然大悟，很可能是因为该书收录的内容均为河南省谘议局的公文，书本又是铅印，故闹出了"公文纸印本"张冠李戴的笑话。

籍"一语的来历，1989年瞿冕良先生《略论古籍善本的公文纸印、抄本》一文曾有梳理，指出公文纸印本抄本的用纸；叶德辉《书林清话》卷八《宋元明印书用公牍纸背及各项旧纸》有"公牍纸""文牍纸""官册纸""册子纸""册籍纸"等别称；《藏园群书经眼录》有"官纸"，《增订四库简明目录标注》有"官文书纸"，1989年深圳海天出版社本《图书馆学辞典》有"库钞纸"等异名，毛春翔《古书版本常谈》还有"官库本"，台湾图书馆《善本题跋真迹》"公牍纸本"等别称。他认为，利用旧书背面重印的可以称为"册籍纸"，利用空白账册背面的可以称为"册子纸"，而官库空白户口册、钱粮账册就可称为"官册纸"，利用书简公牍背面的都可称为"文牍纸"或"公牍纸"，利用监生功课簿、行移文册子等印书的可概称为"官文书纸"，因而主张，"尽管品种各别，但它们总的性质，一言以蔽之，还是利用已利用过的废旧纸张。鉴于历来记载歧异，淆人耳目，1987年《北京图书馆古籍善本书目》对此做了比较，规范化地提出了统一著录，称为'公文纸印本'，简单明了，可无异议"。[1]由此可见，公文纸本古籍一语是对"品种各别""废旧纸张"的总括，不一定必指文献的载体就是官府公文的用纸。根据我们几年来对各地图书馆公文纸本古籍的调查所见，此类古籍的用纸既包括官府用纸也包括私家用纸，官府用纸既包括使用印章的公文也包括未使用印章的账簿及其他种类的文

*117*

---

[1] 瞿冕良：《略论古籍善本的公文纸印、抄本》，《山东图书馆季刊》1992年第2期，第50页。

献；私家用纸的范围更广，包括书信、账簿、契约、各类应用文等。总而言之，公文纸本古籍是借用"公文纸"一名而代指所有利用古代官私废弃的文书档册、账簿、书启等纸背来刷印或抄录的书籍，属于借用特称而泛指整体的概念，它的用纸绝非仅仅限于古代废弃的官府公文。

关于纸背一语，容易产生歧见，这里需要特别说明两个问题：

第一个是关于古籍纸背的字面含义问题。笔者在研究实践中有时遇到这种情况，对于古籍版本学界所称的"公文纸背"一语，历史文献研究学者并不认同，认为公文纸本古籍所用纸张背面的以写本形式形成的公文等文献形成的时间在前，应称正面；古籍纸张以印本形式形成的文献时间在后，应称背面。这两种貌似不同的观点实际上并不矛盾。我们知道，公文纸本古籍是废纸利用的结果，是用废弃官私文书旧纸印刷、抄写新编新刊书籍，因此旧纸原有文献在形成时间上早于新印古籍文献，旧纸原有文献是一次利用文献和原始文献，新印古籍文献是二次利用文献和次生文献。由此可见，如果根据纸张的利用顺序而言，那么一次利用的一面应是正面，二次利用的另一面应是背面；如果根据线装书的版本形式而言，纸张折叶外在刻印、抄写文献的一面为正面，纸张折叶内在有文献或空白的一面为背面。这就是古籍版本研究学者与历史文献研究学者所称正面、背面正好相反的缘故。有鉴于此，为了避免歧义，我们特意说明，本文所谓的纸背一语采用的就是古籍版本学界根据线装书版本形式而确定的含义，亦即专指线装古籍纸张折叶内面有文献或空白的一面为纸背。

第二个是关于纸背的实际含义问题。如上所述，纸背文献的内涵是指古籍书叶背面的文字资料，但我们在这里又提出了"纸背文献的实际含义"问题。我们的意思主要是想说明在纸背文献的整理过程中，我们在大量的名实相符的纸背文献之外，还发现了一些名实不符的"纸背文献"，即有些公文纸本古籍中既有大量的原生文献（一次利用文献）位于书叶背面，也有少部分原生的一次利用文献不位于书叶背面而位于主要为次生文献的书叶正面，亦即属于一次利用的写本文献和属于二次利用的印本文献同位于书叶正面。我们在河南省图书馆抄录元至正七年（1347年）福州路儒学刻明修明成化公文纸印本《乐书》和重庆市图书馆抄录元大德三山郡庠刻元明递修明弘治公文纸印本《通志》纸背文献时，都遇到过这种情况。例如《乐书》卷二二中的第一叶和第二叶、卷四八的第一叶、卷六四的第一叶和第二叶，以及《通志》第一册总序部分的第八叶，目录部分的第六叶和第十叶等叶，就是一次利用的写本文献（明代公文）与二次利用的印本文献位于同一书叶正面。再如上海图书馆藏公文纸本古籍也时见此种情况，其中的《乐府诗集》一百卷，十六册，共计1336叶，其中纸背有字的公文纸为1318叶，背面无字而写本文献位于书叶正面的有100叶左右，如目录部分第五叶和第五十一叶等叶面均是写本文献（明代公文）与印本文献在同一叶面。造成一次利用写本文献位于古籍书叶正面的具体原因不明，从此类情况多是写本文字较少或位于书叶天头地脚等边角位置推断，似是刻印者在利用旧纸印刷古籍的刻意忽略。因此，我们所说的"纸背文献的实际含义"，就是指既包括位于古籍书叶背面的一次利用的写本文献，也包括位于古籍书叶正面的一次利用的写本文献，统指与"纸背文献"名实相符的一次写本文献和与"纸背文献"名实不符的一次写本文献。

关于文献一语，此处特意强调的是，古籍公文纸背文献除了通常意义上的文字资料之外，还包括一些符号、印章和表格之类的非文字资料。凡是与纸背文献内容有关的书写记号、文字符号和有文印章、无文印章等，我们均视为古籍公文纸背文献的内容构成。

基于以上对古籍公文纸背文献四个构成要素（古籍、公文纸、纸背和文献）的认识，我们可以将古籍公文纸背文献的含义做如下概括：所谓古籍公文纸背文献是指位于册子类古籍书叶背面（少量位于正面）、以写本为主要构成的各类公私文档册簿籍等文献（也包括一部分非文字形式的印章、符号和表格等）形式。这就是目前我们对古籍公文纸背文献内涵和性质的最新认识。

## 二、古籍公文纸背文献的外延

古籍公文纸背文献的基本类型有内文纸背文献、封皮裱纸文献、拓本裱纸文献和内文衬纸文献四种。

内文纸背型文献指的是线装古籍正文的书叶背面的文献，也是公文纸本文献中最多、最常见的一种形式。在已知公文纸本文献中，内文纸背文献所占比重最大，数量最多，也最典型，像作为《王文公文集》纸背文献的《宋人佚简》，笔者主持整理的公文纸本《洪氏集验方》《论衡》和上海图书馆所藏明代古籍公文纸背文献的诸书等，都属于内文纸背类型文献，此处不再赘举。

封皮裱纸型文献指的是线装书的封皮（包括外封和内封）背面裱糊的公私旧纸。我们所见的裱纸文献主要是沈阳师大图书馆所藏的明万历本《文苑英华》和重庆图书馆所藏的明抄本《册府元龟》。明万历本《文苑英华》正文100册，目录一册，合计101册。该本内文书叶背并无文字，封皮裱纸却大量使用了当时福建官府废弃公文纸托裱。经我们目阅和实测，该本书长30.1厘米，宽19.2厘米，版框高20.8厘米，宽15.1厘米。每册封皮所用公文纸托裱情况不一，多则四叶，少则一叶，共计用公文纸托裱316叶。每叶裱纸所用公文残件多为单纸，部分为两张或多张残纸拼合托裱。公文形成的时间，上至万历三十七年（1609年），下至万历四十一年（1613年），内容均为福建福州府、建宁府、延平府、泉州府、汀州府、福宁州等下属各司、县官府公文纸。明抄本《册府元龟》一千卷，目录十卷，蓝格棉纸钞本，共14函202册，每函15册。该本也是内文书叶背无文字，封皮裱纸大量使用了当时官府废弃的公文纸托裱。经实测，书长31厘米，宽19.2厘米，版框高21.3厘米，宽14.7厘米。90%的封皮衬纸使用公文纸托裱，各册封皮用纸多寡不一，平均每册约用2纸，公文残纸总数约370叶。公文形成的时间，大多集中在嘉靖十九年（1540年）和嘉靖二十年（1541年）两个年份，内容多为山西荣河、夏县、蒲圻、临汾、长乐、安邑、盐池、平阳府等州府州县的公文，也有陕西和河南部分府州县的公文。本来封皮裱纸文献因位于封皮之背，而古籍多数篇幅有限，每种几册或十多册的居多，且每册封皮不见得都有带字的裱纸，所以古籍裱纸文献就显得更零散琐碎，篇幅更少。因此，像《文苑英华》和《册府元龟》这样比较成系统、成篇幅的裱纸文献就很少见。二书因为篇幅大，各有一千多卷，而封皮有字裱纸所占比例较高，故形成的裱纸文献各有几百叶，篇幅数量非常可观，可以进行专题研究。至于偶有裱纸文献的线装古籍更多，笔者曾在一著名藏书楼偶遇一管库员称，该库明版古籍封皮裱纸文献多得很。例如网上微博"樊川"2014年10月23日刊出一幅摄自天一阁《周易义海撮要》的图片，是嘉靖四年（1525年）至六年（1527年）户丁纳工食银的内容。从博主文字介绍和网上照片看，这幅照片即属于天一阁博物馆所藏《周易义海撮要》的封皮裱纸文献。笔者也曾在2014年走访河南省新野县图书馆，发现该馆藏明振绮堂万历乙未刻本《山堂肆考》一书的前后护封裱纸即为写本文献，其中一纸似为清初契约。2016年走访酒泉肃州区图书馆时，也曾在该馆见过几种带有封皮裱纸文献的古籍。我们在各地走访图书馆时，常听到工作人员讲见过封皮裱纸文献，尽管他们大多说不出具体的古籍名称。可想而知，这些零星散见的裱纸文献，最大的缺点就是过于零散，难以进行专题研究。再者，目前裱纸文献的整理也存在较大的局限性，因为封皮裱纸往往多层，外层裱纸的文字相对容易辨识，内层裱纸文献因不允许揭裱而无法知道内容，或不能准确知道内容。

拓本（包括经折装古籍）裱纸型文献指的是书法作品法帖背面和宗教古籍经折装背面为起加固作用而糊裱的带字纸张。这些拓本和经折装在流传中，收藏者为防止折缝断裂，往往在拓本和经折装背面糊裱不止一层的带字纸张，因此就形成了拓本（包括经折装）裱纸文献的形式。我们见过几种拓本裱纸文献，一是中国政法大学教授李雪梅女士收藏的明代东书堂法帖卷六背面裱纸文献，二是《九天玉枢雷经注解》背面裱纸文献，三是上海博物馆藏《爨龙颜碑》背面裱纸文献，四是刘建业藏《潭帖》背面裱纸文献，五是山东师范大学杜立晖从互联网孔夫子网站搜集的《东书堂集古法帖》卷八背面裱纸文献。《东书堂集古法帖》卷六为明永乐十四年（1416年）拓本，成化十七年（1481年）重刻。该法帖共十卷，李雪梅女士收藏的卷六为公文纸裱装，计70页。公文性质主要为呈状，内容涉及礼仪、会审狱囚、清理逃军、官员吏役名册、科举、考核等，官署名多见河南等处承宣布政使司、河南等处提刑按察使司、河南都指挥使司、宣武卫指挥使以及南阳府儒学、卫辉府、彰德府等，文书形成年代集中于正德十一年（1516年）和正德十二年（1517年）两个年度。《九天玉枢雷经注解》背面裱纸文献我们未能亲自目验，是通过江苏扬州市刘向东先生购置的电子照片。互联网转载有《华西都市报》2017年4月25日介绍《九天玉枢雷经注解》的文章，其中附有一张照片，将我们购置的电子照片和《华西都市报》刊载的照片对照，可知二者为同一书。据《华西都市报》载，《九天玉枢雷经注解》为明洪武年间（1368—1398年）刻本，一册，蝴蝶装，是成都古籍收藏爱好者郭云龙的藏书。又，根据电子照片，该本裱纸文献现存37叶残件，从文中涉及地名及征税以银计，似是明代后期陕西地区的商税记录。刘建业先生藏《潭帖》拓本背纸文献的信息，我们是从其微博获知的。其主要内容是明万历八年（1580年）到万历二十五年（1597年）间直隶监察御史、都察院、松江府、苏州府、苏松道、松江海防等衙门的钱粮赋税档案原件，部分盖有官印。总量应有几十叶，网络上公布的照片为9幅。杜立晖从互联网孔夫子网搜集的《东书堂集古法帖》卷八裱纸文献为残叶，只有四张照片。从照片看，《东书堂集古法帖》卷八背面裱纸也应是明代公文，时间应与《东书堂集古法帖》卷六大体相当，内容属于"钦差提督学校山西等处提刑按察司"有关考试、学校的公文，与李雪梅女士收藏的卷六主要属于河南地区的公文有所不同。《爨龙颜碑》拓本为北京画院李松先生所捐，两册，折装，共20折。拓本背面裱纸有多层，文献内容有扎付、呈文等，年号有嘉靖二十九年（1550年）等。

拓本裱纸文献的存世数量目前不得而知。我们估计，其总数应该超过内文纸背文献，因为法帖拓本和经折装在民间具有广泛传布的基础，民间的收藏量相当大，加之它具有读书习字启蒙等实用性，更为普通民众所珍惜。而流传越久远，则纸背裱糊越普遍、越厚实，使用废弃公私文书的概率更高，故内含文献资料的可能性更大。这就是我们推测裱纸文献数量更多的根据。据我们了解，古旧市场经常见到此类带有裱装有字旧纸的拓本，只是它长期以来未被人们认识，也未受到收藏家和收藏部门的重视，缺乏统计而已。据有些学者见告，日本有的博物馆就收藏有上千种带裱纸文献的拓本。拓本裱纸文献很有可能成为公文纸背古籍文献资源最大的一个文献来源。

内文衬纸型文献指线装古籍内文书叶中间夹插的有字纸张。线装古籍的内文折叶中间夹插纸张以保护书叶并不鲜见，但这种衬纸大多为白纸，很少一部分为字纸。这种字纸就是衬纸文献。衬纸文献与纸背文献在文献的时间顺序上有所不同，衬纸文献一般是在书籍形成之后或很久之后才插入折叶之间的，其文献内容的形成时间晚于内文书叶的时间，这与纸背文献早于内文正面时间明显不同。从理论上讲，衬纸文献既包括写本文献也包括印本文献，据我们访谈熟悉古籍的学者，不少人见过衬纸文献为写本的，但笔者亲眼所见的四种衬纸文献均是印本文献。这四种印本文献：一是烟台市图书馆藏明人冯应京撰《月令广义》衬纸文献，二是厦门大学图书馆所藏明刻本《莆阳知稼翁集》衬纸文献，三是四川大学图书馆藏《三藩纪事本末》衬纸文献，四是陕西师范大学黄寿成教授所藏内容为《文选》的衬纸文献。《月令广义》共二十四卷，明万历间刻本，存九至二十四卷，其中衬纸文献内容为清代《钦定兵部处分则例》。经初步查验，衬纸文献的内容范围为《钦定兵部处分则例》卷一至卷三十二的部分内容。《莆阳知稼翁集》现存4册，明代天启五年（1625年）刻本，衬纸文献内容是《邃雅堂学古录》卷一至卷五内容，一册是目录卷上1至22叶，二册是卷上23叶至52叶，三册是卷下1至46叶，四册是卷下47叶至84叶。[①]《三

---

①此次查阅承蒙刁培俊先生与其夫人王志双女士提供帮助，谨此致谢。

藩纪事本末》为清刻本，衬纸文献为《读易日钞》，四川大学图书馆古籍部主任丁伟先生从中辑出了107叶。黄寿成所藏《文选》衬纸文献系其父黄永年先生辑出，出自何书已经不得其详，现存散叶30余叶，均为《文选》内容。黄寿成先生根据书体判断是明嘉靖风格，其中玄字不避讳。

以上列举的内文纸背型文献、封皮裱纸型文献、拓本裱纸型文献和内文衬纸型文献只是古籍公文纸背文献的四种基本类型，并非全部，其他类型的纸背文献也还有，但我们目前所见实物有限，拟待将来见闻丰富后再予以介绍。

古籍公文纸背文献作为文史研究领域的一个文献门类，如果以1990年出版的《宋人佚简》为标志，不过20多年的时间；如果以之作为一门新兴学科或新兴学问的称谓，不过是近年学人才加以思考和提出的问题。这一新学科新学问的全称、通称、简称及学科性质、学科特色、学科地位、学术价值等，近年来一直是笔者反复思索并试图解决的问题，本文有关古籍公文纸背文献内涵与外延的见解，实际上就是以上思考的一部分内容，也是解决全部问题的关键和基础。

（与张恒合作，见《宁夏社会科学》2018年第4期）

# 20世纪学术史背景下的陈寅恪、唐长孺和胡如雷

　　我们这次会议的主题是"唐长孺、胡如雷与隋唐史研究"，属于20世纪学术史的范畴。唐长孺、胡如雷先生是20世纪中国著名的历史学家，也是隋唐史研究领域的大家，研究唐长孺、胡如雷先生的地位及对隋唐史学术的贡献，就不能不涉及20世纪隋唐史研究的学术史，而研究20世纪隋唐史研究的学术史，就不能不谈到陈寅恪先生，这就是本文以"20世纪学术史背景下的陈寅恪、唐长孺和胡如雷"为题的基本原因。

　　戴逸先生曾在《20世纪中国史学名著·总序》中回顾20世纪中国史学走过的历程，他把20世纪的中国历史学划分为四个阶段，每个阶段都产生一批史学家，认为第一代史学家处于转型时期，使命是促使中国传统史学转向进化史观和理性主义史学，他提到的史学家有梁启超、章太炎、夏曾佑、王国维、陈寅恪、陈垣、顾颉刚等；第二代史学家处于创新时期，主要任务是用唯物史观作指导，把历史作为客观的有规律的对象加以研究，创立马克思主义的中国史学，他提到的史学家有翦伯赞、范文澜等；第三代史学家亦即中华人民

共和国成立以后成长起来的史学家；第四代则是在"文化大革命"结束后成长起来的史学家。

陈先生生于1890年，逝世于1969年，早年留学日、美和欧洲等国，从20年代中期受聘清华大学，至60年代，从事学术研究有五六十年，学术最活跃、成就最大的时期是20世纪30年代和40年代，诚如戴逸先生划分的那样，他属于20世纪的第一代史学家，也是第一代史学家的主要代表人物之一。唐先生生于1911年，逝世于1994年，从40年代起开始发表辽金元史方面的研究论文，以后研究重心上移，主要从事魏晋南北朝隋唐史的研究，从事学术研究的时段跨越中华人民共和国成立前的40年代和中华人民共和国成立后的50年代至90年代，相对于陈先生而言，他属于20世纪的第二代史学家，是第二代史学家的主要代表人物之一。胡先生生于1926年，逝世于1998年，其学术生涯始于20世纪50年代，止于90年代，最活跃的时期是50年代后期、60年代前期和80年代前后，相对于陈先生和唐先生而言，他属于20世纪的第三代史学家，是第三代史学家的重要代表人物之一。陈先生、唐先生和胡先生作为20世纪中国史学家第一、二、三代的代表性人物，尽管他们的家庭背景迥别、人生经历各异、史学成就有差、学术特色不同，但他们治学的范围都主要是魏晋南北朝隋唐史，对中国通史都具有通识性的整体认识和把握，都在相关的领域取得了突出的学术成就，都是20世纪或世纪阶段内具有一定代表性的史家，因而具有一定程度的可比性。

陈寅恪、唐长孺和胡如雷在20世纪中国学术史上的成就、地位和特点，笔者尝试做如下概括，即陈寅恪：承旧启新、文化史观中国化；唐长孺：转旧趋新、唯物史观学术化；胡如雷：弃旧开新、古史形态理论化。

## 一、陈寅恪：承旧启新、文化史观中国化

自20世纪80年代以来，陈寅恪史学研究或曰陈寅恪学术研究在我国学术界方兴未艾，其影响所及早已不限于学术界，而被称为一种文化现象。有关陈寅恪的研究，特别是其学术地位和学术贡献，学人所谈甚夥，笔者无意重复太多，只想就其在中国近代学术传承中的特点和学术贡献做一集中概括，即"承旧启新，文化史观中国化"。

所谓"承旧启新"，主要是想强调陈先生对中国传统学术的继承创新和对西方近代学术研究方法的引进和吸收。"承旧"的含义有两点：其一，他是中国传统文化的继承者和维护者。周一良先生曾说陈先生的主体思想是"儒家思想""诗人气质"和"史家学术"[1]，"儒家思想"一语足以表明陈先生对中国传统文化的态度和立场。其二，他是包括清代乾嘉朴学在内的中国传统史学的继承者。关于陈先生与乾嘉考据学的关系，过去相当长的时间内陈先生被目为擅长"史料"的"考据学家"，只是后来随着人们认识的深化，陈先生的史学地位才逐渐为人们所认识，才不以"考据"而名

---

①周一良著：《我所了解的陈寅恪先生》，北京十月文艺出版社，1998年，第149页。

之。乾嘉考据学只是陈先生继承的中国传统史学当中的一部分，日本学者池田温先生称："陈先生学问之特征，乃以传统国学为基本，以西洋近代语言、文献学为羽翼，深究中国中古史、诸民族关系史。"①这里不专提考据学而说"以传统国学为基本"，颇有见地。"启新"的含义至少有三点：其一，开一代风气，即陈先生别具一格的研究方法和风格创立了一种具有标识意义的史学范式，在中国近代学术史上独树一帜，引领潮流，为后来者所模仿或遵行。其二，成一代宗师，即陈先生提出了一系列诸如门阀士族、关陇集团、关中本位政策、统治集团党派分野势力升降等问题论题，直接培养或间接影响了一批又一批富有成就的中国中古史研究学者，开创了近代史学意义上的魏晋南北朝史和隋唐史的学科领域，奠定了中国中古史问题研究的基本格局。其三，完成了文化史观中国化的历史使命，为中国史学由传统学术向近代学术的转型做出了卓越贡献。下面稍就陈先生的治史方法和风格加以引申。对陈先生的治史方法，胡守为先生《陈寅恪先生的史学成就与治史方法》一文曾有概括：批判地继承了乾嘉史学的方法，吸收了西方比较语言学的方法，运用比较研究的方法②。在这三个方面中，笔者以为对后来学者影响最大的是第一个方面，陈先生不仅继承了中国史学特别是清代朴学的优良传统，更主要的是在考据学的基础上更进一

130

①《纪念陈寅恪教授国际学术讨论会文集》，中山大学出版社，1989年，第44页。

②《纪念陈寅恪教授国际学术讨论会文集》，中山大学出版社，1989年，第110页。

步创造出了宏观把握、因小见大的研究方法和研究风格，从而实现了对考据史学的超越。对陈先生这一研究方法和研究风格，许多学者曾有涉及，但笔者觉得周一良先生的概括比较全面精练，称："陈先生把敏锐的观察力与缜密的思考力相结合，利用习见的史料，在政治、社会、民族、宗教、思想、文学等许多方面，发现别人从未注意到的联系与问题，从现象深入本质，做出新鲜而令人折服、出乎意想之外而又入乎意料之中的解释。陈先生善于因小以见大（中略）长于贯通、观察发展变化。"①陈先生这一治史方法，尤为后来学者所叹服和仿效，并蔚成风气，唐长孺先生就曾赋诗称颂陈先生："胜义微言若有神，寻常史迹考文新。先生自有如椽笔，肯与钱王作后尘？"唐先生自注称"钱、王"是"钱竹汀、王西庄"，即钱大昕、王鸣盛两位乾嘉考据学大家。唐先生称颂陈寅恪治史小中见大，由微知著，成就超过了乾嘉考据学大师钱大昕、王鸣盛，赞叹陈先生史法超越乾嘉考据学、高于乾嘉考据学。②

所谓"文化史观中国化"，主要是想概括陈先生"吸收输入外来之学说"，开创近代中国史学尤其是魏晋南北朝隋唐史研究新局面的成就。对于陈先生的学术成就，史学界公认他研究范围极广，在魏晋南北朝史、隋唐史、宗教史、西

---

①《纪念陈寅恪教授国际学术讨论会文集》，中山大学出版社，1989年，第20页。

②唐先生诗作见《纪念陈寅恪教授国际学术讨论会文集》书前插页。笔者20世纪80年代前期就读研究生期间，多次听唐先生说过：陈先生懂考据学，但陈先生不是考据学家。言外之意说陈先生是更高层次意义上的史学家。

域各民族史、蒙古史、古代语言学、敦煌学和中国古典文学等方面都做出了卓越贡献，开一代风气，成一代宗师，达到了近代中国史学的高峰。但目前有关陈先生学术成就的具体表述，笔者感觉大都不足以涵盖陈先生全部学术成就的内涵和意义。香港学者黄约瑟先生在1988年纪念陈寅恪教授国际学术讨论会上发言曾说："陈先生被称为本世纪的学术巨人，实在当之无愧。在这次会上大家不约而同地谈到陈寅恪先生的文化观。我个人觉得，他虽然放眼世界、学贯中西，可是他在学术史上的主要功业，在于把外国的学问引进来解释中国的历史文化。"①如果以一句话高度概括陈先生学术成就的话，笔者大致赞同黄先生的意见，即"把外国的学问引进来解释中国的历史文化"，不过更准确说的话，应该是"文化史观中国化"。

陈先生并没有就历史观发表过专门的见解，他的特点是"于史实中求史识"，他在史学研究中非常重视文化，往往从种族和文化的角度来观察、分析社会，曾反复强调种族文化是研究中国中古史的关键。在种族与文化的关系上，他认为"种族之分，多系于其人所受之文化，而不在其所承之血统""文化之关系较重而种族之关系较轻"，认为文化超出了种族的范围，文化重于种族，文化超越于政治、经济、民族等之上。对陈先生突出强调文化，周一良先生称之为"文化至上"，过去批判陈先生是"资产阶级文化史观"，毫无疑问

---

①《纪念陈寅恪教授国际学术讨论会文集》，中山大学出版社，1989年，第47页。

是过于意识形态化，但称其为"文化史观"可谓极中肯綮。所以，称陈先生历史观为文化史观应无大误。

文化史观既不同于中国古代的历史循环论，也不同于马克思主义的历史唯物论，其本质上应属于近代以来从西方世界传入中国的进化论的范畴。"文化"一语尽管在中国古代史籍中早已出现，但作为一种历史观最早产生于西方。以文化史观解释历史，在西方取得成功并得到推崇的无疑以汤因比《历史研究》较早且最为著名。文化史观输入中国最早的时间，笔者缺乏研究，不敢妄言，但在中国学术界受到重视并引起讨论是在第一次世界大战前后，与新文化运动相伴随，并一直持续到20世纪20年代中期，其中著名的文章有梁启超《欧游心影录》、陈独秀《法兰西人与近代文明》和《东西民族根本思想之差异》、杜亚泉《静的文明与动的文明》、李大钊《东西文明根本之异点》、梁漱溟《东西文化及其哲学》、蔡元培《何谓文化》等。但在陈寅恪之前，无论以文化史观进行中西比较还是考察中国历史，都还处于引进外来思想的初期阶段，难免稚嫩、肤浅、粗糙甚至简陋。只是到了陈先生之后，尤其是到了陈先生学术代表作《隋唐制度渊源略论稿》《唐代政治史述论稿》发表以后，才标志着文化史观中国化和学术化的完成。

陈先生文化史观中国化的完成，是中国史学由传统学术向近代学术转型的一个重要侧面，也是陈先生留给后人的一笔丰厚遗产，牟发松《内藤湖南和陈寅恪的"六朝隋唐论"试析》称内藤湖南和陈寅恪"创立的理论框架，特别是他们的最重要的遗产——文化史观，对于六朝隋唐社会仍具有独特而强大的阐释力"，他们"学说的限度，恰恰构成了新的学术生长点。他们构筑的研究基础，包括他们的局限性，都是留给后来者的宝贵遗产"。（《史学理论研究》2002年第3期）

## 二、唐长孺：转旧趋新、唯物史观学术化

所谓"转旧趋新"，主要是想强调唐先生历史观从文化史观向唯物史观的转化。唐先生行年八十三，从事学术研究的时间是从20世纪40年代至90年代，时跨中华人民共和国成立前后两个时期。处于这样一个转折时代，毫无疑问会给予唐先生的历史观以深刻影响。很多学者已经说过，对唐先生一生学术研究影响最大的三位学者是陈寅恪、吕思勉和李剑农，其中尤以陈先生影响最巨。唐先生晚年曾赋诗表白对陈先生的心仪和景仰："掩卷心惭赏誉偏，讲堂著籍恨无缘。他年若撰渊源录，教外何妨有别传。"（唐先生诗作见《纪念陈寅恪教授国际学术讨论会文集》书前插页）唐先生虽以未列陈先生门墙而抱憾，但其治史风格于陈先生的神似，足以堪称私淑弟子。20世纪40年代，唐先生先后发表的学术论文有《蔑儿乞破灭年次考证》（《齐鲁学报》，第2期，1941年7月）、《辽史天祚纪证释》（国立师范学院史地学会编《史地教育特刊》，1942年10月，《山居存稿》收入）、《读陈寅恪唐代政治史述论稿后记》（《武汉日报·文学副刊》，1946年12月9日、16日）、《敦煌所出郡姓残叶题杞》（《武汉日报·文学副刊》，1947年3月14日）、《记阻卜之异译》（《天津大公报·文史周刊》，1947年5月16日，《山

居存稿》收入）、《论金代契丹文字之废兴及政治影响》（《武汉日报·文学副刊》、1947年6月23日，《山居存稿》收入）、《论五朝素族之解释》（《武汉日报·文学副刊》、1947年12月8日）、《清淡与清谈》（《申报·文史》，1948年2月28日，《魏晋南北朝史论丛》收入）、《唐代军事制度之演变》（《武汉大学社会科学季刊》，复刊后第9卷第1号，1948年12月）等。此外，出版于1957年的《唐书兵志笺正》一书也撰成于40年代。这些论著除了研究方法、论题选择、治史风格明显受到考据学和陈寅恪的影响之外，也隐然可见风行当时的文化史观的影响。

　　1949年以后，马克思主义成为指导思想，马克思主义史学观成为史学研究的主流，唐先生与全国绝大多数学者一样，通过全面学习马列主义经典著作，最终树立了唯物史观，并在学术研究中自觉运用指导治史。他在《魏晋南北朝史论丛·跋语》中曾深有感触地说："在研究过程中，我深刻体会到企图解决历史上的根本问题，必须掌握马克思列宁主义的理论。"诚如牟发松先生撰文所说，这是唐先生"在经过艰苦的理论探索和长期的史学实践之后，发自肺腑的甘苦之言和经验之谈"。从属于进化论范畴的文化史观为主要内涵的旧时代学术传统到接受马克思主义，树立唯物史观，这是唐先生学术生涯中的一个重要转折，从此，"他的学术观念相应地发生了质的飞跃""在科学史观的烛照下，对所熟习的传统史学方法加以董理扬弃；摒除其烦琐陈腐的一面，保留其求实求真的内核"，将有关历史时期的经济史、政治史、军事史、文化史、思想史等一个个具体课题，统摄于宏观思考之下，构成一个有机的学术整体，因而"具有了同他早年的学术实践不同的内涵"。①

　　所谓"唯物史观学术化"，主要是想强调唐先生学术研究的最大成就和治史风格的最大特点是唯物史观的指导和史学研究的实践有机结合，"将理论性思考融汇在具体的历史表述中"。唐先生的学术成就是多方面的。他出身于书香门第，旧学造诣深厚，早年在旧体诗方面受过系统而严格的训练，所作旧体诗词极见功力，近代著名诗人金松岑称赞他"幽涩似郊、岛，又似永嘉四灵，亦受散原影响"，曾推荐在《国学丛刊》上发表诗作（以上据牟发松《略谈前辈学者对唐长孺先生治学的影响》，《文史知识》1995年8期）。20世纪三四十年代转攻史学之后，最初治辽金元史，后转攻魏晋南北朝隋唐史。主要论著有《魏晋南北朝史论丛》《魏晋南北朝史论丛续编》《魏晋南北朝史论拾遗》《魏晋南北朝隋唐史三论》《唐书兵志笺正》《三至六世纪江南大土地所有制的发展》《山居存稿》等。研究领域非常广泛，无论是政治、经济、军事，还是各种制度、民族问题、学术、中西交通等，各个方面均有重要论述。在古籍整理方面，曾历时十载，主持点校北朝四史的工作。在出土文献整理研究方面，又十易寒暑，主编《吐鲁番出土文书》并创造了一套文书整理的规范，为学术界所遵行。与唐先生上述具体学术成就相比，笔者认为超乎其上的总体成就可以一言以蔽之，就是"唯物史

---

　　①张弓：《从唐长孺教授问学记》，见《魏晋南北朝隋唐史资料》第21辑，第48页，2004年12月。

观学术化"。日本学者池田温在《怀念唐长孺教授》一文中曾将唐先生的研究特征概括为"将传统的实证史学与马克思主义的唯物史观有机地融为一体"①，姜伯勤《寻求历史与逻辑的统一——试论唐长孺先生的史学风格》认为唐先生的史学风格是"寻求历史与逻辑的统一"②，牟发松《唐长孺先生与魏晋南北朝史研究》也说"唐先生长于考证，却又不止于考证，更不为考证而考证，而是始终从具体史实的考证和分析入手，溯其渊源，考其流变，以把握历史演进的大势，探求历史发展的根本规律"③，张弓《从唐长孺教授问学记》认为唐先生具有鲜明个性的研究方法是"宏观理论思考把握的精细实证"④。所谓"将传统的实证史学与马克思主义的唯物史观有机地融为一体""寻求历史与逻辑的统一"，从具体考证入手把握历史演进大势根本规律，宏观理论思考把握的精细实证，实际上都是指唯物史观的指导和史学研究的实践有机结合，也都是"唯物史观学术化"一语内涵的不同表达。

　　"唯物史观学术化"，既是唐先生对20世纪中国史学界的最大贡献，也是唐先生个人治史风格的集中体现。这一风格

　　①［日］池田温著，冻国栋译：《怀念唐长孺教授》，《魏晋南北朝隋唐史资料》2004年第21辑，第32页。

　　②［日］池田温著，冻国栋译：《怀念唐长孺教授》，《魏晋南北朝隋唐史资料》2004年第21辑，第95页。

　　③［日］池田温著，冻国栋译：《怀念唐长孺教授》，《魏晋南北朝隋唐史资料》2004年第21辑，第113页。

　　④［日］池田温著，冻国栋译：《怀念唐长孺教授》，《魏晋南北朝隋唐史资料》2004年第21辑，第48页。

有两个鲜明的特点：第一，学术语境下的理论思考。1949年以后，在马克思主义史学观成为史学界主流意识形态的同时，也出现了教条主义和"左"的倾向，例如在社会发展阶段，有些研究不是从中国的历史实际出发，而是削足适履，把西欧古代奴隶制和中世纪农奴庄园制的模式，机械地、简单地套用于中国历史；在研究方法上，往往是寻章摘句，穿靴戴帽，先引用经典作家一段话，然后填充史料，把经典著作当作"商标"随意贴；在对待史学传统上，一味批判"史料挂帅""烦琐考证"，搞所谓"以论代史"或"以论带史"。作为经历过20世纪50年代至70年代多次政治运动的知识分子，唐先生在对待马克思主义指导史学研究的问题上，迥然有别于当时教条化的"通病"。在马克思主义成为时髦的50年代和60年代，他并不刻意标榜自己的唯物史观，在马克思主义受到怀疑的80年代和90年代，他依然坚持唯物史观的指导，毫不动摇。他以唯物史观指导学术研究，主要是着眼于观察问题的立场、观点和方法，着眼于对学术探讨的宏观把握，他的论著既不搞寻章摘句，也不搞穿靴戴帽，鲜见成段抄录马列论述，用史学材料附会论证"经典"。他将唯物史观融化到了具体的学术命题、学术方法、学术风格之中，在学术语境中体现求真务实的理论品格，在学术语境中把握以小见大的宏观视野。

第二，推陈出新的文本形式。朱雷先生曾对唐先生论著在文本表达方式上的特色进行概括："凡研究每一论题，必广泛搜集和详尽占有资料，然后缜密考校，去伪存真，精深分析，由表及里，探求历史的真实面貌与发展演变的规律；

始终注意从具体史实的考订分析入手，溯其渊源，考其流变，以把握历史演进的大势，探求历史发展的趋向，终究达到发微阐宏的境界。"①张弓、牟发松先生也有类似的见解。除此之外，唐先生史学论著的文本表达还有一个突出特色，这就是善于继承前贤而又敢于超越。唐先生个人治史风格的形成相当程度上受到清代考据学，特别是陈寅恪史学的影响。他赋诗赞陈先生"胜义微言若有神，寻常史迹考文新。先生自有如椽笔，肯与钱王作后尘"？唐先生对陈寅恪"一生服膺"②，这里既是称颂陈寅恪，又何尝不是自励。唐先生对传统优秀史学遗产并不仅仅满足于继承，而是尽其所能加以发扬光大。例如他的论著由文言文到白话文，转变得自然、流畅、妥帖，愈往后愈精练，几至炉火纯青。胡宝国先生曾说："唐先生文字朴素，从不虚张声势。读他的文章很舒服，仿佛冬日的夜晚，一个老人坐在火炉旁，手捧一杯热茶，正向你娓娓道来。"还说："他在研究领域的广泛、眼光的敏锐、小中见大诸方面都像陈寅恪，但他得结论时要比陈先生更稳一些。他总是把话说得极有分寸，让人难以反驳。"③牟发松说唐先生"博于征引而慎下断语"，张弓说："他的论著辨析绵密，不作空泛之论；但又旨约意远，有别

139

----

①见朱雷先生为《二十世纪史学名著·魏晋南北朝史论丛》所写前言，河北教育出版社，2000年12月。

②张泽咸：《温故与怀念》，《魏晋南北朝隋唐史资料》2004年第21辑，第13页。

③胡宝国：《读唐长孺先生论著的点滴体会》，《魏晋南北朝隋唐史资料》2004年第21辑，第13页。

于考据家的案头讲章。"①姜伯勤也说："唐先生主张求实，而力戒空疏，运用资料十分严谨，宁阙疑，不妄断。行文简洁流畅，无多言赘语。我特别喜欢读唐先生的后论，不仅收束论题，启发后学，而且总是在犹有余韵的地方打止。"②唐先生推陈出新的文本形式形成了他个人治史风格的鲜明特色。

总而言之，"转旧趋新"是唐先生在20世纪史学发展历程的角色定位，"唯物史观学术化"是他对20世纪史学研究贡献的集中概括。

## 三、胡如雷：弃旧开新、古史形态理论化

所谓"弃旧开新"，主要是想说明胡先生从事史学研究之始没有太深的家学渊源，强调他对于中国史史学理论的开创性贡献。"承旧"的含义有两点：其一，就中国传统文化即旧学而言，胡先生的文化背景没有太深的家学渊源。胡先生生于1926年，父亲是攻读理工的留日学生，回国后一直从事实业。他在20世纪30年代后期和40年代前期，先后进入太原、西安等地小学和中学读书，直至40年代后期先后考入西北大学、大夏大学和清华大学，接受近代学制下正规学校的国民教育，既没有太深的家学渊源，也没有以旧学为主的

①张弓：《从唐长孺教授问学记》，《魏晋南北朝隋唐史资料》2004年第21辑，第48页。

②姜伯勤：《寻求历史与逻辑的统一——试论唐长孺先生的史学风格》见《魏晋南北朝隋唐史资料》2004年第21辑，第95页。

私塾教育背景①。由于时代的缘故，胡先生对中国传统史学的学习、汲取和继承（自身的中国传统文化素养），较之于陈寅恪、唐长孺先生显然有别。其二，胡先生从事史学研究之始接受的就是马克思主义史学观，他与20世纪上半期包括文化史观在内的各种史观既缺乏天然的联系，也没有历史的包袱。胡先生在初中时代读了托尔斯泰、巴尔扎克等人的文学著作后，最初向往当作家，所以有1946年考为西北大学中文系旁听生之举。但在读了翦伯赞的《历史哲学教程》、邓初民的《新政治学大纲》等之后，转而决定选择历史研究专业，并于1947年考入西北大学历史系，直至最后考入清华大学。②翦伯赞是最早的一批马克思主义史学家之一，《历史哲学教程》是其成名之作，邓初民是著名民主人士，《新政治学大纲》是风靡当时的进步书籍，胡先生受他们的影响选择历史研究并不表明其历史观的形成与确立，但唯物史观的价值取向则明确无误。所以，胡先生的"弃旧"不仅体现在知识体系层面，也同样体现在价值体系层面。

至于"开新"的含义，就是指胡先生对于中国历史学研究的开创性贡献。而这种开创性的贡献亦即"开新"就是"古史形态理论化"。所谓"古史形态理论化"，主要是指胡先生以《中国封建社会形态研究》一书为代表的，以构建中国封建社会形态一般理论为目标的史学创新活动（史学理论的创新）。

---

①关于胡如雷20世纪三四十年代求学经历，见《（祝贺胡如雷教授70寿辰）中国古史论丛·前言》，河北教育出版社，1995年。

②秦进才：《胡如雷先生学术贡献管窥》，《河北师范大学学报》2001年第1期。

胡如雷的史学研究始于20世纪50年代，止于90年代，学术论著有80多项，著作有《中国封建社会形态研究》《李世民传》《唐末农民战争》《抛引集》《隋唐政治史论集》《隋唐五代社会经济史论稿》等，其中《中国封建社会形态研究》《李世民传》《唐末农民战争》属于学术专著，《抛引集》《隋唐政治史论集》《隋唐五代社会经济史论稿》属于论文集。其治学范围大致在隋唐史和史学理论两个大的方面。隋唐史研究方面，50年代、60年代以社会经济史为重点而兼及政治史，80年代、90年代以政治史为重点而兼及社会经济史。史学理论方面，50年代、60年代和70年代主要从事中国封建社会形态一般理论的研究，构建出了关于中国封建社会形态的史学理论架构，最后完成《中国封建社会形态研究》一书，80年代、90年代则对一系列史学理论的重大命题、引进国外史学理论和史学方法等问题进行研究，提出了一系列新的见解，并计划撰著《历史认识论》一书。

　　上述研究中，最能代表胡先生学术成就的是他在几篇已经发表的学术理论论文的基础之上，将有关中国封建社会形态的观点加以系统的理论概括，撰著而成的《中国封建社会形态研究》一书。这部著作的写作开始于1959年，完成于1964年，修改于"文革"之中，出版于1979年。它的最大特点是"把历史科学的研究和政治经济学理论密切地结合"，仿效《资本论》的结构逻辑，在32万字篇幅、5编21章的结构中，除了第五编中国封建社会史的分期以外，其他四编的篇章顺序分别是封建土地所有制、地租剥削形式与农民的经济地位、自然经济与商品经济、农业经济的再生产与周期性经济危机。显而易见，这种结构布局"与一般单纯的历史著作有所不同，它是按照政治经济学体系的要求建立起来的"（该书《序言》）。该书以西欧封建社会历史为参照物，在广泛占有资料的基础上，力图归纳出中国封建社会固有客观经济规律，认为地主土地所有制"是中国封建社会的主要基础，不论在任何历史阶段，都在全部土地关系中占支配地位。它既决定了中国封建社会的面貌，又对其他土地所有制起主导的制约作用。离开了这个经济基础，就失去了理解中国封建社会形态的最主要的根据和凭借"①；在地主土地所有制占主导地位的情况下，形成了土地买卖与土地兼并等中国封建社会土地制度的根本特点，由此派生出其他很多社会经济特色。最后，将中国封建社会形态的基本经济规律概括为："用主要通过买卖方式兼并土地的办法，用剥削依附佃农的办法，来保证地主占有地租和满足其经常增长的寄生性消费"②。

《中国封建社会形态研究》汇集了胡先生在20世纪50年代至70年代有关中国封建社会整体思考和研究的精华。它以恢宏的气魄，运用马克思剖析资本主义的方法，以土地所有制为钥匙，从纵横两个方面对中国封建社会进行全面剖析，融会中西，贯通古今，见解精当，体系严谨，从而揭示出了中国封建社会的基本经济规律，构筑了一个较为完整的中国封建社会政治经济学的理论体系，对丰富马克思主义史学理论做出了贡献。该书出版问世后，在国内外学术界引起强烈

①《中国封建社会形态研究》，三联书店，1979年，第43页。
②《中国封建社会形态研究》，三联书店，1979年，第422—423页。

反响，获得极高评价，被誉为独具特色、富有开创意义的"中国封建社会政治经济学"，成为不少大学历史系中国古代史专业学生的必读参考书；谷风出版社并在台湾出版发行了繁体字本，称之为"别开新局之作"；日本唐代史研究会所编《中国历史学界动向》一书在介绍中华人民共和国30多年的史学研究成果中，以超过1/10的篇幅介绍了该书。《中国封建社会形态研究》成为胡先生史学理论的奠基之作，也是他学术成就的代表作。

　　当然，以今天的眼光来看，《中国封建社会形态研究》难免留有那个时代的痕迹，但是胡先生关于中国封建社会形态的理论概括和体系建构无疑具有独创性，其基本面作为那个时代为数不多的硕果仅存，仍然经得起历史的检验。诚如日本学者菊池英夫认为的那样，近代以来中国史研究一直缺乏"一个贯通中国史的总括性的理论框架，哪怕是粗线条的也好"，王亚南《中国半封建半殖民地经济形态研究》"这部著作在简明之中贯穿着一条粗大的逻辑主线，有一种将普遍的经济理论彻底中国化的姿态"，认为《中国封建社会形态研究》"不论在书名上还是在手法上，这本书都可以说是一部真正继承王亚南先生的工作"，"这部著作具有综合的体系性和整合性，在从基础概念出发构筑起完整的理论方面，可谓是一部出色之著。"[1]《中国封建社会形态研究》完全可以

---

　　[1]菊池英夫《中国封建社会理论的新进展——评介胡如雷先生新著〈中国封建社会形态研究〉》，日文版原载于日本唐代史研究会编昭和57年《日本唐代史研究报告》，王文涛、胡宝珍译文见《〈祝贺胡如雷教授70寿辰〉中国古史论丛》第380页。

视为唯物史观中国化过程中的重要阶段性成果。这就是本文所谓"古史形态理论化"的全部蕴涵所在。

总而言之，承旧启新、文化史观中国化，转旧趋新、唯物史观学术化，弃旧开新、古史形态理论化，既是对陈寅恪、唐长孺、胡如雷三位先生个人成就、学术特色的集中概括，也是三代史家的代际比较，它在一定程度上反映了20世纪隋唐史学术研究发展的历程，显示了三代史家学术传承、价值取向和历史观的演进轨迹，而这也可以从一个侧面展示20世纪中国学术史的概貌。

（见《河北学刊》2005年第5期）

坐嘯行吟計有餘文要千力廣時需

平生不負雕蟲老垂老猶詮費家書

廣座明鐙人散後小樓殘月夢迎前商

量五十年来亊气向亊業間竊画

一九八七年初夏錄舊作贈

繼民同志

长孺

# 社会史观与唯物史观：陈寅恪、唐长孺解读《桃花源记》的两个维度

陈寅恪先生于《清华学报》第11卷1期发表了《〈桃花源记〉旁证》一文，业师唐长孺先生在其专著《魏晋南北朝史论丛续编》发表了《读〈桃花源记旁证〉质疑》一文。《清华学报》第11卷第1期出版的时间是1936年1月[①]，《魏晋南北朝史论丛续编》出版的时间是1959年5月（生活·读书·新知三联书店），唐先生文称"二十年前陈寅恪先生写过《〈桃花源记〉旁证》"云云，则唐师此文当作于1956年或稍后。陈先生、唐先生均是魏晋南北朝隋唐史研究领域大家，但两位巨擘之间专就同一个问题进行直接的学术对话，据笔者所知，这是唯一的一次。

不过，陈、唐两先生虽是同一领域的学术巨擘，但二人毕竟分属两代人，《〈桃花源记〉旁证》发表于20世纪30年代，《读〈桃花源记旁证〉质疑》发表于20世纪50年代末，两文发表时隔二十余年，却又是两个时代的学术对话。

---

①桃花源记旁证，《清华学报》十一卷一期，1936年1月，1957年油印本有增改。

对于陈、唐两先生有关《桃花源记》的学术对话，早已引起学术界的注意，学者论文和网络帖子博文涉及者颇多，但专文研究还是较少，笔者所见只有两篇，一是张伟然先生2004年1月在"学术批评网"所发《学问中的证与悟——陈寅恪、唐长孺先生对〈桃花源记〉的解读》，二是陈瑞青先生在《高校社科信息》2005年2期所发《陈寅恪、唐长孺与〈桃花源记〉研究》。

张伟然文从胡宝国先生网络所发帖子《走近唐长孺》一文有关唐先生《读"桃花源记旁证"质疑》内容谈起。胡先生是这样说的："唐先生最可贵的是，他虽然深受陈先生影响，也非常尊敬陈先生，但他并没有对自己所崇拜的对象采取迷信的态度。相反，在《读"桃花源记旁证"质疑》一文中，唐先生对陈先生的观点提出了有力的反驳，令人不能不信服。他在研究领域的广泛与眼光的敏锐、小中见大诸方面都像陈寅恪，但他得结论时要比陈先生更稳一些。"张伟然文虽然很赞赏胡文"确是解人，能够把那么复杂的感受转换成这么一幅鲜活的图景。现如今，能这样读书的怕已经不多了"，但是对于胡文有关《读"桃花源记旁证"质疑》的评价似乎不以为然，认为陈、唐二先生"我总觉得他们俩之间的学术对话恐怕不是一个简单的有明确结论的谁对谁错的问题。两位先生关于《桃花源记》的文章我都读过，私下里也经常将他们的这两篇文章相互比较。我感觉，这两篇文章讨论的似乎并不完全是同一个思维层面的问题，与其说是证明与反驳，还不如说悟与证两种思维取向的不同更合适一些"。陈瑞青文对陈、唐二先生争论的焦点进行了总结，指出二人的不同主要集中在三个方面：一是关于坞堡的功能，分别主张流民聚族自保说与军事防御说；二是关于桃花源的真实地点：分别主张弘农、上洛说与武陵说；三是关于桃花源居人先世所避之秦，分别主张苻秦说与嬴秦说。

以上两文，笔者以为陈瑞青文实事求是，对陈、唐二先生的争论焦点条分缕析，一一列举，对二者的是非曲直直接加以概括判定，并补充了自己掌握的资料，具有一定的功力。张伟然文高屋建瓴，对陈、唐二先生解读《桃花源记》的不同视角进行解析，认为陈先生"其思维方式主要是悟"，唐先生主要是"证"，更欣赏陈先生"借古人的酒杯，浇自己的块垒。他用智慧的丝线将一些散乱的看似不相干的历史事实连贯起来""表述过程中笔端便显得异常跳宕。文中逞才使气、领异标新的地方屡见不一""可以感受陈先生是一个有血有肉有性情、见解锐利以至有时候喜欢剑走偏锋的前辈高人""能够将有关的史料钩稽得那样有整体感，已足以令人啧啧称奇了""他的思维本身就有一种摄人心魄的魅力""这样的作品与其说是学术文章，不如说更是艺术品"。其议论不乏精辟之处。

二文的讨论虽各有千秋，但都有一个盲点，就是缺乏对陈、唐二先生历史观的探讨。笔者大体同意张文所谓"两篇文章讨论的似乎并不完全是同一个思维层面的问题，与其说是证明与反驳，还不如说悟与证两种思维取向的不同更合适一些"。他把陈、唐二先生的"思维取向"分别概括为"悟"与"证"两种，有其一定道理，但这主要是从方法论角度立论。两先生文章体现的历史观是什么，张文没有涉及。陈文对陈、唐二先生有关《桃花源记》考证的观点从三个方面加以归纳和概括，也大体可以成立，却同样没有涉及历史观问题。其实陈、唐二先生除了张伟然文、陈瑞青文讨论所列举的种种不同之外，就是二人历史观的差异，可张伟然文、陈瑞青文讨论均未从这种差异的角度着眼。不过，陈、唐二先生从不空谈历史观，他们一生都在践行"从史实中求史识"的信条，因此，对陈、唐二文所体现的历史观也只能从二者文本叙事所体现的倾向中推求，从二文对史学方法论、历史本体论所做的贡献中推求。

首先看陈先生解读《桃花源记》过程中对史学方法论、历史本体论所做的贡献及所体现的历史观。

陈文在史学方法论层面的贡献可以归纳为两点：其一，陈文从一篇文学作品描绘的理想世界中发现了一个活生生的现实社会，勾画出一幅活灵活现的现实生活图景。《桃花源记》作为文学史上一篇名作，在知识界几乎人所共知，它在人们的心目中主要是作为一篇融入了作者对理想世界追求和向往的文学作品而存在。但是，陈先生通过将《桃花源记》区分为寓意和纪实两个方面，"止就纪实立说，凡关于寓意者概不涉及"，这样就将《桃花源记》所蕴含的纪实资料内涵从寓意色彩浓烈的文学作品中剥离出来，从而使一件文学作品转化成为考史证史的佐证史料，为人们理解西晋末年社会组织形式坞堡提供了一个生动的具象资料。其方法论意义可想而知。其二，陈文从避难入山推到坞保组织，又从坞保推到檀山坞和皇天原，又以皇天原所在地的阌乡即古之桃林而推到桃花源，通过对一系列似乎互不相干材料的钩稽、关联、分析和考订，最后认定真实之桃花源在北方之弘农或上洛，而不在南方之武陵；真实之桃花源居人所避之秦乃苻秦，而非嬴秦；桃花源记纪实之部分乃依据义熙十三年（417年）春夏间刘裕率师入关时戴延之等所闻见之材料而作成；桃花源记寓意之部分乃牵连混合刘驎之入衡山采药故事，并点缀以"不知有汉，无论魏晋"等语所作成。这些结论性认识彻底颠覆了人们早已熟悉的桃花源的传统形象，向人们展示了一幅东晋末年北方弘农、上洛一带一个躲避苻秦战乱的坞堡的情景。

陈文在历史本体论层面的贡献是发现和描绘出了作为当时社会组织重要形式之一的坞堡及其轮廓。其要点有四：

第一，指出了坞堡作为一个社会现象的普遍存在。他在文中称西晋末年中原地区人口在"戎狄寇盗并起"背景下除了"远离本土迁至他乡"之外，就是"纠合宗族乡党，屯聚堡坞，据险自守，以避戎狄寇盗之难"，并列举《晋书》的《庾衮传》《苏峻传》《祖逖传》等诸书材料为例，将坞堡作为一个普遍存在的社会现象提了出来。请注意，陈先生除了明言"当时所谓坞垒者甚多"，还将留居中原的住民与移出故地的流民并提，暗示出坞堡问题与流民问题一样，是当时中原地区一个普遍的社会存在、普遍的社会群体和普遍的社会组织。

第二，提出坞堡最早见于典籍是东汉初年，起源是在西北地区。陈文指出史籍较早见的"坞"是袁宏《后汉纪》六王霸之"筑坞候"及《后汉书》五四《马援传》之"起坞候""所可注意者，即地之以坞名者，其较早时期以西北地区为多"，并指出伦敦藏敦煌文书西凉建初十二年（416年）敦煌县户籍写本有"赵羽坞"地名。他在文末有补记两条，其二即称："此文成后十年，得详读居延汉简之文，复取《后汉书·西羌传》参证，坞壁之来源与西北之间关系益了然矣。"

第三，提出了坞堡特别是山险坞堡的特点问题。指出当时的坞堡既有如《晋书·祖逖传》所载"固亦有在平地者"，也有如《晋书·郗鉴传》所载避难于"山有重险"的峄山坞堡。山险坞堡"必居山势险峻之区人迹难通之地无疑，盖非此不足以阻胡马之陵轶，盗贼之寇抄"。因而总结出："凡聚众据险者因欲久支岁月及给养能自足，必择险阻而又可以耕种及有水泉之地。其具备此二者之地必为山顶平原及溪涧水源之地，此又自然之理也"。

第四，推出了一个作为避乱入山、据险自守坞堡的典型代表的个案。这个个案就是作者认定的为避苻秦之乱而处于北方弘农或上洛的"真实之桃花源"。

陈先生上述认识既具有重要的历史本体论意义，也具有社会学视角下的社会史观意义。作为西晋末年一种广泛的社会存在，坞堡是天下大乱背景下中原地区住民抵御异族入侵和各种敌对势力侵犯、保卫乡里家园的一种军事防御设施，也是民间的武装自卫组织，还是地方社会中住民这一群体赖以生存的社会组织，因此又是与流民并存并称的北方地区的两大社会组织之一。陈先生从《桃花源记》的分析考证入手，敏锐地发现、抓住和放大坞堡这一当时普遍存在的社会现象，对其性质、来源和特点进行了开创性的揭示和探讨，虽然在结论中对坞堡不置一词，不著一字，但全文透过表象挖掘出了这一具有普遍意义的社会组织，解决了一个时代一个基本的社会组织问题，并提供了一个鲜活生动的个案实例，从而勾画出一个两晋时期中原地区住民作为一个重要社会群体赖以生存的社会组织——坞堡的基本面貌。这既是对社会历史本质的一种认识和把握，因而属于历史本体论的范畴，同时也是在社会学学科意义和视角下对社会现象背后的社会组织的思索和探讨，所展示的坞堡形象完全是社会学视角下对一种社会现象、社会群体和社会组织的刻画，因而又属于社会史观的范畴。所以，陈先生虽以文化史观大师著称，但本文体现的是社会史观。

其次看唐先生解读《桃花源记》过程中对史学方法论、历史本体论所做的贡献及所体现的历史观。

唐文在史学方法论层面的贡献是考证的精细化。这主要体现在以下三点：一是他不同意陈文将桃花源移到北方的观点，认为"桃花源的故事本是南方的一种传说，这种传说流行于荆湘，陶渊明根据所闻加以理想化，写成《桃花源记》"。为了说明这一点，唐文广征博引，缜密推考，通过分析与陶渊明同时略晚的刘敬叔《异苑》所记武陵蛮人射鹿入石穴故事，指出这与《桃花源记》所述相似。又通过考辨《云笈七签》之《神仙感遇传》所记白鹿山小成都故事和仲雍《荆州记》《湘州记》类同《异苑》的内容，最后推测："这个故事先在荆、湘一带传播，陶渊明所闻为渔人捕鱼，发见异境，而稍后的刘敬叔所闻是为射鹿的蛮人所发见。以后故事又流入蜀地，这个异境又移到了彭州九陇县，也可能九陇县本有相似传说，说那里有一个隐藏着的小成都，后来和荆、湘一带射鹿入石穴故事相结合。"就技术层面而言，唐文维持真实之桃花源在武陵的结论显然比桃花源北方弘农或上洛更为稳妥。二是在维持真实之桃花源在武陵观点的基础上，进一步推断这种传说本来是蛮族的传说。他从《异苑》所记发现异境者是一位蛮人入手，注意到具名陶潜的《搜神后记》卷一《桃花源记》有注云："渔人姓黄名道真。"并根据史籍所载武陵蛮多见黄姓，指出《桃花源记》中的渔人有姓黄的传说并不偶然，"武陵本是蛮族所居之地，这段故事发生在武陵，发见异境者是蛮人或具有蛮姓氏族的渔人，很可能本来是蛮族的传说"，最后得出结论："我们认为《桃花源记》和《异苑》所述故事是根据武陵蛮族传说"。上一点是唐先生就《桃花源记》原型所在地与陈先生的商榷，而这一点则是在上一个议题之外的独立发挥，也是对《桃花源记》考证的进一步深化。三是在确认"渔人姓黄名道真"蛮族成分的基础上，又推定《桃花源记》的原型应是武陵地区蛮族亡入山林川泽逃避赋役的典型和个案。唐先生认为《桃花源记》中的"秦时乱"既不像后来的御用史学家以农民起义为"乱"，也不指刘、项纷争，而是承用汉代以来"过秦"的议论，陶渊明诗中所描述桃花源中人生活"春蚕收长丝，秋熟靡王税"，通篇没有一句说到逃避兵乱的话，"由此可见，他所说的'乱'是指繁重的赋役压迫"。这一观点颇有见地。唐先生又由此联想到魏晋时期江南宗部、山越有不少都是逃避赋役的农民，逃亡是当时最普遍的一种"斗争形式，而其中一部分是亡入山林川泽，深险之区"。认为"陶渊明既然祖居鄱阳，迁居的寻阳亦距离不远，故老流传，应熟知旧事，而且东晋以来逃避赋役而入山的事仍在继续。因此当他听到武陵的蛮族传说后就会很自然地与他自己的见闻结合起来，写成《桃花源记》。唐先生在将《桃花源记》描述的景象与蛮族传说相联系的基础上，又与汉末魏晋时期江南宗部、山越中逃避赋役的农民相联系，其中推定陶渊明听到武陵蛮族传说和自己见闻结合起来形成《桃花源记》，这固然不乏假想的成分，但考虑到汉末魏晋时期江南宗部、山越以及蛮族广泛存在的社会背景，其实又是极其自然合理的推定。唐先生在这里实际上是将《桃花源记》的原型作为武陵地区蛮族亡入山林川泽之中逃避赋役的典型和个案。

唐文在史学本体论层面的贡献是对两类社会集团进行了区分，并对各自的性质进行了探讨。他不同意陈先生"把所有避难集团一般化"，而主张对"避难集团"进行分析，其中"避兵和避赋役二者应有区别"。他认为陈先生所说的、以《桃花源记》为背景的"宗族、乡里组成集团"属于避兵集团，他自己论证的、以《桃花源记》为背景的逃入山林川泽之中的"逃亡人民的集团"属于避赋役集团。对于避赋役集团的性质，他分析道："当逃亡人民迁入山中时，不难设想，在土地方面只能是作为公有的土地，计口配给份地。我们也不难设想，按照当时条件，在山林湖沼地带垦荒是一种极端艰苦的工作。逃亡人民很难有足够的农具和牛马，生产配备非常薄弱，剩余生产品必然也不会多。为了保证生存，就只有最大限度地采取通力合作，彼此互助的办法。既然如此，公社形式的组织自然给恢复起来，而且，恢复公社也正是农民的要求。"他又比照汉末魏晋时期江南的宗部、山越，认为避赋役集团内部，"在一定程度上带着氏族残余，原始性氏族残余当集体避难时发挥了巨大作用，曾经暂时延缓其成员的进一步封建化"。这些避赋役集团"长期以来处于深山，几乎和外界隔绝，他们的生活是艰苦的，但似乎还没有显著的封建剥削关系"。对于避兵集团的性质，认为"豪强统率下的集团既然是以宗族、乡里组成，所以也可能带有一定程度的公社色彩""他们入山或者流移之始""眼前的土地由于本来是山险之地或由于经常迁徙，一时还说不上归谁所有。加上生产的艰苦，合作互助的必要因而在一个短期内也可能使原有的公社因素滋长"。但是，"必须指出存在于这种集团中的另外一个更重要的因素。宗族、乡里组织纵然带有残余的公社性质，但是既然为其中的豪强（通常是官僚）所统率，这个豪强就必然要利用现存的组织为自己服务"，他并以陈先生曾经举出的苏峻和祖逖的事例说明："保聚的坞主、营主，流移的行主总是把自己的所有成员间的关系变成庇护者与被庇护者的关系。纵使在短期间公社残余发挥了一些作用，但终于要走回原来发展的道路，即是成员的封建化。"并指出"那些坞主、营主在他们所屯据的土地上就是封建主，他们常常招徕流民。这些流民被安置在土地上进行生产，缴租服役。在坞主、营主的势力范围内分配土地的权力就操在坞主、营主的手中。不管这些土地名义上是否有主，实质上是由坞主、营主等占有的。分配到一块耕地的人民在坞主、营主的统治下承担着耕战义务，这种义务是属于封建性质的"。

与陈先生有关坞堡的认识兼具历史本体论意义和社会史观意义一样，唐先生上述认识也具有历史本体论和历史观双重意义，但他的历史观不是社会学视角下的社会史观，而是辩证唯物主义视角下的唯物史观。唐先生与陈先生"把所有避难集团一般化"不同，他将"避难集团"一分为二，分为"豪强统率下"的"避兵集团"和由"逃亡人民"组成的"避赋役集团"。在避赋役集团中，其外在形式带有"原始性氏族残余"，是"公社形式的组织"的恢复，其内部社会关系则是成员之间"通力合作，彼此互助""没有显著的封建剥削关系"。在避兵集团中，其外在形式是坞壁、坞垒等各种坞堡，其内部社会关系则是分为"封建主"和普通成员两类，封建主与普通成员之间是一种"庇护者与被庇护者"的关系，普通成员在坞主、营主的统治下承担着封建性质的耕战义务。显而易见，这种基于生产力与生产关系矛盾运动的阶级分析法是唯物史观在具体的历史研究中的典型运用。

以上我们探讨了陈、唐两先生在解读《桃花源记》过程中所体现的历史观问题和他们对史学方法论、历史本体论的贡献问题，这对于我们认识两位先生的治学特点、传承关系和历史观异同很有意义。我们可以看到，在解读《桃花源记》的过程中，陈先生不愧为开拓者。他首先从主要作为文学作品的《桃花源记》中发现了一个社会史观视角下的坞堡世界，为后来的探索者奠定了一块坚实的基石；尤为难得的是，他在人所常见熟视无睹的文学作品中发现了考史新材料，提出了学术新问题，得出认识了新结论，体现了敏锐的观察力，丰富的联想力，跳跃的思维力，这同他出神入化的考证思路，出其不意的资料排比，出人意料的考据结论，一起构成了自己独特的治史门径，也同其一贯的治学风格一脉相承。可以这样说，陈先生对史学方法运用、把握得纯熟和巧妙，给最容易陷于枯燥的史学研究方法注入了些许艺术性的色彩和开启了审美性的空间，以近乎完美的形式，演绎了一场史学方法运用以至学术审美的精彩，一定程度上使史学方法的巧妙运用向学术审美的跨越成了可能。这应该是陈先生解读《桃花源记》过程中在史学方法层面留给我们的宝贵财富。我们还可以看到，在解读《桃花源记》的过程中，唐先生堪称出色的踵继者。他站在巨人的肩膀上，以纤细无遗的细密考证再现了武陵蛮族曾经逃入山林川泽而被湮没的历史。更为难得的是，他在一般化的坞堡世界里分辨出了"避兵集团"与"避赋役集团"的差异，在"避兵集团"之外发现了掩映在《桃花源记》背后的"避赋役集团"，在"避兵集团"之内发现了两个对立的阶级，揭示了"避兵集团"从"公社残余""发挥作用"到最终封建化的发展过程，从一个更深刻的侧面反映了"避兵集团"在社会历史发展进程中常常被忽略的片段。总之，在《桃花源记》解读中，陈先生是开拓者，体现的是一种恢宏气度，大开大合，大刀阔斧；唐先生是踵继者，又力图别开新径，体现的是绵密严谨，从容不迫。陈先生以方法论取胜，唐先生以本体论取胜。陈先生既致力于开拓，又给后来者以启示；唐先生既自质疑始，又在质疑中继承，同时蕴涵超越。陈、唐两先生同治《桃花源记》，体现的是两代人的学术，两代人的史观，两代人的开拓、继承与超越，体现的是20世纪中国学术界时代变迁和生态变迁的一个侧面。

（见《河北学刊》2011年3期第49页）

# 读冻国栋《中国人口史·隋唐五代时期卷》

葛剑雄先生主编的六卷本《中国人口史》出版以来（复旦大学出版社2002年11月出版），引起了学术界的较大关注，有关新闻媒体、学术期刊和互联网发表了一系列消息报道、书评专论等，对该书给以积极肯定和较高评价，对此笔者不拟赘述。鉴于所见书评专论多着眼于《中国人口史》的先秦至南北朝时期卷（葛剑雄著），辽宋金元时期卷（吴松弟著），明时期卷（曹树基著），清时期卷（曹树基著），较少提及隋唐五代时期卷（冻国栋著），而自己因为专业的关系，对隋唐五代史比较关注，因此只想借此文谈谈对隋唐五代时期卷的粗浅认识，以及由此引发的有关唐宪宗元和时期割据藩镇的户口申报这一话题，以期推动唐代人口史研究的进一步深入。

冻著《中国人口史·隋唐五代时期卷》总篇幅近80万字，共有六章，分别为绪论、隋唐五代的户口统计与籍账制度概观、隋唐五代人口数量的变动过程、隋唐五代的人口分布、隋唐五代的人口迁移、隋唐五代的人口结构、隋唐五代人口史在中国人口史上的位置，研究范围包括隋唐五代时期的户口统计与籍账制度、著籍户口的变化过程与各主要时段

159

户口变动的特点、隋唐时期的人口峰值，南北方人口发展的地域差异，中古人口分布格局及其演变的基本趋向，各区域人口分布的具体状况，人口的家庭规模结构、城乡结构、职业结构等，这些内容涵盖了隋唐五代人口史研究的主要层面，毫无疑问，它是一部全面系统深入研究隋唐五代人口史的学术巨著。

论者已经指出，六卷本《中国人口史》的特色是强调理论探索，重视研究方法；文献基础扎实，考证功夫精深；恪守学术规范，勇于自我批评①。上述看法笔者赞同，并认为这也同样适用于冻著。由于篇幅所限，也为了避免重复，笔者只想在此强调冻著在史料和研究方法上所具有的两个特点。

冻著在史料上的最大特点是运用敦煌和吐鲁番文书对涉及唐代人口的相关问题进行深入的研究。冻著使用的史料基本上由三部分构成，传世的史籍、碑志（包括传世和出土）和出土的敦煌吐鲁番文书。对隋唐五代史学界而言，使用史籍和碑志进行研究，一般史学著作皆然，但利用敦煌吐鲁番文书进行研究，则是20世纪初肇始至80年代才渐成风气的学术潮流。多年来，学人常常引述陈寅恪的一段名言："一代之学术，必有其新材料与新问题，取用此材料以研究问题则为此时代学术之新潮流。治学之士得预于此潮流着谓之预流（借用佛教初果之名），其未得预者谓之未入流，此古今学术史之通义，非彼闭门造车之徒所能同喻者也。敦煌学者，今日世界学术之新潮流也"。这段名言既确定了衡量学

<hr />

①虞云国：《我们需要什么样的人口史》，《中华读书报》2003年5月21日。

术论著分量与价值的标准——"新材料与新问题",又指出了敦煌学作为近代以来"世界学术之新潮流"所具有的学术品格与学术地位。经过100多年的发展,敦煌学(包括后来发展起来的吐鲁番学)早已成为一门国际性的显学,敦煌学研究的领域几乎涉及人文学科及其相关学科的各个领域。但敦煌学由于其自身的特点,如文献收藏异域居多,内容释读困难,新刊书籍价高,因此敦煌吐鲁番文献的查阅、使用和研究对于多数史学工作者来说仍然不易,真正能够将敦煌吐鲁番文献整理研究与隋唐五代史系统研究有机结合起来的学者并不多见。

《中国人口史·隋唐五代时期卷》作者冻国栋先生长期从事中国魏晋南北朝隋唐史、敦煌吐鲁番文书的研究,对魏晋隋唐时期的典章制度、经济与社会变迁、人口问题和敦煌吐鲁番经济社会资料素来熟稔,在敦煌吐鲁番文书研究方面发表有《麹氏高昌役制研究》《吐鲁番出土文书中所见唐代前期的工匠》《旅顺博物馆藏(唐建中五年孔目司帖)管见》等高水平的专论,在隋唐五代史方面发表有《唐代人口问题研究》《唐代的商品经济与经营管理》《隋唐时期的人口政策与家族法》《六朝至唐吴郡大姓的演变》等颇具功力的论著。因此,冻著凭借作者对传世文献、敦煌吐鲁番文书及墓志资料均研究有素的优势,在研究中大量运用敦煌吐鲁番文书资料(如第六章第三节"吐鲁番文书所见唐前期西州地区的人口结构"和第四节"敦煌地区所见唐沙州地区的人口结构"),充分吸收敦煌学已有的研究成果(如第二章"隋唐五代的户口统计与籍账制度概观"),从而构成了冻著在资料运用方面的鲜明特色。

冻著在研究方法上的突出特点是善于观察分析，常常从细微之处入手，从习见的材料入手，从而发现容易被忽略的重要学术问题，发人所未发，见人所未见，从而达到出奇制胜的效果。例如关于唐代籍账制度中手实制的渊源问题，学术界一般已经清楚手实即官府令其治下民户户主如实申报当户人口和土地状况的文簿，但对这一制度的渊源则不甚了了，虽然有的学者已经指出这一制度来源于先秦和汉代的"自占""自实"，但缺乏更多的佐证。冻著则从研究《道藏》仪九录《陆先生道门科略》所述道民"命籍""宅录"之制入手，指出"命籍"是由本治（"治"为天师道的组织单位）道官掌管道民的名籍或户籍，"宅录"为道民如实申报的家口簿册，"命籍"与"宅录"之制相当程度上是对世俗社会户籍制的模拟，以此说明汉魏时期民间在造籍之前，事实上存在着一种类似后代"手实"的文簿，这种家长自书的文簿（约当道民之"宅录"）即为后世手实的先驱。《陆先生道门科略》是早期道教史料，为研究道教史者所熟知，但其中所记"命籍""宅录"之制与汉魏时期民间户籍制度之间的关联问题迄未受人注意，而冻著出人意表，将表面上毫不相干的两者联系起来，并进而得出合乎逻辑的结论，的确难能可贵。

再如《元和郡县图志》记载有唐代开元户和元和户两组著籍户数，对于其中元和户的年代问题，学术界较为一致地认为元和户乃根据《元和国计簿》元和二年（807年）的"见定户"而来。但冻著从这一习见熟知的材料中发现了问题：即李吉甫在元和二年（807年）《国计簿》尚说包括易定、魏博、镇冀、范阳、沧景、淄青在内的十五道七十一州"并不申户口数"，但元和八年（813年）成书的《元和郡县图志》记有河北诸州的户数。对于这一看似自相矛盾而又蕴涵深刻的现象，以往研究唐代人口问题的学者及其论著并未发现或提出，而冻著则敏锐地发现并给予阐释，并据《旧唐书》卷一四《宪宗纪》元和五年（810年）七月成德王承宗曾上表自首"请输常赋"，是月成德、魏博、幽州并以罢兵加赏，指出元和五年（810年）诸镇曾一度归顺，以后复叛。推测《元和郡县图志》所录河北诸州户数即此年归顺时所申，从而得出元和志所录元和户的年份为元和四年或五年，与《元和国计簿》所录元和二年（807年）"见定户"不同的结论，纠正了以往人们将《元和郡县图志》所录"元和户"等同于《元和国计簿》所录"见定户"的误见，将元和户年代问题的研究大大推进了一步，这对研究元和年间（806—820年）人口史以至唐代后期人口史无疑具有积极的学术意义。

（此文节录自《关于唐宪宗元和时期割据藩镇的户口申报——兼评〈中国人口史·隋唐五代时期卷〉》一文，原文见《江汉论坛》2004年6期）

# 读刘进宝《唐宋之际归义军经济史研究》

## 一

中国社会科学出版社2007年5月出版的刘进宝《唐宋之际归义军经济史研究》，是近年研究中国古代经济史的一部新著，由于它使用的材料主要是立足于敦煌吐鲁番文书，研究的对象主要是以敦煌为核心地区的沙州归义军政权统治下的经济史，因此也是敦煌学研究领域推出的一项新成果。尽管该书能够作为"国家社科基金成果文库"第二批十本书之一出版，本身就在一定程度上说明了其学术价值的重要，但笔者仍想谈一下自己初读的感受，即该书研究难度较大，所利用的研究资料以敦煌文书为主，而敦煌文书的识读、利用和研究具有相当的难度，且搜索亦属不易，研究者需要具备较深的专业知识和经过专门的培训，需要有一定的学术积累；资料搜罗宏富，作者运用的材料超出敦煌吐鲁番文书的范畴许多，传世文献的材料（包括史籍和碑志等），敦煌石窟画像题记中的材料，无不在作者的搜罗范围之内，有关材料几乎竭泽而渔；作者熟稔敦煌文献的发现、分布、收藏和研究情况，掌握较多的学术信息来源，对学术研究动态相当了解，善于吸收前人研究成果，且征引规范，出处较详，所引用资料、观点来源清楚。统而言之，初读之后的总体感觉是此书内容丰富，材料充实，在不少方面又将归义军经济史的研究向前推动了一大步，它对了解唐五代时期归义军的经济史，解剖作为当时主要社会问题之一藩镇的经济制度，研究当时整个经济制度和认识整个宏观经济的总体状态，推动敦煌吐鲁番文书研究的继续深入，都值得赞许和肯定。

除此之外，笔者还想就此书的学术价值再强调以下三点：第一，《唐宋之际归义军经济史研究》在整合以往研究的基础上，勾画出了晚唐至北宋中期以前敦煌地区社会经济的整体面貌。该书除了附录有作者相关学术论文、参考书目和后记外，主要由引言加四章构成，四章分别是第一章土地制度及有关问题，第二章赋税，第三章徭役，第四章敦煌的种植业。其中引言包括两部分，分别是敦煌的人口和敦煌的耕地面积。第一章分为七节。第一节是归义军政权初期的人口调查和土地调整。第二节是私有土地的发展途径，分为三部分，土地的请射，土地的买卖，土地过户的法律标志——户状。第三节是土地私有权的另一标志——土地对换。第四节是与请田制有关的两个问题，分别是请田中"于官纳价""不办承料"别解。第五节是营田。第六节是"自田之谜"。第七节是敦煌文献中的"大户"与"小户"。第二章包括六节，第一节地子，第二节官布，第三节税草，第四节税柴，第五节商税和户税，第六节归义军政权的税率与赋税制的特点。第三章徭役（如各种徭役的征免、户役）也是六节，第一节 P.4525《官布籍》所见的徭役及其赋税蠲免（涉及都官、都头、牧子、吹角、打窟的赋税征免），第二节归义军时期的音声人及其赋役征免，第三节 Дх.2149 号《欠柴人名目》中的徭役与赋役蠲免（涉及酒户、烽子、门子、厅子和堂子的赋税征免），第四节唐五代的"单身"及其赋役征免，第五节户役，第六节归义军赋役征免与晚唐五代中原王朝的制度（涉及分番执役上番免赋和土地与免赋的关系等）。第四章敦煌的种植业有两节，第一节唐五代敦煌棉花种植说质疑，第二节唐五代敦煌种植"红蓝"研究。以上内容，虽然用作者自己的话说"还不是一部完整的归义军经济史"，但作为经济史的主要内容已经包括在内，因此它是一部全面系统研究归义军经济史的专著。我们知道，有关归义军经济史的研究，如果从 20 世纪早期王国维《宋初写本敦煌县户籍跋》算起，相关研究的论著至少有数百项之多，80 年代之后中国大陆更陆续出版了一系列研究专著，像姜伯勤《唐五代敦煌寺户制度》（中华书局，1987 年）、唐耕耦《敦煌寺院会计文书研究》（台湾新文丰出版公司，1997 年）、郝春文《唐后期五代宋初敦煌僧尼的社会生活》（中国社会科学出版社，1998 年）、雷绍锋《归义军赋役制度初探》（台湾洪叶文化事业有限公司，2000 年）等，都是其中的知名者。但以上论著或是研究具体文书具体问题的单篇论文，或仅是涉及敦煌地区敦煌文书某些问题的综合性著作，或是研究归义军经济史某个问题某个领域的专门性著作，全面研究归义军经济史的著作则付阙如。《唐宋之际归义军经济史研究》的出版，则改变了以上研究零敲碎打、分散割裂的局面，描绘出了晚唐五代时期归义军经济史总体构成的基本轮廓，为人们了解晚唐至北宋中期以前敦煌地区社会经济的整体状况提供了可能。

第二，《唐宋之际归义军经济史研究》提出了一系列具有创新意义的学术观点，推动了归义军经济史研究的进一步深入。这些创新观点主要体现在两个方面，一是作者通过细心考察，在以往研究未曾注意或忽略的方面提出自己的意见，发人所未发，见人所未见。例如在第一章第四节"与请田制度有关的两个问题"一节，作者指出，有关归义军政权的请田制度，学术界已进行了一些初步探讨，对请田的过程、范围等已有了一些比较一致的看法，但有一点没有涉及，即请田需向官府缴钱"于官纳价""往官纳价"，请地不仅要得到官府的批准，而且是有偿的。他在引用P.3501背第三件文书《后周显德五年（958）押衙安员进等牒》"欲拟员进于官纳价请受佃种"，P.3501背文书第四件安员进欲占有"空闲官地"，自造宅舍，也需"于官纳价"，S.3876《宋乾德六年（968）九月释门法律庆深牒》"今庆深于官纳价讫。伏恐后时，再有搅扰。特乞台造判印凭由"等多件文书材料的基础上，通过细密分析和论证，得出了"于官纳价""往官纳价"就是向官府缴纳钱币的结论。为了保证论点建立在证据可靠的基础上，作者并不仅仅满足于文书材料，还举出了史籍《十国春秋》卷三六《前蜀二·高祖本纪下》改唐天复八年为蜀武成元年（908年）春正月壬午的改元赦文加以印证："今年正月九日以前应在府及州县镇军人百姓，先因侵欠官中钱物，或保累填赔官中收没屋舍庄田，除已有指挥及有人经管收买外，余无人射买者，有本主及妻儿见在无处营生者，并宜给还却，据元额输纳本户税赋。"认为被官府没收的"庄田"，除"已有指挥"即由政府直接经营和"有人经营收买外"，其"余无人射买者"，即没有人出钱购买，说明请射田土要向官府缴钱，即"于官纳价"。作者通过文书材料与史籍材料的结合印证，从而将请田有偿这一长期为学术界未认知和忽略的观点建立在了坚实的材料基础之上，堪称不易之论。

二是作者敢于怀疑既往研究，对已有的定论进行重新审视，并善于提出自己新的见解。例如敦煌文书 P.2222 背（1）《唐咸通六年（865）正月张祗三请地状》有"其地不辨（办）承料"一语，S.3877 背《戊戌年令狐安定请地状》也有"其地主今缘年来不辞（办）承料"等语，P.2222 背（2）《唐咸通六年（865）前后僧张智灯状》则有"承料役次"一语。以往研究者对"不办承料"的解释就是不为国家承担赋税，"承料役次"就是指百姓向官府承担赋役，这些观点从未遭到怀疑，几乎成为定论。但刘著不囿于成说，作者在第一章第四节"'不办承料'别解"一节，对这一见解大胆提出怀疑，通过征引分析大量材料，认为不缴纳官府赋税在史籍文献和出土文书中是以"输纳不办""不办输纳""纳突不办"等语词形式反映的；敦煌文书中的"不办承料"，相当于吐鲁番文书中的"不办营种"；史籍文献中的"无力耕佃"，即无法料理，也就是无力耕种，不能耕种；"其地不办承料"，即没有能力耕种这些土地；"承料役次"亦即施功佃种，也是无力耕种之意，与吐鲁番文书中出现的"不办营种"相类似。作者的上述独见具有相当的说服力，至少可以备为一说。

第三，《唐宋之际归义军经济史研究》作者在成书之初就具有将敦煌文书"与中原地区的历史结合起来""纳入中国历史发展的总体系中"的自觉，因而能够"将归义军经济史的研究置于唐后期五代宋初整个历史的广阔视野"之中（作者后记语），通过对归义军经济史的全面研究，为唐宋时期社会经济的宏观演变提供了一个地区类型的"麻雀解剖"。我们知道，唐宋时期是我国封建社会发展的重要历史阶段，陈寅恪认为唐代前期结束了南北朝相承的旧局面，唐代后期开启了赵宋以降的新局面，唐长孺师认为唐代经济、政治、军事及文化方面发生了重大变化，这些变化是中国封建社会从前期向后期转变的标志，并认为这些变化中最重要部分是对东晋南朝的继承，将其称之为"南朝化"。因此，研究唐宋时期的经济史，特别是唐宋之际经济的传承与演变，对于认识我国封建社会历史发展阶段的划分，认识封建社会从前期向后期的转变及其特点，具有重要的学术意义。但是研究唐宋时期的经济史，也存在着传世史料零散不全等问题，给研究工作带来了相当困难。而沙州归义军政权自唐宣宗大中二年（848 年）张议潮起义推翻吐蕃统治始，中经张氏、索氏、西汉金山国、曹氏政权等的嬗变，至宋仁宗景祐年间（1034—1037 年）为西夏所灭，历时将近200年，约略相当晚唐至北宋前期。与唐宋之际经济发生重要变化的时期大致对应，并且敦煌文书保留有相当丰富的经济史资料，这就在相当程度上弥补了传世史料不足的缺憾，使我们有可能通过对归义军经济史一个局部的微观研究，来反映当时经济制度的整体概貌，因而也就使对敦煌归义军政权下经济史的具体研究具有了反映全国经济史演变包括"南朝化"的全局性意义。

关于这一点，《唐宋之际归义军经济史研究》以及此前的雷绍锋《归义军赋役制度初探》等论著都在一定程度上起到了这一作用。例如一般认为唐宋时期作为生产关系核心内容的土地制度在均田制瓦解两税法确立之后，其基本特点是土地私有制的发展和土地产权的明晰化，但这些观点大多缺乏具体系统研究的支撑，往往流于空泛。刘著（包括雷著等）则利用敦煌文书相对集中的资料优势，对归义军时期有关私有土地制度进行了一系列深入细致的具体研究。指出归义军时期的私有土地包括官僚地主的占田、寺田和小自耕农的民田。私有土地制的发展趋势是地主和小自耕农的私田数量规模，从唐后期至五代宋初，都在不断扩大之中。张氏归义军时期，一般民户的土地大多是几十亩，虽有百亩以上者，但毕竟是少数。而到曹氏归义军时期，其土地达到百亩以上者就比较普遍了。这样就不仅使有关封建土地私有制的研究具有了定性的研究，更具有了定量研究的意义。再如私有土地的发展途径问题，一般都知道主要是请射和买卖，但请射的具体途径和方式怎样，人们并不清楚，刘著根据文书提供的资料，指出归义军时期请射田包括绝户地、不办承料户田土和官荒地。而其中"不办承料户田"一种形式就是根据敦煌文书得出的新认识。又如土地买卖问题，一般都知道土地买卖是大土地私有制发展的主要途径，但由于材料的限制，有关土地买卖的细节问题往往语焉不详。刘著通过分析大量敦煌土地买卖文书，认为晚唐五代归义军时期土地买卖已排除了交易双方之外的各种干预，不再受朝廷的制约，也不需要官府审核和裁决。买卖双方完全可以根据个人意志自由买卖土地，习惯上已经确认了私契的决定作用，"官有政法，人从私契"已为社会所公认。私契的公开和合法，正是土地私有化的反映。认为土地已和宅舍、牛一样，成为人户的私有财产，土地拥有者可以根据自己的意志支配土地。这都是根据敦煌文书得出的新认识，极大地丰富了有关研究。又如赋税制度，唐王朝自建中元年（780年）实行两税法后，其赋税就以"资产为宗"，征收的内容为钱、物两大部分。刘著以及包括此前的唐长孺师、雷绍锋等研究都证实归义军政权的赋税以土地为依据，两税法以资产为宗的精神，既没有实行唐前期的以"丁身为本"的租庸调制，也没有实行吐蕃政权的突税制，其赋税征收以土地为据。证实了两税法制税原则在敦煌地区得到了有效的实施。这些认识深化了原有的观点，或提出了一些过去所没有的新论点，或对原来一些零星散见甚至歧见进行整合，从而勾勒出了敦煌归义军政权经济史的整体轮廓，为研究作为当时主要社会问题之一藩镇的经济制度，为认识唐宋时期社会经济的宏观演进提供了一个不可多得的"麻雀解剖"。

（此文节录自《唐宋之际沙州归义军户状文书演变的历史考察——兼评〈唐宋之际归义军经济史研究〉》一文，原文见《中国史研究》2012年第1期）

# 《元代湖州路户籍文书》出版的意义与启示

　　王晓欣等先生整理的新著《元代湖州路户籍文书——元公文纸印本〈增修互注礼部韵略〉纸背公文资料》由中华书局出版（中华书局 2021 年 1 月第 1 版）。该书全彩印刷，精装四册，前图后文、繁体竖排，对元代古籍公文纸印本《增修互注礼部韵略》5 卷 6 册 324 叶的纸背文书进行了全面整理，涵盖了 900 多户元代户籍的原始资料，是目前学界所知最大一宗元代户籍文书，也是继黑水城元代文献刊布之后近年发现的最大一宗元代文书。

　　王先生早在《文史》2015 年第一辑发表的《元湖州路户籍册初探——宋刊元印本〈增修互注礼部韵略〉第一册纸背公文纸资料整理与研究》一文中已经指出：《礼部韵略》纸背揭示的户籍册资料，"如此系统完整的元代户籍资料相当难得""使我们首次看到了成规模的元代户籍册。在这批材料中我们可以从中第一次完整了解到元朝江南地区户籍登记的总体面貌"。实际上，元代湖州路户籍文书不仅是元代新文献的重要发现，也是整个宋元明清古籍公文纸背文献极其重要的发现之一，堪称古籍纸背文献时代较早、规模较大、保存比较完整、内容比较集中、采用最佳整理方式（图版扫描、全彩印刷、图文对照）、价值相当高的一批珍贵文献。因此，笔者拟就该书出版的学术意义与启示向学界同仁分享一下初读之后的三点粗浅认识。

第一，《元代湖州路户籍文书》堪称古籍纸背文献整理的标志性成果。

近代以来，我国对典籍文献新资源的利用和开发首先开始于考古出土新文献的发掘、整理和研究，20世纪50年代以后特别是80年代以后又扩展到传世典籍文献新资源的搜集、整理与开发。考古出土新文献的发掘、整理与研究的对象就是人们津津乐道的近代考古新材料的"三大发现"或曰"四大发现"。称三大发现者通常指商周甲骨文、战国至西晋简帛文字、十六国至宋初敦煌文书（包括吐鲁番文书）；称四大发现者则加上属于宋辽夏金元时期的黑水城文献。传世典籍文献新资源的搜集、整理与开发的对象主要是明清内阁大库档案、徽州文书、清水江文书及巴县档案、南部县档案、河北获鹿档案等。经过百余年，特别是改革开放以来40多年，我国学术界、出版界在文献新资源的整理、开发方面取得了辉煌成就，出版了一系列标志性的大型文献资料编纂成果，对文献新资源整理与开发涉及的范围之广、种类之多和数量之大，几乎涵盖了传世典籍文献和考古出土文献的各个方面，从而形成了我国历史上前所未有的整理出版新文献的高潮。继敦煌学之后，始于20世纪90年代，近年来受到学术界关注，目前渐入佳境的古籍纸背文献资料集的整理出版，就是这个整理出版新文献高潮的组成部分和进一步延续。以古籍纸背文献的整理研究为旨归的专门性学问——"古籍纸背文献学"正在成为中国古文书学领域一个新的学术增长点。

古籍公文纸本包括公文纸印本和公文纸抄本两种，本指古人利用废弃官府公文档册和私人文书背面刷印的古籍，有"公牍纸""文牍纸""官册纸""册子纸""册籍纸"等不同称谓①，1987年北京书目文献出版社出版的《北京图书馆古籍善本书目》一书使用"公文纸印本"一语著录此类古籍以后，公文纸本古籍才有了统一的称谓。1989年瞿冕良先生《略论古籍善本的公文纸印、抄本》一文又在公文纸印本之外，提出了公文纸抄本的概念，并列举了十多种公文纸抄本的古籍②。于是，涵盖公文纸印本和公文纸抄本两种古籍形式于一体的"公文纸本"概念的提出就成为一种必然，这也是笔者近年有时在使用"公文纸印本"之外也不排除使用"公文纸本"一称的学术背景。不过，瞿文在追述公文纸印本起源时提到了敦煌文书中一纸两面书写的写本，认为"是我国版本史上最早的公文纸抄本"。从公文纸本古籍广义的内涵讲，将敦煌文书（包括吐鲁番文书）唐五代宋以前两面书写的抄本纳入公文纸本也未尝不可，但为避免杂糅混淆之嫌，本文使用的公文纸本古籍一语仅指以册叶线装形式传世的古籍，暂不包括像敦煌文书和黑水城文献等考古发现的卷子装的公文纸印本和公文纸抄本。

截至目前，古籍纸背文献资料集已经出版的有三种：一

①叶德辉《书林清话》卷八《宋元明印书用公牍纸背及各项旧纸》，中华书局，1957年，第186—189页。

②瞿冕良：《略论古籍善本的公文纸印、抄本》，《山东图书馆季刊》1992年第2期。

是根据宋代公文纸印本《王文公文集》纸背文书整理而成的《宋人佚简》；二是出自黑水城文献的《宋西北边境军政文书》（该文献属于考古出土的文献，与传世古籍保存的公文纸本在来源上有所不同）；三即出自元代公文纸印本《增修互注礼部韵略》纸背文书的《元代湖州路户籍文书》。三书相较各有特点。《宋人佚简》拆自宋刻龙舒本《王文公文集》，《王文公文集》即王安石文集，现存残帙两部，一在日本，一在中国（藏于上海博物馆）。在日本的一部为普通印纸，在中国的一部为公文纸印本。中国的这部印本现存72卷（原本应有100卷），共900余页，其中大部分是用公文纸刷印，有780余页。这些旧纸原是南宋时期舒州的废旧公文档册和舒州知府向沟等官员文人的书启，时间范围在宋高宗绍兴三十二年（1162年）至宋孝宗隆兴元年（1163年）之间，1990年由上海古籍出版社以《宋人佚简》为名彩色影印宣纸线装出版。分装为五大册，包括"书简"和"公牍"两大部分。书简分装于前四册，涉及60余人（其中见于史籍的人物有20余人），计300余通，内容为官员、文士之间交往、酬酢的书启，间或涉及公务处理等。公牍集中于第五册，为绍兴末隆兴初舒州的官府公文，计有127页，分属53件公文，内容涉及南宋初期政治、经济、军事、文化等多个方面。这些资料既是研究宋代州级官府行政制度和公文制度，特别是酒务行政管理制度的细节资料，还是研究宋代财政史和经济史的第一手资料，具有重要的史料价值，正如《宋人佚简·编后记》所说：其"内容之丰富和可贵，无异打开了一座宋代文化遗藏的宝库"。《宋西北边境军政文书》本是宋代西北边境鄜延路地区（今延安地区）军政活动的原始记录和公文档案，共 109 页，涉及两宋之际政治军事活动、陕西战场宋军的军事建置、陕西驻军司法活动、军人日常生活和管理、宋代文书制度等方面内容，后落入西夏人之手，其背面被用来印刷西夏文刻本《文海宝韵》，原件今藏俄罗斯圣彼得堡东方文献研究所，后影印收入《俄藏黑水城文献》第6册，2000年由上海古籍出版社出版。笔者于2006年申请并获国家社科基金资助，撰著而成《俄藏黑水城所出〈宋西北边境军政文书〉整理与研究》一书，2009年由中华书局出版发行。自此《宋西北边境军政文书》才有了完整的录校本。《宋人佚简》的特点是纸张原大原色宣纸线装影印，缺点是只有图版没有录文，重在展现宋代文书和线装古籍艺术，忽略纸背文书的文献蕴涵。《宋西北边境军政文书》作为黑水城文献的冰山一角，属于黑水城文献的诸多内容之一，篇幅过小，甚至不足以单独成册。其整理只是黑白图版摘要录文，整理虽然重在展现宋代公文的资料内容，缺点是因黑白图版之故，文字多有模糊，信息保存有限，且缺乏对纸背文书的认识和揭示。而《元代湖州路户籍文书》的特点是拆线扫描，原大原色彩印，大开本精装，既有图版也有录文还有校注，原始信息保存完整，且印制精致华美，质量上乘，便于翻阅，利于使用，所体现的强烈的纸背文献意识，尤其难能可贵。如果说《宋人佚简》以展示宋代文书和古籍的艺术为特点，整理要素不全，《宋西北边境军政文书》篇幅过小，只是黑水城文献微不足道的陪衬，整理形式欠备。在三种纸背文书资料集中，无论是整理意识、整理篇幅、整理形式、整理效果，只有《元代湖州路户籍文书》才是专门以整理纸背文书为旨归，形式完备，图文对照，要素齐全，是完整意义上的纸背文书资料集，也是标志性的古籍纸背文献整理成果。

第二，《元代湖州路户籍文书》的出版既丰富了元代史料尤其是户籍资料宝库的内涵，也填补了中国古代户籍实物资料链的一个缺环。

湖州路户籍文书有关元代户籍制度的内涵及其学术意义，王晓欣先生在该书的前言及王先生学术团队此前一系列研究论文中已经揭示并有充分的说明。其学术意义概而言之有如下数端："使我们首次看到了成规模的元代户籍册""我们可以从中第一次完整了解到元朝江南地区户籍登记的总体面貌""对于从宋经元至明，户籍文书系统诸如手状、户帖、各类型户籍册的关系和发展脉络（中略）提供了尤为珍贵的研究数据""还给我们提供了元代江南具体地区内地方基层体制的较完整面貌"。对此，笔者无意重复，只想借此机会强调一下元代湖州路户籍文书的发现对于整个中国古代户籍制度发展史的学术意义。

我们知道，户籍制度是我国古代王朝的一项重要行政制度，也是统治者通过管控人口征调赋役以维持国家机器运转的重要手段，还是与土地制度和财政制度密切相关的基本内容。因此，近代以来古代户籍制度一直是史学界长盛不衰的研究课题，涌现出了至少上千项的研究论著和各类成果，是近代以来我国史学界取得成就非常突出、影响非常明显的学术领域之一。我国近代以来学术事业的起步与进展，特别是改革开放以来我国学术事业的发展与繁荣，相当程度上与几次重大新材料的发现以及与户籍制度史有关研究取得的进展息息相关。例如作为中古时期推行了几百年的北朝隋唐时期均田制，虽然见诸史籍记载，但是否真正推行过，史学界长期以来聚讼纷纭莫衷一是，而敦煌吐鲁番出土文书的唐代户籍实物无可辩驳地证实了均田制的实施和存在。再如秦汉魏晋南北朝户籍制度的具体内容和形式，几乎不见载于传世典籍，只是近代以来随着居延汉简、敦煌汉简和20世纪70年代以来睡虎地秦墓竹简、尹湾汉简、张家山汉简、长沙东牌楼汉简、里耶秦简、松柏汉墓《二年西乡户口簿》、天长汉墓"户口簿"、平壤汉墓的乐浪郡《初元四年户口簿》等文献的陆续出土和发表，战国秦汉时期户籍制度的真容才逐渐为世人知悉。又如目前所见最早的三件纸质户籍文书，十六国时期的《西凉建初十二年（416）正月敦煌郡敦煌县西宕乡高昌里籍》（收藏在英国图书馆的S.113文书）和《北凉承阳二年（426）十一月籍》（见于德藏吐鲁番文书Ch.6001残片之背）以及《前秦建元二十年（384）三月高昌郡高宁县都乡安邑里籍》（2007年公布的吐鲁番文书2006TSYIM4：5（1-2）），都是出土文献提供的新资料。足见出土文献对推动古代户籍制度研究走向宏阔和深入，对构建中国历代统一王朝户籍实物资料的链条居功甚伟。

虽然考古出土的户籍新材料，包括秦汉时期的居延汉简、敦煌汉简和睡虎地秦简、尹湾汉简、长沙东牌楼汉简、里耶秦简等，魏晋时期的走马楼吴简、郴州晋简、敦煌吐鲁番的十六国时期文书等，北朝隋唐五代时期的敦煌吐鲁番文书等，覆盖了户籍制度形成以后中国古代史前半期相当部分王朝，但在湖州路户籍文书发现之前，中国古代史后半期除了黑水城文献西夏户籍和零星元代户籍残片之外，户籍实物鲜有批量发现，以至从中国古代第一个统一王朝秦代到最后一个统一王朝清代，长期以来没有形成完整贯通的户籍实物资料链，除了明清两代流传有部分户籍实物资料（明代的赋役黄册和清代的编审册、保甲册）外，宋代和元代一直缺乏户籍实物，宋代和元代成为中国古代户籍实物资料链两个较大的缺环。现在元代湖州路户籍文书的批量发现和整理出版，填补了中国古代户籍实物资料链两个缺环之一，向完整贯通的中国古代户籍实物资料链的形成迈出了重要一步。

第三，《元代湖州路户籍文书》拆线扫描、全彩印刷、图文对照的整理方法，奠定了古籍纸背文书整理的基本模式，也强化了今后古文书整理发展方向的必然趋势。

笔者之所以称《元代湖州路户籍文书》是古籍纸背文献整理的标志性成果，主要原因就是该书奠定了古籍纸背文书整理的基本模式。这一模式的基本内涵可以概括为三个要素，拆线扫描、全彩印刷和图文对照。全彩印刷和图文对照两个要素容易理解，不必解释，拆线扫描则是指整理的第一步需要将作为纸背文书载体的公文纸本古籍的线装书拆线，对书叶的纸背文书一面进行彩色扫描。纸背文书整理需要强调基本模式三要素，这是由纸背文书两面有字的特点决定的。纸背文书一面印本一面写本，意味着它的整理出版的难度更大，要求更高。由于印书的古纸较薄，两面有字必然容易造成字迹洇染透墨，而印本文字往往硕大，笔画粗重，写本字迹往往偏小，笔画纤细，所以，纸背文书写本文字的识别更易受到印本文字洇染透墨的干扰和影响，释录难度更大。如果图版不是拆线扫描，纸背文字的释录就无法进行；如果仅从正面依靠背面文字的透墨来释录，识别率就会大受影响。即使有了拆线扫描，但如果不是全彩印刷只是黑白图版，文字的释录也同样大打折扣。例如《宋西北边境军政文书》因是黑白照片，整个图版黑乎乎一片，印本文字的洇染透墨重合造成写本文字的释录极其困难。再者，文书不仅有文字，还有朱印、墨印和各类符号，其中的朱印及浅色符号在黑白图版中印迹更淡，释录尤其困难，甚至根本无法释录，致使文书的有效信息无法采集。假如单面有字图版的文字信息采集率以100%计算，那么纸背文书黑白图版的文字信息采集率一般只能达到70%至90%，黑白图版质量不佳者甚至更低。所以，全彩图版不仅可以清晰显示文字信息，还可以清晰地显示各种非文字信息，包括朱墨印章、各色标注和各种符号，非常便于整理者释录各色文字和辨别、采集各种非文字信息，大幅提高释录文字和采集非文字信息的精度，大幅提高纸背文书的整理质量和整理水平，故全彩印刷与拆线扫描、图文对照一起构成了古籍纸背文书整理基本模式的三要素，也是最适合纸背文书整理特点的最佳整理形式。

全彩印刷、图文对照的整理形式不仅适合纸背文书的整理要求，还一定程度上强化了纸质古文书整理出版彩印化的发展方向。近代以来史学新材料的发现，极大地推动了我国纸质古文书资料集的整理和出版。但由于受到摄影、印刷、编辑等技术条件和经济条件的限制，古文书资料集起初多是图片集和录文集分别成书单独出版，民国时期罗振玉的《贞松堂藏西陲秘籍丛残》和原中国科学院历史研究所事业资料室编 1961 年中华书局出版的《敦煌资料》第一辑就分别是敦煌文书的图片集和录文集。但早期的图片资料集都是黑白照片，时间越早效果越差，录文资料集则受限于排版技术，文书格式常有走样。改革开放以后，随着经济条件的改善和摄影技术、印刷技术的提高，图文对照的古文书资料集开始流行，书目文献出版社 1986 年出版的《敦煌社会经济文献真迹释录》和文物出版社 1992 年出版的图录本《吐鲁番出土文书》，就是其中广为流行、颇受敦煌吐鲁番学界青睐的两种资料集。但这两种资料集使用的图版仍然是黑白照片。进入 21 世纪以后，随着计算机技术的发展，数字相机和彩印技术的迅速普及，大型古文书彩印资料集应运而生。管见所及，最早的两部大开本彩印资料集是 2008 年中华书局推出的《新获吐鲁番出土文献》和国家图书馆出版社推出的《中国藏黑水城汉文文献》。现在，敦煌吐鲁番学界也在酝酿、筹备出版彩印版的敦煌文书资料集和吐鲁番文书资料集。可以预期，敦煌吐鲁番学文书彩印文书资料集的面世只是时间问题，彩印化是我国古文书整理集下一步的必然趋势。继《新获吐鲁番出土文献》《中国藏黑水城汉文文献》之后，湖州路户籍文书的彩印出版毫无疑问进一步强化了古文书大型资料集彩印化的趋势，并且预示着纸背文书资料集的整理出版很有可能跳过其他古文书先黑白后彩印的两步走老路，直接进入全彩图版阶段。

（见《古籍整理出版情况简报》2021 年第 4 期第 13 页）

# 太行山文书整理的新进展及其学术内涵

太行山文书2013年末入藏邯郸学院，一年后笔者发表《古文书学视野下太行山文书的定位、特点和价值》一文认为："太行山文书在明清民国时期的地方档案和民间文书文献领域，其数量足以与敦煌文书、黑水城文献、徽州文书和清水江文书等比肩媲美，完全称得上是中国历史文献领域又一大宗新文献资料，足以跻身于近代以来中国历史文献领域的大宗新材料之列，足以成为继四大考古新材料发现之后，以保存中央政府文书文献为特点的内阁大库档案之外，中国明清民国时期地方档案和民间文献文书庞大家族中一名崭露头角的新成员。"并推断："基于大宗文献为基础的太行山文书学具有广阔的发展空间和学术前景，有可能成为近代以来新材料整理研究领域的一匹黑马。"（见《河北学刊》2014年第6期《古文书学视野下太行山文书的定位、特点和价值》）现在，太行山文书在学术界崭露头角已近十年，其学术成果除了召开多次学术会议、获得多项国家社科基金项目、陆续发表一系列论文外，就是出版了作为《邯郸学院藏太行山文书系列丛刊》组成部分的三种资料集，分别是2017年5月文物出版社出版的《太行山文书精萃》、2018年1月广西师大出版社出版的《学术名村"十里店"文书·王氏家族文书》和由广西师范大学出版社出版发行的《明清文书》（标注的出版时间是2021年3月）。这三种整理成果，各有所长各有所短，但特点明显各有千秋。《太行山文书精萃》虽篇幅过小，只有200余页，资料信息有限，但全彩印刷，印制精美，宣传性强。《学术名村"十里店"文书·王氏家族文书》分为上下两册，作为资料整理书籍，既没有凡例也没有解题和录文，且文书收录范围超出了王氏家族，体例上存在缺憾，但它以武安市土改时期的名村十里店为范围，集中收录了清末民国直至1949年后集体化时期以王氏家族为主要构成的几十件文书，无疑便于特定村落史和特定家族史的专门研究。《明清文书》虽然也存在定名不符实、录文不完备、文书缺解题等遗憾，但全书共收录文书1166件，4063页面，八开印刷，分装八册，图文并茂，装帧精美。内容包括各种买卖典租契约、商业和土地产粮账册、合同、收借条、信件、日记等，既有家族文书，也有商号、医疗所、村社等组织机构的文书。地域涉及河北和山西两省的邢台、南和、武安、涉县、潞城、长子、黎城、和顺、汾阳9个市县。年代自明万历二十四年（1596年）至民国三十八年（1949年），时间跨度354年。就文书整理、刊布的规模而论，这也是1937年7月至1945年8月之间全面抗战时期文书未予收录而拟单独结集出版之外，太行山文书首次向学术界正式公布的大宗历史文献资料集，一改以往零星刊布蜻蜓点水的方式，形成了太行山文书集中刊布的规模效应，体现了太行山文书整理研究的最新进展，既堪称太行山文书整理史上一个标志性成果，也在我国民间历史文献整理研究领域具有重要影响。

其实，太行山文书整理的新进展不仅仅体现在它公布新资料的规模和体量上，更体现在它向学术界展示的以资料特色和整理经验为主要构成的学术内涵。如果说笔者上文的认识主要是基于对太行山文书的初步了解，只能做一些宏观的粗线条的判断的话，那么我们现在则可以根据《邯郸学院藏太行山文书系列丛刊·明清文书》展示的内容，专门谈一下自己对该书资料特色和整理经验的几点认识。

一

《明清文书》体量宏富，种类繁多，其资料特色、史料价值必然包括方方面面，但由于篇幅的限制，今天我们只能择要先谈三点。

第一，明代契约文书展示了太行山文书独有的契尾格式。

《明清文书》古代史方面最具特色的资料是明代的契约文书。明代契约文书共有24件，全部收录于该书第八册的涉县部分，其中万历时期8件，天启时期1件，崇祯时期15件。我们知道，契约文书有白契、红契之分，红契指盖有官府朱印的契约，表明田房交易通过纳税已经获得官方认可，白契指未盖官方朱印，未经官方验契纳税的契约。涉县24件明代契约中，白契有18件，红契有6件，分别是编号HTX31B010015《万历二十四年十二月二十三日李自交卖地死契》、HTX31B010006《万历四十三年十二月初九日彰德府磁州涉县玉泉二里程应忠卖地死契》、HTX31B010002《崇祯元年正月二十三日彰德府磁州涉县玉泉二里贾林希卖地死契》、HTX31B010026《崇祯元年十月十八日彰德府磁州涉县玉泉二里李仓卖地死契》、HTX31B010013《崇祯十二年十二月初六日彰德府磁州涉县玉泉二里七甲李应楼卖地死契》和HTX31B010016《崇祯十四年六月二十五日彰德府磁州涉县玉泉二里崔门贾氏同男崔光林卖地死契》。

这六件文书的格式很特别，不同于通常所见的红契。一般红契指文书加盖有官府印章，以与无印章的白契相区别。但涉县六件明代红契除了印章之外，还在契约之后的尾部亦即契尾书写有特定格式的文字内容，例如《万历四十三年十二月初九日彰德府磁州涉县玉泉二里程应忠卖地死契》在契纸书写完契约正文之后，又于契尾按照特定的格式写有如下文字：

彰德府磁州涉县为课程事。据玉泉二里人贾满告称，用价钱一千二百文整。所有文契一纸，理合赴县投税，印押施行，须至出给者。

右给附告人贾满收执。

准此。

天启四年五月廿二日吏　缺承（后缺）


又如《崇祯元年十月十八日李仓卖地死契》契尾写道：

彰德府磁州涉县为课程事。据玉泉二里民贾满告称，用价钱一千九百文，买到本甲李仓地二处，价足至明，所有文契一纸理合赴涉县投税，印押施行，须至出给者。

右给付告人贾满收执。

准此。

崇祯三年十二月吏　承/县

根据契尾文书的格式、内容和印章，可知印章是涉县县印，内容是田地买主贾满在交易完成后，前往县衙交钱纳税，以获取官方承认。县衙在核实交易后予以盖章，确认交易有效。

这几件涉县文书所显示的契尾内容、格式与明代常见的徽州契约文书的契尾既有相同之处，也有不同之处。二者相同之处是有关契尾事由的表述、年款位置、印章位置、最后一行衙门类别的位置及签押等基本相同；给付的关键语和大字书写、独占一行的格式，即"右给附告人贾满收执"，也基本相同。二者不同之处是涉县契尾与契约文本是两部分内容同写于一纸，徽州文书常见的契尾则与契约文本各写于一纸；涉县契尾与契约文本都是手写文本（官印除外），徽州文书常见的契尾则是刻印的格式文本，手写文本只限于填空性质的人名、日期和地产交易的基本数字等；涉县契尾文本所述事由都是直接切入契约交易的主题，没有其他内容。明代常见的契尾则是切入契约交易内容之前列出《大明律》条文或上级公文相关规定；涉县契尾全部属于县级衙门文书，徽州文书常见的契尾则有察院契尾、兵备道契尾、徽州府契尾和徽州府属各县的契尾等不同衙门。总之，二者不同之处多于相同之处。如果说明代常见的契尾主要出于徽州地区，体现了明代南直隶以致江南地区契尾文书的特色，那么涉县契尾全部出于太行山区，主要体现了晋冀豫交界地区以致北方地区契尾文书的特色。涉县契尾文书尽管在数量和种类上无法与徽州契尾文书相提并论，但它以实物资料刊布的形式展示了太行山文书过去难以窥见的真容，扩展了明代契尾文书的来源地域，丰富和补充了明代契尾文书的内容和种类，提供了明代契尾文书独具特色的北方地区样本。

第二，晚清至民国中期商号文书揭示了邢商、冀商丰富的商业文化资源。

《明清文书》近现代史方面最具特色的资料是邢台顺德府的商号文书。商号文书集中于第1册至第4册的邢台县部分。邢台县部分是《明清文书》中篇幅最大、数量最多的一宗文书，商号文书又是邢台县文书中篇幅最大的部分。《明清文书》分为八册，其中涉县独占一册，和顺县和汾阳县合占一册，潞城县除了独占一册外，又与长子县和黎城县合占一册，邢台县除了独占第一册、第二册和第三册之外，又与南和县，武安县合占第四册。前四册文书图版部分共2255页，其中南和县仅42页，武安县104页，邢台县则占2047页。此外，长子县文书图版是126页，黎城县是177页，和顺县是222页，汾阳县是47页，涉县是541页，潞城县是565页，《明清文书》八册九县的文书图版总计3488页。由此可见，邢台县文书图版的2047页，占了八册九县文书图版3488

页的近59%。而在邢台县2047页文书图版中，商号文书约有1700页，占了其中的绝大部分，非商号文书有300多页，所占比例不到总数的20%。由此可见，商号文书占这次八册《明清文书》全部文书的近49%，是《明清文书》比例最高、数量最大的一宗专门专类文书。

邢台的商号文书，最早的是晚清时期，绝大多数形成于民国初期至全面抗战之前。种类有账簿、信函、对账单、辞帖、说帖、货单、清单、放贷单、费用单、借条等，如编号为HTX09B09（2）0017的《民国八年十二月立永茂堂记路账》，HTX09B09（2）0045的《五月初一日顺郡羊市街永信布店致永茂堂第三号信》，HTX09B09（1）0003的《民国十二年六月廿日刘成好出甘肃花马地永盛长皮毛庄辞帖》，HTX09B09（1）0036的《脚户马安仁为永盛长送货单》，HTX09B09（1）0029的《永盛长记德信昌等商号账单》，HTX09B09（2）0056的《五月卅日德盛栈记开具九号房马先生房饭费用单》，等等。商号文书保存了当时邢台商业活动尤其是皮毛业行商经营活动的大量珍贵资料和信息，例如商号名，不包括各种账簿的内容在内，仅据文书标题所见，就有祥生文、公益店、和兴堂、广盛昌、永茂成、永盛长、兴顺店、永聚成、天聚公、永茂堂、广聚店、德信昌、永信成、天德和、德盛公、万青栈、利记、义兴长、聚义恒、义兴盛、中兴成、盛记号、永德堂、福生李、永立成、永盛祥、合盛公、永盛号、同盛兴、锦泰泉、永祥成、永盛毛店、泰兴号、永德长、永记、永泰兴、永聚长、永信布店、盐池县永盛长、义生长皮毛店、永慎裕店、万生恒、合诚公、盐池县永泰昌、永盛德、河邑永信成、信成公、桂生堂、忠兴店、德盛栈、庆夫祥、万义和、永合店、义记、同庆成、永盛皮店、永合皮店、中兴店、万记、万兴成、忠盛永、德盛合、兴长、复源成、顺丰祥、同和兴、公和成等，共约60个商号。商号文书中，涉及永茂堂、永盛长、永信成的最多。永茂堂文书又是其中账簿数量最丰富、形式最完整的商号，例如HTX09B09（3）0003《民国三年正月立永茂堂记屡年账》有21页，HTX09B09（3）0005《中华民国七年新正月立永茂堂记来往老账》有92页，HTX09B09（3）0008《永茂堂记人名账册》有80页，HTX09B09（3）0009《永茂堂记账册》有89页，HTX09B09（3）0012《民国八年新正月立永茂堂记人名账》有98页，HTX09B09（3）0014《民国九年三月日立永茂堂记来往老账》有108页，HTX09B09（3）0015《民国十二年立永茂堂记人名账》有125页。如此系统、完整的商号文书，无疑是研究邢台商业史和河北商业史以致华北商业史的难得资料。

商号文书提供了大量邢台商业活动，以及邢台商号与山西、甘肃、天津等地商号的贸易活动与人员交流情况的细节资料。其中与时属甘肃省"盐池县""花马池"（今俱属宁夏）、"山西河曲县"和天津等地商号互动的资料尤其难能可贵。例如HTX09B09（2）0147《河曲来往账、七号河柜四乡账、存货处账单》在"河曲来往账"项下记有"聚义恒欠银洋一百一十六元九六六"等"十宗工洋二百一十九元七"，在"七号河柜四乡账"项下记有"泰和成欠银洋四十八元〇七"等十多项欠账，在"存货处"项下也记有"永泰德存牛皮，在德盛公放七百八十三斤九两"等十多宗账目。再如HTX09B09（1）0060《乙丑十月初四日永信成与永盛长对账单》记有乙丑年即1925年正月初四至十月初八期间永盛长等商号收支各项洋银情况，最后总结道："收洋三千六百九十三元四，银一千九百三十六两四七。"又如HTX09B09（2）0132《丙子年九月廿二日山西河曲县聚义恒记开与永茂成号对账单》记有丙子年即1936年三月至五月期间永茂成取用银洋情况，有"进城钱一十五厘""发电费三元五""邮信洋壹毛叁""又取壹捌秤白毛五拾叁斤十式两"等内容。

上述永信成和永盛长是邢台账簿文书中出现频率较高的两个商号，而在邢台账簿文书中还有两个商人马兴科和刘成好的出现频率也比较高。那么，永信成与永盛长两个商号属于什么关系？马兴科和刘成好各自属于什么商号？这些问题在账簿本身也许难于直接揭示，但结合商号信函就能一目了然。编号为HTX09B09（2）0130的《马兴科关于厘清账目说帖残件》即称"马兴科年三十八岁，住南关羊市街永信成号内"。又说"瓦上村人刘成好、马兴润与青杨峪人杨成聚央某作东何立一号永盛长，此号设在甘肃盐池县城西聂价良村"。永盛长由马兴科"出资本银式百两并人力五厘作一股，刘成好为领东正掌柜、自作一股，马兴润与杨成聚伙作一股，共三股"。可见马兴科原属永信成商号，他在民国八年（1919年）旧历八月与刘成好、马兴润、杨成聚合立了永盛长商号，设在甘肃盐池县城西聂价良村。永盛长股本为三股，"刘成好为领东、正掌柜，自作一股""马兴润与杨成聚伙作一股""马杨虽系人力，亦称副掌"，马兴科"出资本银式百两并人力五厘作一股"。可见永盛长正掌柜是刘成好，副掌柜是马兴润和杨成聚。永盛长商号是由刘成好主导。上述资料都是当时商号经营活动具体细节的写照，具有珍贵的一手资料价值。

我们知道，顺德府邢台皮毛业在晚清民国时期曾获得快速发展，号称中国三大皮毛市场之一。但当年繁盛的邢台皮毛业没有留下多少可资后人使用的公共档案文献，以致在后来的研究论著中，难得见到几件出自当时人使用的第一手资料。例如何东宝等人的《近代邢台皮毛业述论》（《邢台职业技术学院学报》，2008年2月），张倩的《近代邢台皮毛贸易研究》（河北师大2011年硕士学位论文），王翔的《传统市场网络的近代变形——近代冀南与西北"土布换皮"贸易初探》等文，在谈到晚清民国邢台皮毛业时，使用的档案资料主要是1945年后才形成的调查材料，如邢台市档案馆的《十月十八日邢台市骡马大会商业工作总结》《邢台市恢复商业工作初步经验总结》《邢台市解放一年来的工商业的发展》《邢台市三个月来的经济工作总结（1945年10月11日—1946年1月30日）》等。较早的文献也就是民国时期的邢台及其周围各县的地方志，再就是当时的报纸杂志刊发的零星资料，如《太平洋》1924年第10期的曲殿元《战争与直隶皮毛业的损失》，《益世报》1934年1月的王境铭《顺德皮毛业调查》，《中外经济周刊》1926年第191期的《邢台县之经济情况》等。但这些都难得称为第一手资料，真正属于第一手的资料实际上只有他们使用的中华民国三年（1914年）《邢台县商务分会职员录及在会各行商号清册》等个别文献①，但这毕竟是少之又少。可以这样说，缺乏大宗第一手公共档案文献一直是民国时期邢台皮毛业研究继续深入的制约因素。现在，《明清文书》刊布的这宗成规模的商号文书，既为研究邢台皮毛业提供了难得的一手资料，更是一举改变了过去邢台商号文书零星散存于私家之手的局面，变私家藏品为学术公器和公共文化资源，其学术意义和文化意义不言而喻。

此外，邢台大宗商号文书的刊布还有另外一层文化意义，就是奠定了冀商历史文化研究的第一块资料基石。前些年，河北政界、学界和商界一些人士鉴于历史上徽商文化、晋商文化的巨大影响和改革开放后浙商、粤商等的崛起，喊出了"冀商文化"的口号，呼吁开展冀商文化研究。但十多年来，除了建立一系列冀商文化的研究组织、开展过一些研讨会、发布过一些研究课题、发表过几篇文章之外，冀商文化的研究其实没有多大实质性进展。究其原因，就是历史上冀商流传下来的资料太少，有幸保存下来的资料又散藏于私家之手，进入不了学者视野，现有研究只能围绕边缘材料转圈，既无法深入其中，又形不成规模效应，这与徽州文书和晋商文书的宏富和学界的高度关注、成果迭出形成巨大反差。现在，随着邢台商号文书的刊布，冀商文化研究长期缺乏一手材料的窘状终于得到缓解，尽管它目前在数量上仍然

①天津市档案馆编：《天津商会档案汇编》，天津人民出版社，1989年，第457页。

无法与徽州文书、晋商文书比肩，但其霹雳迸发的初始效应和破茧而出的示范效应无疑预示着冀商文化资源的广阔开掘前景。

第三，清代和民国村落文书反映了太行山区许多珍贵的历史文化内涵。

村落文书无论是数量还是内涵，都是太行山文书中仅次于商号文书的特色历史文献，其中最具代表性的是解放战争时期和顺县的樗树岩村文书。樗树岩村今名桦树岩村①，位于山西和顺县城东的平松乡境内，距县城直线距离约10公里，是一个典型的山区自然村。樗树岩村文书收录于《明清文书》第八册的和顺县部分。第八册文书包括和顺县和汾阳县两个县的文书，但樗树岩村文书占了该册绝大部分的篇幅。以页码论，第八册文书的正文共计436页，其中汾阳县文书仅占38页，和顺县则占了398页。在和顺县部分，非樗树岩村文书仅占7页，还有1页文书归属不明，其余390页全部属于樗树岩村文书。樗树岩村文书堪称第八册文书的主要内容和主要构成。

樗树岩村文书的珍贵之处在于地域集中、时间集中和信息集中。地域集中体现在樗树岩村文书篇幅很大，但编号并不多，总计只有8件，这意味着作为自然村实体的樗树岩村

---

① 冯小红：《太行山文书研究的田野调查实践述论》，《邯郸学院学报》2021年2期。

与作为该村历史信息载体的8件文书衔接无缝对应紧密。①时间集中体现在樗树岩村文书全部形成于1946年至1948年这一时段之内。8件文书，年代明确且最早的文书是"民国三十五年阴七月十九日"即1946年9月14日的《民国三十五年阴七月十九日樗树岩村簿（62页）》，最晚的是"民国三十七年阴八月初九日"即1948年9月11日的《民国三十七年阴八月初九日樗树岩村产粮簿（55页）》。其他年代不明的文书也在1946年9月至1948年9月之间或前后。和顺县是1945年解放，1946年春进行土地改革。这个时间段正是和顺县解放战争时期土地改革前后的一段时间。信息集中体现在两组文书的内容都是樗树岩村围绕评估、确认各个农户的农业税（公粮）而形成的账簿和表格。其中的《民国三十五年阴七月十九日樗树岩村簿（62页）》和《民国三十五年阴十月廿九日立樗树岩村负担公粮账（18页）》是1946年统计、评估

①8件文书分别为HTX09B030001《民国三十七年阴八月初九日樗树岩村产粮簿（55页）》、HTX09B030002《民国三十五年阴十月廿九日立樗树岩村负担公粮账（18页）》、HTX09B030003《民国三十七年阴二月初五日立樗树岩村所得税款账（11页）》、HTX09B030004《民国三十五年阴十月廿二日立樗树岩村仓库收粮账（8页）》、HTX09B030005《民国三十五年阴七月十九日樗树岩村簿（62页）》、HTX09B030006《樗树岩村各户地亩产粮簿（60页）》、HTX09B030010（1）《三十七年第二区樗树岩农业税各种数字统计表（表三）（1页）》、HTX09B030010（2）《农业税负担面积比例表（表四）》。这8件文书，其中前6件为账簿，后2件为表格。6件账簿的封面因有"樗树岩"字样，均属于樗树岩村文书可以无疑。后2件的《三十七年第二区樗树岩农业税各种数字统计表（表三）（1页）》和《农业税负担面积比例表（表四）》尽管分为两个编号，但据图版实为一纸，因此，《农业税负担面积比例表（表四）》也属于樗树岩村文书同样无疑。

的账簿,《民国三十七年阴二月初五日立樗树岩村所得税款账(11页)》和《民国三十七年阴八月初九日樗树岩村产粮簿(55页)》是1948年统计、评估的账簿,《三十七年第二区樗树岩农业税各种数字统计表(表三)(1页)》和《农业税负担面积比例表(表四)》则是1948年以表格形式形成的基本数据。

因为三集中的特点,使樗树岩村文书成为一宗包括人口、经济和社会资料在内的异常丰富、系统完备的村落文书,为我们复原与揭示解放战争时期特定背景下,太行山区一个中型自然村落在土地改革初步完成之后的历史面貌,提供了具有麻雀解剖意义的典型样本和典型材料。对此,笔者无意展开,仅就账簿文书在农业税(公粮)评定过程中蕴含的古代田赋征收方法的遗意发表一些感言。

樗树岩村账簿文书蕴含古代田赋征收方法的蛛丝马迹表现在田地分等、谷物折布和布麻折钱三个方面。例如《民国三十五年阴七月十九日樗树岩村簿》和《民国三十七年阴八月初九日樗树岩村产粮簿》是登记评估全村各个农户家庭和人口的富力计分账簿,包括计分的根据、过程和结果。计分的根据是土地的产量和畜力数量,土地包括每个地块的名称、位置、等级、性质和面积。土地等级是用阿拉伯数字标注于每个地块的上端,最高等级是"5",最低等级是"9"。此外也有不用数字标注而以"劣"字标注。这些标注的数字是何意,账簿本身没有说明,但显然与"劣"相对,5至9应是对土地等级的标注,"5"指土地的等级是5级,"9"指9

级①，"劣"则指9级之外更次一等的土地。樗树岩村账簿在评定农业税时仍然参酌使用土地九等制的方法，应该是魏晋南北朝"九品混通"和明代"三等九则"等古制的残留和变通。九品混通和三等九则，一般理解是户分九等，但我们看到樗树岩村是将土地的地块分为九等，这与户分九等尽管不同，却显然受到了九等户制的影响。

再如《民国三十五年阴十月廿九日立樗树岩村负担公粮账》内容分为前后两部分，第一部分即第3页至第11页前半部分是樗树岩村收取"负担公粮"的账目，第二部分即第11页后半部至18页是樗树岩村"立款代布麻"的账目。在"负担公粮"账目部分，共登载了48户负担公粮的种类和数量。其登记形式是以户为单位分列，包括户主姓名、收取公粮的种类和重量。如第一户闫金昌名下，收取的种类和重量是"黑豆壹佰叁拾斤，折米捌拾陆斤拾壹两；玉茭贰佰捌拾叁斤，折米壹佰肆拾斤；米贰佰柒拾叁斤陆两；莜麦壹拾贰斤，折米捌斤"。②其余各户负担的公粮种类、重量及折米重量不尽相同，但形式基本类同。这里收取的公粮包括主粮与杂粮，主粮的米应该就是我们通常所说的小米，亦即粟米。杂粮则有黑豆、玉茭和莜麦。从"负担公粮"账目可见，樗树岩村民缴纳公粮的主粮是粟米，缴纳杂粮时应折合为主

①樗树岩村全村土地最高等级是5级，没有1至4级，这可能与该村水利条件较差有关。据冯小红上文，全村不临河，也没有泉源，人畜饮水全靠收集雨水的"汗池"解决。

②该账簿还记载有各户"退米若干"的情况，如闫金昌名下即有"退米52.8"等字，因与本文论述主旨无关，故不予论述。特此说明。

粮。这与古代的田赋征纳有本色、折色之分，折色缴纳时应折合本色如出一辙。樗树岩村民公粮的缴纳以杂粮折合主粮的方式和称谓显然源自古代田赋的本色折色制。

又如《民国三十七年阴二月初五日立樗树岩村所得税款账》共登录了53户的所得税款账目，其登载形式是每户占四行，其中户主姓名占一行，下面并标注以阿拉伯数字的分数，第二行为"麻若干两若干钱"，第三行为"布若干元"，第三行为"款若干元"。例如该账登录的第一人为温肇和，其登载的内容即是：

> 温肇和，6.6；
> 麻三两捌钱壹；
> 布洋贰佰叁拾贰元；
> 款壹仟柒佰壹拾七元。

温肇和名下的"6.6"是指该户的"起款分数"，据该账第二页登载，全村：

> 共分数301.1分。
> 每分起布洋35.15元，共合10900元。
> 每分起麻0.5771两，共合11斤3两。
> 每分起款260.15元，共合80672元。

由此可见，樗树岩全村应纳"布洋10900元""麻11斤3两"和"80672元"，是全村应纳款物的总数。全村又将

"（总）分数301.1分"分解到各户，各户则按自己的户分乘以"每分起布洋35.15元""每分起麻0.5771两"和"每分起款260.15元"，得出本户应纳的款物总数。按照这一程序计算，温肇和6.6分乘以"起麻0.5771两"，等于3.80886，与其应纳"麻三两捌钱壹"相符；6.6分乘以"每分起款260.15元"，等于1716.99，与其应纳"款壹仟柒佰壹拾七元"相符；6.6分乘以"布洋35.15元"，等于231.99，与其应纳"布洋贰佰叁拾贰元"相符。这里值得注意的是，樗树岩"所得税款"的麻、布、款三种税目，"款"无疑是近代以后出现的新税目，而"麻"和"布"则是古已有之。西晋实行户调制，每户纳绢3匹，绵3斤。东晋和南朝继续实行户调制，征纳物常为布，布也成为新税目。北魏至隋唐实行均田制，征纳物中均有麻和布。樗树岩村文书显示，1948年该村征纳的税目仍然保存着麻和布两种，且麻是征纳实物，而布是保存税目但征纳货币。樗树岩村在20世纪40年代末居然还保留着延续了千年以上的税目，笔者阅读至此，不能不废书三叹，感慨系之。①

---

①《民国三十五年阴十月廿九日立樗树岩村负担公粮账（18页）》后半部分是"民国卅六年一月十八号立款代布麻账"，其登载形式是每户占两行，第一行是"户主姓名＋户分＋布洋若干元"，第二行是"麻若干斤若干两"。形式虽较《民国三十七年阴二月初五日立樗树岩村所得税款账（11页）》简单，但税目也是含麻、布、款三种，且布、款合二为一，麻之斤采用的是16两制。

《明清文书》除了展示太行山文书的资料特色之外，其中所蕴含的整理经验对下一步整理工作的推进和其他民间历史文献的整理，更具有借鉴意义，也更值得分析总结，今天我们同样择要先谈三点。

第一，《明清文书》确立了尽量保存太行山文书入藏原貌的整理原则。

目前学术界正在整理的历史文献大体有三类，考古出土的历史文献（例如敦煌文书、吐鲁番文书、黑水城文献等）、政府机构传世的历史档案（例如内阁大库档案、巴县档案、获鹿档案、南部档案等）和民间历史文献（例如徽州文书、清水江文书、石仓文书等）。历史文献的整理原则应该仿照文物"修旧如旧"的口号，提出"反映原貌"的要求。但是具体到三类历史文献的整理，"反映原貌"的内涵应该有所区别。考古出土历史文献的"原貌"应该重在反映考古出土时文献状况（吐鲁番文书以墓葬为单位排列文书就是其中的典型），政府机构的历史档案"原貌"应该重在反映档案文献形成机构的归口状况（《中国图书馆藏清代内阁六部孤本档案》就是按照各部顺序展示），民间历史文献的"原貌"应该重在反映文献形成的归户状况，这也是近年来徽州文书学者一再强调的"归户性"问题。但民间历史文献的归户谈何容易，与考古出土文献多有相应发掘记录、政府机构历史档案原有机构归口不同，民间历史文书本来散存于民间，后经中间人甚至多个中间人收购收集才辗转入藏有关研究机构。研究机构收藏的民间历史文献除了少数文书归户踪迹可寻之外，大多数文书不知来源、不知归属、不知所踪，归户其实一直是民间历史文献有待破解的"先天不足"的疑难问题。

太行山文书属于民间历史文献。它虽然不能彻底解决文书的归户问题，但在这个问题上做出了有益的探索，这在太行山文书的编号方法和《明清文书》入编文书的排序原则上都有体现。太行山文书的编号方法，《明清文书》的整理凡例有说明："HTX01B010001，其中H表示邯郸学院，T表示太行山文书，X表示箱，X01即为第一箱，B表示包，B01即为第一包，0001则为该包中的第一件文书，即HTX01B010001表示邯郸学院藏太行山文书第一箱第一包内第一件文书，其他文书编号以此类推。在有些包中还有小包，此时用（）内数字表示包中的小包，（1）即该包中第一小包，并插入到包与文书的编号之间。"可见太行山文书编号方法其实包含"HT"和"X01B010001"两段内容。第一段两个拼音字母是文书收藏单位和文书总称的代号，H代称"邯郸学院"，T代称"太行山文书"。第二段两个拼音字母和若干阿拉伯数字的不同组合，是文书归属层次和前后排序的代号，即X表示箱，X01即为第一箱；B表示包，B01即为第一包；B01（1）表示包中之第一小包，B01（1）0001即为第一包中第一小包的第一件。这说明每件文书或归属某包再归属某箱，或归属某小包再归属某包又归属某箱，前者体现的是每件文书的两层归属关系，后者体现的是每件文书的三层归属关系。在这两层归属关系或三层归属关系中，其中的"包"或"小包"对追寻文书的归户更重要。邯郸学院第一批入藏的太行山文书来自乔福锦先生。据乔福锦先生介绍，入藏邯郸学院的10多箱文书，每箱之内的每包文书都是随机装箱，各包之间并不具备必然关系，但是每包之内或每一小包之内的文书，大体是同一次收购同一人文书时打包而成。乔先生提供的这个信息很重要，说明每包或每小包的文书大体是同一人出售，而同一人出售同一批文书，很可能意味着这批文书出自同一家庭、同一家族或同一村落。尽管这与文书归户家庭家族或归口村落不能画等号，但可能性毕竟较大。所以，太行山文书编号虽然只能算是入藏邯郸学院时的编号，反映的是太行山文书入藏邯郸学院时的原貌，但箱内的包号文书或小包号文书又在一定程度上间接地反映了文书归户家庭家族或归口村落的原貌。我们正是从这个意义上说，太行山文书的编号方法在最初入藏时就隐含了归户家庭家族或归口村落的功能和密码，也为反映太行山文书入藏原貌以致追溯归户归口的路径提供了前提和可能。

《明清文书》入编文书的排序原则与太行山文书编号方法完全一致。《明清文书》八册文书涉及九县。文书的编排首先是将文书分别归入邢台、南和、武安、涉县、潞城、长子、黎城、和顺、汾阳九个县份，然后在每县之内再按文书编号的箱号、包号、小包号、件号依次排序，亦即从1号箱1号包1号小包第1件文书起排，中间无号则从次号接排。这种排序法既与太行山文书编号法相同，又将太行山文书编号隐含的文书的归户和归口路径直观地展现出来，实现了二者的完全一致。

通过太行山文书编号方法追溯文书归户归口路径的隐含功能，在《明清文书》入编文书的排序中得到了证实。例如和顺县樗树岩村文书，属于典型的村落文书，共有 11 个编号，从 HTX09B030001 到 HTX09B030011。这 11 件文书全部属于入藏时的第 9 箱第 3 包，全部几百页文书中只有几页文书不属于樗树岩村（可能是混入），可见这组文书的归口与文书编号的包内文书基本相同，也证实二者基本一致。再如我们前面提到的商号文书，就主要集中在 9 号箱 9 号包的三个小包，其中 1 号小包有 114 个编号，涉及多个商号，有关永信成、永盛长商号的居多；2 号小包有 158 个编号，涉及多个商号，有关永盛长商号的居多；3 号小包有 26 个编号，多为永茂堂账簿。9 号箱 9 号包的三个小包文书来源于民国时期邢台的一个或多个商号应无疑问。又如潞城县部分有一批申家山村济众医疗所文书，共 17 个编号，出自 5 号箱 2 号包，基本占一册。证实编号方法与文书归户归口基本相符，文书的编号方法和文书的排列顺序可取，值得肯定。

第二，《明清文书》形成了高度重视账簿文书和信函录文的整理特点。

大型历史文献资料集的整理类型，目前来看主要有三种形式，即单一图版型、单一录文型和图录对照型。《敦煌宝藏》《徽州千年契约文书》《徽州文书》《清水江文书》等属于单一图版型，《吐鲁番出土文书（录文版）》《英藏敦煌社会历史文献释录》《俄藏黑水城汉文非佛教文献整理与研究》等属于单一录文型，《吐鲁番出土文书（图录版）》《敦煌社会经济释录真迹释录》《元代湖州路户籍文书》等属于图录对照型。《邯郸学院藏太行山文书系列丛刊·明清文书》与以上三种类型相比，既非单一图版型，亦非单一录文型，又非图录对照型，而是介于三者之间，因为该文书图版全有，而文书录文只限于写本文书，"文书中所出现的印制文书，诸如官印契约、征税票据等只予以编号、定名，不予录文"（见该书凡例），因此可以称之为全图版半录文对照型。尽管《明清文书》没有全部录文，稍感遗憾，但写本部分的录文对于读者学者却是功德无量，大可称道。

我们知道，有否图版、有否录文、是否图文对照，是判定古文书整理成果优劣高下的三大指标体系。因此，对于读者和学者来说，古文书整理成果是否有录文和录文水平高低，也是评价该成果的一个重要指标。但录文其实又因文书种类不同而有难易程度之分。一般来说，印本文献的录文相对容易，写本文献的相对较难。写本文献中，公文的正文书写多用楷书，辨识较易，录文也容易，但批示性文字多用行书或草书，辨识和录文就比较难。民间契约和书信，如果是规范的行书和草书，录文也相对容易一些，如果行书和草书不规范，那就有了一定的难度。账簿文书，若是官府账簿，文字一般工整，录文较易。若是私人账簿多是使用草书，且往往夹杂特殊符号和特别记号，辨识和录文难度更大。太行山文书中，大多是私家文书和商号文书。私家文书中，账簿最多。商号文书除了账簿外，还有不少商号信函，都是辨识文字和录文难度最大的部分，也是最耗费时间和功夫的部分。文书整理者的可敬之处，就是他们宁愿舍弃相对容易的印本录文，也不放弃难度最大、投入时间最多的账簿文书和商号文书的录文。经过他们的录文，使得过去一望不识何字、不知所云、不解何意的商号账簿、私人信函，成为读者可以卒读的旧文，学者可以利用的史料。例如前文提到的《马兴科关于厘清账目说帖残件》，除了能说明马兴科与刘成好两个商人关系、永信成与永盛长两个商号关系外，还涉及两人之间两个商号之间一场诉讼纠纷的来龙去脉，是一份很重要的商号信函。但如果不是整理者的精细识别、录文和标点，我们很难仅仅根据图版读懂密密麻麻的潦草字体。又如2册32页刊发的HTX09B09（2）0149《癸亥六月十一日万生恒与永盛长对账清单》和HTX09B09（2）0150《杨成聚、马兴科支使开单》，也都是密密麻麻的潦草文字数字和各种特殊符号记号，如果没有整理者的录文，一般读者甚至研究者初次阅读都会一脸茫然。正是从这个意义上说，《明清文书》整理者的文书录文，尤其是其中高难度的账簿信函录文的确是造福学术方便学者的功德伟业，也构成了该书整理的亮点和特点。

第三，《明清文书》丰富了积极探索民间历史文书特殊字符尤其是俗体字处理方法的整理实践。

众所周知，民间文书用字极不规范，存在大量俗字、错讹字，还有一些有特殊意义的符号。正如黄征谈敦煌文书时所说，"繁体和简体并行不悖，我们甚至可以看到，在大概也就十七个字一行里面，上面刚写一个简体的'万'，底下就出现了繁体的'萬'；上面刚出现简体的'无'，底下又出现了繁体的'無'。就在一行里面，它写的就不一样"。太行山文书也是如此。具体采用什么样的标准释录文字，学界存在不同意见。大体而言，俗字改正字、简体改繁体比较常见，有学者主张以繁体字录文，也有学者认为"古今一致的简体字"可以保留，形误字、避讳用字等可以改用通行繁体字。但从历史学角度而论，无论何种文献，其文字使用的面貌都反映了文献生成当时的状况，后人整理时应该充分尊重这一事实，不能以今律古。因此，《明清文书》在录文时尽量坚持以反映原貌为原则，按照文书原件的字形录文，即使文书使用了错字，也一仍其故。对于相承使用的简体字或异体字，计算机字库有的，如上文所说"万""萬"、"无""無"，以及"旧""舊"、"两""両"、"树""樹"、"钱（钱）""処虖（处）"等依照原件录入，没有的则转化为相应的繁体字。对于文书中常见的某一字的俗字，有些是以偏旁替代整字的俗字，如"银"作"艮"、"瓶"作"并"、"初"作"刀"、"亩"作"亼"等，还有的是一字兼有不同语义的，如"叚"表示"段"，照录原字形可能引起语意理解障碍，因此一般改用相应的繁体字或通用字。计算机字库没有的俗字，有些是特殊字形，如"钱"作"〤"、"两"作"〨"等，有的是大量增减笔画形成的俗字，在不影响语义的前提下直接转化为相应的繁体字或通用字。由于《明清文书》未加注释，这种直接转换文字的处理方法不失为一种变通，目的在于提供表意准确的字形，以方便读者使用。对于地域特有俗字，如"圗"，和具有一定构形价值的字形，如"堰"作"壋"，则按照文书原件造字。文书中的苏州码直接用"一"至"十"的汉字加以转换，而未使用"壹"至

"拾"的形式，在太行山文书原件中两套表示数字的汉字并用，有的一件文书中表示相同数字的"一""壹"、"六""陆"等也并用，因此将苏州码转写为"一"至"十"的形式并不违和，反而使用起来更加简洁方便。

民间文书所用字形虽然受到文字发展使用规律的制约，但是受书写者个人书写习惯、文化水平等多种因素影响，不规范字形十分常见；有的文书破损、文字残缺；有些人名、地名、堂号等书写潦草，语意释读和可供比勘的字形少，这些都加大了字形辨认的难度。整理组以释录文字准确为基本原则，遇有此类问题，在个人考证的前提下，再经过整理组集体讨论，运用历史学、经济学、文字学等各种知识，反复甄别，尽量将疑难文字、残缺文字准确释录出来。例如，第8册和顺县编号为HTX09B030005的账册51、53—60页部分关键数字信息缺失，整理组经过仔细研究，将这些残缺数字一一补录出来；又如第4册武安县编号为HTX06B01（10）0036的卖约，其中有"庆𤩈堂"，第二个字形最后确认为"珎（珍）"，又如第7册长子县编号为HTX05B020059的契约中有"陈𡥄""陈成𡥄"，最后一字容易辨认为"实"，最终与其他文书对勘，确认为"陈成孩"之"孩"的偏旁"亥"。此类例子还有许多，兹不赘举。总之，民间历史文书的用字很复杂，地域性也很强，太行山文书对俗体字的处理方法和整理实践弥足珍贵。

以上所谈太行山文书资料特色和整理经验的几点内容，只是自己初读《明清文书》之后的有感偶发，难免肤浅和简单，相信以后随着学界的关注和研究的深入，大家会有更多的认识。当然，该书的整理也存在一些有待改进的问题，例如书名《明清文书》，实际情况是民国时期文书数量更多，书名明显与实际不符。再如全书录文只限于写本文书（其实也有个别写本文书没有录文），印本文书不录文，其用意无非是考虑印本文字辨识障碍不大，不必录文，但从现在实际效果看，印本图版的字迹往往过淡，一般读者难以识读，像账簿、书信这样难度极大的写本都做了录文，而像难度较小的印本反而不做录文难免可惜。又如文书的整理没有解题也是一个遗憾，像上文提到的和顺县樗树岩村，该村已经改名为桦树岩村，如果有解题，这对一般读者并不构成问题，否则就是一般读者难以逾越的障碍。当然，瑕不掩瑜，这并不影响《邯郸学院藏太行山文书系列丛刊·明清文书》总体上仍是一部内容丰富、资料珍贵、整理科学、质量颇高的大型学术资料集。期望续出的太行山文书整理成果百尺竿头、更上层楼。

（见《社会科学论坛》2022年第3期）

# 《敦煌吐鲁番所出唐代军事文书初探·后记》

关于我从事隋唐史和敦煌吐鲁番文书研究工作的情况，拙著《唐代行军制度研究·后记》（文津出版社1995年出版）和《学坛求索自述》（收录于《唐研究纵横谈》一书，中国社会科学出版社1996年11月出版）已经谈到一些。按说这些内容已经没有再重复的必要，但为了能帮助读者了解本书的写作缘起和过程，在这里我还是打算介绍一些细节情况，因而有些内容难免与上述二文雷同。

我于1978年初进入武汉大学历史系学习的，是实行高考制度改革之后的第一批大学

《敦煌吐鲁番所出唐代军事文书初探》书影

生。本科学习期间，起初很想在近现代史方面谋求发展，课余时间读书最多的是近现代史方面的史籍。到了第四学年面临毕业论文选题和将来选择报考研究生方向时，我颇费踌躇，一方面对近现代史比较感兴趣，另一方面又觉得古代史的基础比较好。就个人兴趣而言，倾向于选择近现代史方面的论文题目和报考这方面的研究生，可又觉得这方面的禁区太多，而且准备报考的人数较多，竞争比较激烈，被录取的难度较大。相对而言，自己对古代史比较熟悉，这方面报考的人数比较少些，被录取的可能性相对大些。因此最后决定做古代史方面的论文，报考古代史方面的研究生。

恰在这时，陈国灿、朱雷、程喜霖先生开设了"吐鲁番文书整理与研究"的课程，听说以后唐长孺先生招收这方面的研究生，唐先生是武大历史系的名教授，因此就毫不犹豫地选择了这门课，并从此下定报考唐先生研究生的决心。毋庸讳言，当时的选择带有一定的功利性和投机性。因为这种选择主要是着眼于报考研究生，所以选修"吐鲁番文书整理与研究"课程之初还谈不上真正的兴趣，甚至还产生过一些现在看来非常可笑的想法。后来随着陈、朱、程先生授课的深入和对相关知识的积累，这才对"吐鲁番文书"有了初步的了解，逐渐进入"研究者"的角色。1981年研究生考试时，我的考试成绩并不理想，其中隋唐史的部分试题就答得不好，只是因为有了一定的古代史基础，口碑较好，唐先生才网开一面，仍然将我收为弟子。我这才有幸成为一位研究生，从此注定了作为一位学人、史学工作者的命运。

我真正对敦煌吐鲁番文书产生兴趣，真正了解它对学术研究的意义，是从研究生时代开始的。报考研究生之初，专业研究方向的名称是"吐鲁番文书整理与研究"。后来唐先生觉得这一名称的表述不够准确，就改为"隋唐史（吐鲁番文书研究）"。此后直到毕业，包括学位论文，在涉及填写专业研究方向一栏时，我们都以这一名称表示。这一名称揭示了隋唐史和吐鲁番文书学的关系，既表明我们学习和训练的重点是吐鲁番文书，又表明学习掌握吐鲁番文书学的目的是推动、深入隋唐史的研究，二者密切相连。唐先生为我们讲授的课程和进行的指导就是围绕这一思路进行的，我们因此受到了隋唐史和吐鲁番文书的双重训练，也在双重训练中逐步体会加深了敦煌吐鲁番文书对隋唐史学术研究的重要意义。

当时我的兴奋点是军事制度，与之相关联，吐鲁番所出军事内容的文书和隋唐的军事制度就成为我关注的重点。我的学位论文最初想围绕地方兵做文章，后来因考虑到文书材料太少而作罢。这时我读了几篇日本学者菊池英夫先生关于行军制度的文章，受到启发，同时又觉得这一课题还有继续深入的余地，加之文书也有些相关的材料，所以在征得唐先生的同意之后，就以唐代行军制度作为学位论文题目，最后定名为《从吐鲁番所见的唐代前期行军制度》。

从1985年研究生毕业到1994年，我研究工作的重点是围绕着行军制度展开的，先后完成了一系列论文，其间还以《唐代行军制度及其对当时政治、社会的影响》为题，申请了"国家青年社会科学基金"的资助项目，并最终完成了《唐代行军制度研究》一书，于1995年出版。《唐代行军制度研究》是以利用史籍文献为主，按照行军制度的体系架构来安排章节的，虽然其中也尽量利用了大量敦煌吐鲁番文书，并采纳了我撰写的几篇相关论文的研究成果，但由于敦煌吐鲁番文书有关军事方面的内容非常丰富和广泛，行军制度的内容只是其中的一个方面，《唐代行军制度研究》无法对文书涉及的许多问题进行展开研究。我在写作过程中就有这种感觉。1993年冬，还在该书将成未成之际，唐先生病重住院，我曾前往武汉探视，闲谈中唐师就曾告诫我不能光研究行军制度。那时我就暗下决心，待《唐代行军制度研究》完稿后，一定将主要注意力转向敦煌吐鲁番军事文书的研究。

《唐代行军制度研究》出版后，我按预想将主要精力转入了敦煌吐鲁番文书的研究，1995年，我向国家社科基金又申请了一项"敦煌吐鲁番所出唐代军事文书研究"的课题，1996年获得批准，被列为一般项目。于是在前些年研究的基础上，除了对一些旧作进行补充修订，吸纳学界最新研究成果之外，又对一些过去未曾接触的军事文书进行了探讨，终于形成了这本《敦煌吐鲁番所出唐代军事文书初探》。

在拙著即将成书之际，我谨向所有指导、关心、支持过我的各位先生致以诚挚的谢意。荣新江、郝春文二先生曾以他们的博学和信息优长为我提供种种帮助，使我能在敦煌学界学术信息几乎是闭塞的石家庄获得所必需的最低限度的信息和与外界的联系，尤其是荣新江先生慷慨馈赠他在英国抄录的敦煌文书S.11287号抄件、S.11453号抄件、S.11459号抄件，更使我感奋莫名。孙晓林、张弓、黄正建等先生曾为我赴京查检资料提供了种种便利，其盛情至今难以忘怀。特别是朱雷、张弓、牟发松、冻国栋、宁志新诸先生，他们在参与本课题项目的鉴定过程中，认真审阅拙稿，几乎到了字斟句酌的程度，不仅指出了多处字讹语误和病句，订正了一些资料引用和史实表述方面的错误，还提供了不少中肯的改进建议，甚至惠示以增补的资料和线索。他们严肃认真的科学精神和一丝不苟的求实态度，使拙著获益匪浅，减少了许多可能出现的硬伤。唐先生生前就一直主张，著作出版之前一定要请专家审阅，专家的审阅至少可以减少硬伤。我从上述诸位先生的获益中深深感到先生见解的英明。

我还要感谢国家社会科学基金会和唐研究基金会。是国家社会科学基金会提供的资助，使我在与敦煌学几乎无缘的河北能够最终将这一课题进行下去，直至完成，勉强撑住几乎是河北省唯一的敦煌学研究阵地。是唐研究基金会提供的资助，使本书在学术著作出版难的今天有幸得以付梓。国家社会科学基金会和唐研究基金会对本项目的支持，其精神意义对我而言远远超过了经济意义，没有这种精神意义和经济意义的双重支持，本课题的完成和出版几乎不可能。

虽然拙著作为国家社会科学基金资助项目已经完成，但我对敦煌吐鲁番所出唐代军事文书的研究才仅仅是个开始。古人说"学，然后知不足"。我对此确有深切的体会。前面已经说过，我是"文革"结束后的第一批大学生，进入高校时已经二十多岁，相比于前辈学者我没有"童子功"，相比于后来学人我没有年龄优势。我既甘心于清苦寂寞的学人生涯，面对前贤矗立的学术高峰和新俊掀动的长江后浪，唯有奋发努力，不敢懈怠。古人又云："事在强勉而已"，我谨以此自勉。

2000年元月10日

（孙继民：《敦煌吐鲁番所出唐代军事文书初探》，中国社会科学出版社，2000年11月第1版）

# 《中古史研究汇纂·后记》

　　笔者自研究生时代起至现在，从事学术研究已近35年。这期间，笔者研究重点大体分为三个阶段，2000年以前主要从事敦煌吐鲁番文书和隋唐史研究，兼及战国赵史和河北地方史，2001年以后主要从事黑水城文献整理研究，近年主要从事古籍公文纸背文献整理研究。第一个阶段的研究成果，大多已汇入《唐代行军制度研究》《敦煌吐鲁番文书所见军事文书初探》《唐代瀚海军文书研究》《河北新发现石刻题记与隋唐史研究》《先秦两汉赵文化研究》等书。第二个阶段的成果，大多已汇入《俄藏黑水城所出〈宋西北边境军政文书〉整理与研究》《俄藏黑水城汉文非佛教文献整理与研究》《英藏及俄藏黑水城汉文文献整理》《考古发现西夏汉文非佛教文献整理与研究》和即将出版的《中国藏黑水城汉文文献整理与研究》等书。第三个阶段的成果，除部分已收入《南宋舒州公牍佚简整理与研究》一书外，主体部分目前仍在进行中，拟汇入笔者承担的国家社科基金项目的结项成果。除了收入以上诸书的成果之外，笔者几十年间还写过一些涉及其他各个方面的文章，因各种原因未曾汇集出版。现在汇入本书的文章基本上属于此类，因都属于中国古代史的范畴，且多数可以归类于中古时期，故名《中古史研究汇纂》。

在拙著将要编纂和成书之际，笔者内心颇有几分踌躇、惶恐与不安。无须讳言，收入本书的文章，有些是自己以往的经意之作，或颇下过几分功夫，但也不乏粗制滥造的短平快，或应时之需的急就章。这些杂类文章有否必要

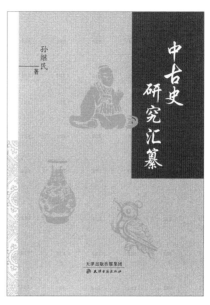

《中古史研究汇纂》书影

结集成册？其学术含量是否值得结集成册？其结集出版是否愧对业师唐长孺先生？这些疑问不能不时常萦怀胸臆、如影随形。笔者深知，唐先生对学术的严谨近于苛刻，例如对于已刊论著的再版，对于20世纪80年代渐起的今人论著汇编全集的风气就颇不以为然。他曾多次明言，你们以后不要为我编全集，代表我学术观点的就是《魏晋南北朝史论丛》《魏晋南北朝史论丛续编》《魏晋南北朝史论拾遗》和《山居存稿》（当时《魏晋南北朝隋唐史三论》刚开始撰写，故未提及）。又如对于《唐书兵志笺正》一书，中华书局早就表示可以再版，唐师认为此书多数内容尚可，但有些当时（20世纪40年代）的观点现在已有改变，如果保持原貌影印出版还可以，而再版则必须修订（唐师事实上已无暇修订，这也

是他直至辞世未能再版的原因）。唐师对学问的严谨和对学术的负责精神，于此可见一斑，相较于当下以量取胜的我辈，不啻天壤之别。但我辈虽不能至而心向往之，始终敬仰却难以企及，唯有惭愧而已。好在本书在满足笔者对旧作细大不捐、敝帚自珍的难以割舍之外，多少也能展现一些笔者在学术原野中艰难跋涉的足迹，也可以从中窥见与变革时代学术繁荣相伴随的浮躁及快餐文化的另一面。为个人和时代立此存照，或许也可以视为本书的价值之一。

本书的编纂和校对，研究生刘广瑞、耿洪利、张恒、田琳、李哲坤、高丹和李桥等承担了大量工作，天津古籍出版社的杨莲霞和门辉两位女士给予了热情支持，谨此致以真诚的谢意。

2016年11月20日于石家庄市

（孙继民：《中古史研究汇纂》，天津古籍出版社，2016年12月第1版）

# 《俄藏黑水城所出〈宋西北边境军政文书〉整理与研究·后记》

　　2001年，当笔者在北京国家图书馆敦煌吐鲁番学资料中心看到《俄藏黑水城文献》第6册彩色插页上的宋代军事文书图版时，简直不敢相信自己的眼睛，难道黑水城文献也有如此多的汉文文书甚至我一向感兴趣的军事文书？因为在笔者的模糊意识中，总是将黑水城文献与西夏文和西夏文书相联系。从此，那些宋代军事文书彩色图版的影像就永远定格在笔者的脑海之中，这大概就是笔者对黑水城汉文文献倍感兴趣的最初冲动。

　　既有了兴趣，自然也就多了几分关注。当笔者了解到自1996年《俄藏黑水城文献》第一册出版起到2000年底第6册面世，俄藏黑水城文献汉文部分尽管已经出版直至完毕，但在学术界引起的反响与新闻界的竞相报道出版消息形成巨大的反差，居然难得觅到几篇学术论文，自己忽然意识到，在敦煌吐鲁番学人一般因学科关系不越界宋辽金元史领域和宋史学者一般因史籍资源丰富而对出土文献不过分投入的中间地带，俄藏黑水城汉文文献或许就是自己苦苦寻觅的下一个学术发展空间，套用时下一句通俗的流行语，也就是寻找到了"新的学术增长点"。主意一定，我便选择以《宋西北边境军政文书》为切入点，利用既往研究敦煌吐鲁番学唐代军事文书的经验，尝试对俄藏黑水城汉文文献进行学术式的解读，并终于在2002年草就了一篇《关于黑水城所出一件宋代军事文书的考释》，发表于《漆侠先生纪念文集》（河北大学出版社2002年10月出版）。上文

《俄藏黑水城所出〈宋西北边境军政文书〉整理与研究》书影

作为自己寻觅学术新域的处女作，其中有些内容现在看起来不免稚嫩，甚或错误，但艰辛的劳动毕竟结出了硕果，就整体而言仍然达到了预期的目的，因此，这更坚定了自己开拓学术新领域的信心。此后，自己的研究兴趣一发而不可遏止，相继完成了《黑水城所出宋赵德诚家状试释》《黑水城宋代文书所见荫补拟官程序》《俄藏黑水城出土宋代"御前会合军马入援所"相关文书考释》（与学生合作）、《俄藏黑水城宋代文书所见宋高宗建炎二年（1128年）王庶被拘事件》等文，并先后申报了2005年度全国高校古籍整理委重点科研项目（课题名称《俄藏黑水城所出唐宋时期汉文非佛教文书整理》）和2006度国家社会科学基金项目课题（课题名

称《俄藏黑水城宋代军政文书研究》），还于今年4月在石家庄组织了一次得到各方面积极评价的"俄藏黑水城汉文文献与宋夏金元史学术研讨会"，并直至本书的编撰出版。

以上过程中，笔者还曾做过一个大胆并具有一定冒险性的尝试，就是在2003年指导研究生选择俄藏黑水城文献方面的硕士学位论文。这一尝试之所以说具有一定的风险性，是因为笔者本人对俄藏黑水城汉文文献的了解都尚未充分，对与黑水城文献密切相关的宋史领域更是一个门外汉，让学生选择这样的论文题目是否明智？能否完成？类似的疑问曾经在笔者脑海萦绕多时。幸亏他们的天赋与努力，陈瑞青的硕士论文《俄藏黑水城宋代文献所见文书制度初探》和张春兰的硕士论文《俄藏黑水城宋代"御前会合军马入援所"相关文书研究》均得以顺利完成，并获得宋史领域论文评阅专家和答辩专家的高度肯定。

本书是自己多年来从事黑水城文献研究的汇集，同时也凝结了学界诸多师友和同仁的关爱、支持、鼓励和心血。在本书即将面世的时刻，笔者特别要感谢对本书写作、出版给以直接间接帮助支持的各位先生和朋友。在这里，我首先要感谢在笔者起步维艰阶段伸出援手的刘屹先生、河北大学宋史研究中心诸位先生尤其是姜锡东先生和丁建军先生，对我们在查阅、复制文献方面提供的便利和支持，使我们在当时不可能具备购买诸如《俄藏黑水城文献》之类大型文献资料集的条件下，通过复印、照相等形式解决了研究所需的基本信息。真诚感谢王曾瑜先生、杨倩描先生、苗书梅女士对笔者请益的不吝赐教，尤其是杨倩描先生实质上还承担起了笔

219

者"顾问"和笔者学生"副导师"的角色。还要感谢史金波先生、白滨先生、蒋维崧先生对我们研究工作的肯定、支持、帮助和鼓励，感谢国家社会科学基金办、全国高校古籍整理委在课题立项方面的支持，感谢中华书局于涛先生、柳宪女士对本书出版的支持，感谢河北师范大学领导和历史文化学院领导尤其是董文武先生给予的支持。

本书一定程度上也是家人和学生们辛勤劳作的结晶。在起步阶段，内人蔚兰亭女士就一如既往地承担起了《俄藏黑水城文献·附录·叙录》之中《宋西北边境军政文书》电子文本的录入工作。以后，负笈门下的研究生陈瑞青、张春兰、魏琳、杜立晖、张重艳、陈静等同志，也都在本书录文校对、资料核对及其他文书录入等方面做了大量工作；特别是陈瑞青同志耗费了相当的时间和精力，进行了文书初步校勘，草拟了文书名称和题解内容的初稿；魏琳同志最后又对全书进行了一遍细心的校对，避免了许多可能出现的错误。借此本书出版之际，笔者谨向他们致以诚挚的谢意。

2007年7月于石家庄

（孙继民：《俄藏黑水城所出〈宋西北边境军政文书〉整理与研究》，中华书局，2009年3月第1版）

# 《中国藏黑水城汉文文献的整理与研究·后记》

本书为笔者主持2011年国家社科基金重大招标项目《黑水城汉文文献整理与研究》的主要成果之一。本项目结项成果原拟分为文献整理系列和文献研究系列两部分，其中文献整理系列成果包括三部，分别是《中国藏黑水城汉文文献整理》《俄藏黑水城汉文佛教文献（佛经除外）整理》和《英藏及混入俄藏敦煌文献中黑水城汉文文献整理》。本来《中国藏黑水城汉文文献整理》是计划作为整套书第一部书出版的，但阴差阳错，《英藏及混入俄藏敦煌文献中黑水城

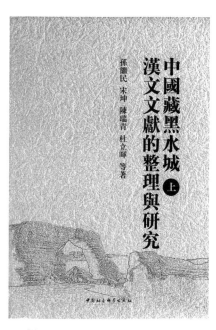

《中国藏黑水城汉文文献的整理与研究》书影

汉文文献整理》最先由天津古籍出版社于2015年5月出版（出版时名称被改为《英藏及俄藏黑水城汉文文献整理》），已经列名"之一"，所以本书只能屈居"之二"了。同时，由于本书还收入了部分研究成果，因此又改名为《中国藏黑水城汉文文献的整理与研究》。

本书整理编的文书排序与大型文献图集《中国藏黑水城汉文文献》图版排序一致，按照图版所显示的文书格式录文。我们知道，目前学界对黑水城文书整理一般有两种排序方式：一是分类排列整理法，即依据文书内容将同类型文书归为一类进行排序，《黑城出土文书（汉文文书卷）》及《中国藏黑水城汉文文献》两书即采用此种整理方式；另一是按文书编号排序整理法，俄藏及英藏黑水城文献整理各书均采用此种整理方式。相对而言，分类整理法的最大特点就是可以将不同地点出土的同类型文书汇集在一起，便于研究者进行专题研究之时使用。另外，此种整理方法还将断裂开来，分处于不同出土地的同一文卷文书进行归拢，最大程度地复原文卷。但是，此种整理方法也存在着不可忽视的缺点。这是因为文书的出土地点及出土顺序，蕴含着丰富的原始信息。例如某些文书残缺严重时，我们可以根据同一地点出土的文书，而对其进行性质、年代的判定以及进行文书缀合等。在最初科兹洛夫对黑水城的发掘中，进行的是一种盗掘式发掘，未能留下一份完整科学的发掘报告，故而《俄藏黑水城文献》《俄藏敦煌文献》中所列文书编号并不能代表其出土地点，导致大部分文书无法准确判定其出土地点，这就对进一步研究造成了一定程度的障碍。例如，因为缺乏详细的发掘信息，对于各个出土地所出土文书的年代未有精准判断，学界对以发现大量文献而闻名的"著名的大塔"的具体废弃年代仍未达成一致观点。而斯坦因和内蒙古自治区文物考古研究所同阿拉善盟文物工作站对黑水城进行的发掘则是按照科学方法进行的考古发掘，根据此两次发掘所获文书的编号就可知道文书出土的确切位置，这相对于《俄藏黑水城文献》而言是一个很大的进步。而如果按照分类法进行整理的话，《中国藏黑水城汉文文献》的这一优势将无从体现。故而，我们曾经力图按照出土地来排序文书，以求最大限度地保存文书的原始信息，本项目结项时提交的有关中国藏黑水城文献整理的成果就是以出土地点为序来汇集和排序文书的。但是，本书最终出版时又采取了与《中国藏黑水城汉文文献》一致的分类排序，放弃了按出土文书地点排序，主要是因为我们在寻找当年内蒙古自治区文物考古研究所发掘黑水城遗址的详图时遇到了重重困难。没有遗址文书出土地点详图，仅仅按文书出土地点排序，其意义很有限。可喜的是，笔者前段时间听杜建录先生说，宁夏大学西夏学研究院已经掌握了文书出土地点详图的资料。这无疑是个好消息，也为以后完整复原中国藏黑水城汉文文献出土地点的详细分布和原始信息提供了希望。

　　本书整理编主要由笔者和宋坤、陈瑞青、杜立晖等承担，其中宋坤贡献最大，陈瑞青、杜立晖次之，张春兰、赵生泉、陈静、魏琳、张重艳、刘广瑞、郭兆斌、毛永娟、薄嘉、白宁宁、朱建路、蔡伟政、张淮智等参加了一部分整理工作。研究编汇集的论文主要是笔者和杨淑红、陈瑞青、杜立晖、宋坤、郭兆斌、蔡伟政、薄嘉等近年的研究成果。

在本书即将出版之际，我要特别感谢全国社科规划办和国家社会科学基金学科评审专家在课题立项方面给以的大力支持；感谢宋坤、陈瑞青、杜立晖在本书整理编纂中付出的辛勤劳动；感谢张春兰、赵生泉、陈静、魏琳、张重艳、刘广瑞、郭兆斌、毛永娟、薄嘉、白宁宁、朱建路、蔡伟政、张淮智等学生多次参与本书整理过程中的录核审校及目录英译；感谢河北师范大学历史文化学院各位领导和老师对笔者多年从事黑水城文献研究和教学工作的关照支持；感谢河北省社科规划办和本院科研处对本课题研究的支持；感谢中国社科出版社对本书出版的支持。向所有在本课题申请、立项、实施和出版过程中给以支持的各位先生表达最诚挚的谢意！

2015年9月于石家庄

（孙继民、宋坤、陈瑞青等：《中国藏黑水城汉文文献的整理与研究》，中国社会科学出版社，2016年11月第1版）

# 《黑水城出土文书研究·前言》

## 一

笔者在2000年以前主要从事隋唐史和敦煌吐鲁番文书研究，2000年以后才逐渐转到黑水城文献研究方面，近年又侧重于古籍公文纸背文献的研究。

笔者从事黑水城文献研究既有偶然性，也有必然性。偶然性是说，对黑水城文献的兴趣起初纯粹出于偶然。记得2001年冬天在北京的国家图书馆敦煌吐鲁番学资料中心查阅资料时，随手翻阅看到《俄藏黑水城文献》第6册彩色插页上的宋代军事文书图版，简直不敢相信自己的眼睛，难道黑水城文献也有如此多的汉文文书，甚至有笔者一向感兴趣的军事文书？因为在笔者的意识中，总是将黑水城文献与西夏文和西夏文书相联系。从这一刻起，那些宋代军事文书彩色图版的影像就永远定格在自己的脑海中，这大概就是笔者将研究重点转向黑水城汉文文献的最初冲动。必然性是说，此时恰逢自己苦寻新的学术方向的关头。笔者从20世纪80年代初还是研究生时，选择的硕士论文题目就是《从吐鲁番所见的唐代前期行军制度》。后来留校工作再到调入河北社科院，2000年以前从事研究的范围主要是敦煌吐鲁番文书与隋唐史，先后发表的一系列论文绝大多数汇入到了《唐代行军制度研究》《敦煌吐鲁番所出唐代军事文书初探》《唐代瀚海军文书研究》《河北新发现石刻与隋唐史研究》等书，全都属于隋唐史和敦煌吐鲁番文书研究的范畴。由此不难发现，这一时期自己的研究范围和论题基本上属于硕士学位论文的扩展和深入，其局限性不言而喻。2000年前后，笔者也时常在思考下一步的研究方向，如何跳出已有的局限？如何拓展新的学术空间？开辟新的研究领域也由此成为自己科研潜意识的一部分。不难想见，是国家图书馆翻阅《俄藏黑水城文献》的偶然兴趣与多年对学术新路的追求将自己引向了黑水城文献研究之路。

仅有兴趣和追求未必一定成就梦想，成就梦想需要创造条件。自己在黑水城文献研究领域一路前行的一个主要条件，是争取到了国家社科基金的及时支持。我们知道，国家社科基金制度是我国改革开放以来社会科学研究领域一项重要的制度创新，对推动新时期社科研究事业的发展与文化学术的繁荣发挥了巨大作用，受到社科研究领域广大科研工作者的欢迎。当然，同任何一项制度都不可能尽善尽美一样，社科基金制度在具体实施过程中也不可能毫无瑕疵，近年来不断有人提出批评建议也属正常。不过，这一制度的基本面和对我国社科研究发展的正面作用则无可置疑。国家社科基金制度对我个人从事科研和黑水城文献研究的影响主要有如下三点。

第一，提供了自己平等参与学术竞争的机遇与平台。笔者1987年由武汉大学调入河北省社会科学院，从此由高校系统转入社科院系统。就我个人感觉而言，当时社科院系统与高校系统在科研环境和科研条件方面虽然存在一些差别，但不是很大。以后随着高校系统学科建设的深入和大型工程式活动的开展，社科院系统与高校系统的差距逐渐拉大，尤其是20世纪90年代中期之后更甚，社科院系统的边缘化趋势越来越明显。造成社科院系统边缘化的因素固然很多，但基本原因有两点，一是社科院系统缺乏学科建设的主导权（主要指学位授予权和博士点专业硕士点专业设置权）。社科院系统只有中国社科院和部分地方社科院如上海社科院、四川社科院、黑龙江社科院、湖北社科院等在20世纪80年代初获得过博士或硕士学位授予权，此后便无增加。大多数地方社科院没有学位授予权，自然就谈不上博士硕士学位点，也等于失去了学科建设的主导权。这无疑是社科院系统缺乏学科建设资源和在全国学术研究布局中失衡的主要原因。二是项目课题渠道和来源少。我国高校系统上至教育部，下到省教育厅及各个高校，均设有种类不同的项目课题（如教育部即有多个课题种类，像人文社会科学课题、重大招标课题、全国高校古籍整理课题等。各省厅也多比照设有相应的项目课题等），形成了部、厅、校三级项目课题网，非常便于并基本满足了高校系统教师选择与申报科研项目的需要。社科院系统则不然。中国社科院、省级社科院和城市社科院之间不存在行政隶属关系及业务指导关系，而且各地社科院都是本地区内唯一的相应级别的研究机构，因此社科院系统内各院之间没有纵向隶属，只有横向联系；没有纵向项目，只有横向课题。各院项目课题都是本单位的内部项目课题，社科院系统不可能形成如同高校系统那样的跨地区、跨单位、上下贯通的项目课题发布和申报网络，所以社科院系统的科研人员在项目课题来源上较之于高校系统的教师少之又少。社科院系统与高校系统在项目课题种类数量和来源渠道上的严重失衡，必然导致社科院系统科研人员与高校系统教师在申请项目课题上难易多少的巨大反差，也造成了对国家社科基金项目课题感知和象征意义的差异。如果说国家社科基金项目对于高校系统参与全国学术竞争是多种来源或多种选择之一的话（高校系统至少有教育部系统和国家社科基金系统两个项目申报系统），那么对于社科院系统来说则是唯一的来源和唯一的选择。正是从这个意义上来说，国家社科基金制度为包括笔者在内的社科院系统的科研人员提供了参与全国学术竞争的机遇和平台，而且从某种意义上说几乎是唯一的机遇和平台。

第二，给予了自己在地方社科院从事非本地研究的必要的物质支持和宝贵的精神鼓励。笔者从攻读研究生时期即开始从事敦煌吐鲁番文书的研究，这既是自己的起家专业，也是自己的兴趣所在，还揭示着自己对学术发展前沿和趋势的预期。1987年调入河北社科院之后，自己之所以能够在服务地方的压倒性导向的氛围之下继续进行非本地内容的敦煌吐鲁番文书和黑水城文献的学术研究，并先后出版《唐代行军制度研究》《敦煌吐鲁番所出唐代军事文书初探》《唐代瀚海军文书研究》《俄藏黑水城所出〈宋西北边境军政文书〉整理与研究》《俄藏黑水城汉文非佛教文献整理与研究》《考古发现西夏汉文非佛教文献整理与研究》和《英藏及俄藏黑水城汉文文献整理》等书，说到底就是因为获得了国家社会科学基金的支持。敦煌吐鲁番学和黑水城文献研究在河北既没有历史基础，也不是河北特色，更谈不上学科优势，还没有历史渊源，按常理说不存在获得发展的理由和前提。我自忖在敦煌吐鲁番学领域的成绩无足轻重，充其量不过是在敦煌学吐鲁番所出军事文书方面做过一些研究而已，但自己能够在与敦煌吐鲁番素无关系、与敦煌吐鲁番学素无渊源的河北坚持有年，独树一帜，将敦煌吐鲁番学黑水城文献研究扩展到相关学术资源并不十分丰富的河北地区，在强手如林的敦煌吐鲁番学界、黑水城文献研究领域占有一席之地，为学界同仁所关注和赞许，其主要是因为获得了国家社科基金支持的结果。假如没有先后申请的与敦煌吐鲁番学有关的三项国家社科基金项目、与黑水城文献研究有关的三项国家社科基金项目的支持，很难想象会有以上七书的出版。实际上，相比于国家社科基金项目的物质支持，它给以笔者的精神鼓励也许更为重要。在20世纪80年代后期特别是90年代，人文学科在地方社科院系统处于一种非常艰难的生存状态，它比其他学科更容易成为社科院系统在边缘化背景下"转嫁危机"的替罪羊，堂堂大省的年度社科规划课题指南有时居然连一项人文学科方面的选题也没有，类似敦煌吐鲁番学、黑水城文献研究等非本地的学术性选题申请地方立项的难度可想而知。因此在急功近利之风愈演愈烈、非本地的纯粹学术性课题在毫无希望立项可能的背景之下，能够获得国家社科基金的立项，它无疑标志着评审专家对申请者自身实力的认可，意味着选题得到同行专家的肯定，象征着学术知音的觅得，反映了外界对自己研究方向选择的鼓励和赞成（诚然，立项课题未必全优，但毕竟成功的希望较大）。因此，每当自己得知申报的课题获得立项之际，都有一种类似困境中遇到救星、险境中遇到重生的柳暗花明之感。只有在这时，平时常常不被理解、甚至遭到误解、嘲讽的窘境才得以稍微舒缓，长期冷板凳伴随的郁闷才得到少许宽慰，自己选择的学术道路是否可行的怀疑才进一步化为瞄准学术前沿的坚定学术信念。如果说一项或几项国家社科基金项目对于强势单位强势学科的生死存亡无足轻重，而对于弱势单位弱势学科的生死存亡举足轻重的话，那么国家社科基金项目对于我一个当时处于边缘化趋势的地方社科院系统科研人员而言则无疑具有关乎学术生存的决定性意义。可以这样设想，没有国家社科基金的支持，就不会有以上七书的顺利出版，也不会有河北学术界在敦煌吐鲁番学、黑水城文献研究领域的一席之地，或许自己还在困境中苦苦挣扎。

第三，推动了自己学术研究重点从敦煌吐鲁番文书向黑水城文献研究的适时转移。20多年来，笔者先后申报成功多项国家社科基金项目。其中三项属于敦煌吐鲁番文书的研究范畴，三项属于黑水城文献的研究范畴，两项属于古籍公文纸背文献整理的研究范畴。选择黑水城文献研究方向，是自己在进入21世纪之后综合学术发展前沿动态和自己学术理解、学术专长而对个人学术道路做出的设计与调适。就目前而言，自我感觉这一研究重点的转移还算顺利。这一转移顺利的原因，我想从国家社科基金制度层面而言主要有两点，一是国家社科基金制度在项目经费使用上的灵活做法，即项目的资助经费结余既可用于项目研究成果的出版补助，又可以由项目负责人继续用于开展其他社会科学研究工作。笔者的第一项黑水城文献研究的国家课题是在2006年才申请到的（这一项目的成果是《俄藏黑水城所出〈宋西北边境军政文书〉整理与研究》，2009年3月由中华书局出版），但实际上笔者从事黑水城文献的研究早在2002年即已开始。2006年以前研究所需要的经费实际上就是利用了以前敦煌吐鲁番文书研究方面的国家社科基金项目的结余经费。二是国家社科基金制度赋予了申请者在一定程度上自由选择和自主设计学术方向的空间。国家社科基金制度与有些地方社科规划项目课题在实施方面有一个很大的不同，就是在课题指南的制定中给予了申请者设计课题和确定研究方向方面更大的设计空间和选择空间，方向性课题大大多于指定性课题，多数情况下还有自选课题，申请者可以在自选课题和方向性课题的范围内根据自己的专长、兴趣设计具体的题目，因而赋予了申请者更多的选择自由，体现了可贵的宽容精神和对研究主体自主选择的尊重。而在具体实施中，笔者感到申请者实际拥有的选择空间更大，自己先后申报成功的多项课题有六项既不在当年课题指南指定课题的范围之内，也不在方向课题的范围之内，均为自选课题，但为国家社科基金制度所容纳，为历史学科评审组专家所认可。正是因为有了这种可贵的宽容，这才促使自己依据学术发展前沿动态，适时调整研究重点，将自己的着眼点和兴奋点由敦煌吐鲁番学领域转向黑水城文献研究领域，实现了研究重点的转移。可以这样说，没有国家社科基金制度在项目经费使用上的灵活做法和赋予研究者的较大自由空间，就没有自己学术研究重点的顺利转移。

总之，没有国家社科基金的支持，不可能有我身处地方社科院系统难以获得的参与全国学术竞争的难得机遇和有利平台，也不可能有自己敦煌吐鲁番学研究的成绩，更不可能有自己从敦煌学研究向黑水城文献研究的顺利转移；没有国家社科基金的支持，自己很可能走的是另外一条学术道路，这条学术道路未必一定走不通，但肯定会更加艰辛。

## 二

十多年来，笔者在黑水城汉文文献研究方面主要做了以下五个方面的工作：一是申报并完成了三项国家社会科学基金项目，分别是2006年申报的一般项目《俄藏黑水城宋代军政文书研究》、2009年申报的重点项目《俄藏黑水城汉文非佛经文献整理与研究》和2011年申报的重大招标项目《黑水城汉文文献整理与研究》；二是完成了一批与课题相关的整理研究论著，其中几本著作分别是《俄藏黑水城所出〈宋西北边境军政文书〉整理与研究》《俄藏黑水城汉文非佛教文献整理与研究》《英藏及俄藏黑水城汉文文献整理》《中国藏黑水城汉文文献的整理与研究》《俄藏黑水城汉文佛教文献（佛经除外）整理》；三是先后指导多批研究生选择黑水城汉文文献作为学位论文的研究方向，培养了一批黑水城汉文文献方面的研究人才；四是本着"小型、专业、高效"的原则，由河北社科院或与河北师大联合举办了几次黑水城汉文文献方面的学术研讨会，主要有2007年4月举办的"黑水城汉文文献与唐宋金元史学术讨论会"，2008年4月举办的"纪念黑水城文献发现一百周年学术研讨会"，2009年7月举办的"黑水城文献研究回顾与展望学术研讨会"，2010年9月举办的"黑水城文献整理与研究学术研讨会"等；五是推动几家重要报刊组织了几组有关黑水城文献研究的笔谈文章，分别是《河北学刊》2007年4期以"异军突起的黑水城文献学与宋夏金元史研究"为题发表的四篇文章，《光明日报》2008年3月30日史学版以"神秘的黑水城撩开神秘的历史面纱"为题发表的一整版三篇文章，《中国史研究》2008年4期以"纪念黑水城文献发现100周年笔谈"为题发表的四篇文章，《民族研究》2010年3期以"黑水城文献与辽宋夏金元时期少数民族研究笔谈"为题发表的四篇文章，《江汉论坛》2010年10期以"黑水城文献与西夏史研究笔谈"为题发表的四篇文章。几组笔谈文章扩大了黑水城汉文文献研究在学术界的影响。

在以上学术活动中，自己也陆续写了二三十篇有关黑水城汉文文献整理研究方面的论文，绝大部分收入了本书。这些论文多由笔者独力撰写，也有若干篇是与学生的合作。合作的成果基本有两种情况：一种是笔者口述主题、思路、观点和主要材料，由学生执笔拿出初稿，笔者最后修改润色成稿；另一种是学生主动写出初稿，笔者负责修改初稿、增补内容、形成定稿。凡是合作成果，笔者在文尾均有说明。而且笔者曾与学生约定，凡是合作成果，我们以后均可收入各自的论文集。在多年的学术活动中，笔者也遇到过这种情况，有些学生的论文在发表时被刊物编辑部要求缀上导师之名，自己虽不满，但为了学生不致错失机会也无奈同意。凡属这种情况的"合作"署名之文，本书均不再收入。

在本书出版之际，笔者再次向史金波先生、白滨先生和聂鸿音先生致以真诚的感谢，感谢他们在自己踏入黑水城汉文文献整理研究起步阶段艰难时刻给予的珍贵支持，他们的热情和鼓励是自己一路前行的动力。最后，也一并向参与本书大量编校工作的宋坤、李俊斌和张红天等同志致以真诚的谢意。

（孙继民：《黑水城出土文书研究》，甘肃文化出版社，2021年10月第1版）

# 《南宋舒州公牍佚简整理与研究·前言》

公文纸印本属于古籍刻印本的一种特殊形态，专指宋元明时期利用官府废弃公文档册账簿和私人书启等写本旧纸纸背刷印的古籍。这种以旧纸、废弃公文档册账簿或私人书启纸背印书的风气始于北宋，盛于南宋，继续于元代，至明代渐少。由于公文纸印本具有正面为古籍刻本内容，背面为原始文献（废弃的公文档册账簿、私人书启等多为写本）内容的双料价值（亦有称公文档册账簿一面为正面，刷印古籍的一面为背面的），因此，相对于一般古籍而言倍加珍贵。宋代公文纸印本现存不过10余种，尤其珍稀，宋刊龙舒本《王文公文集》即为其中之

《南宋舒州公牍佚简整理与研究》书影

一。王安石的文集，宋时刊刻而流传至今的有两种版本，分别是刻于杭州的《临川集》和刻于龙舒的《王文公文集》。龙舒本《王文公文集》共100卷，现存残本两部：一部现藏日本东京宫内省的图书寮，存卷一至卷七〇，共70卷，"为空白新纸所印"[①]；另一部原藏清代内阁大库，"光绪年间流出，入私家之手"（出自《宋人佚简》第五卷《编后记》），今藏上海博物馆，纸背为宋人书简及公牍，属公文纸印本，共存74卷900余纸，"计总目卷一至二、正文卷一至三、卷八至十六、卷二十一至三十六、卷四十八至六十、卷七十至一百"。[②]在中国的这部公文纸印本，正面为王安石文集，背面除150余纸空白页外，其余皆为南宋时期舒州废旧的公文档册和舒州知府向沟等官员文人的书启，计有780余纸（经核对，第一卷150张图版，第二卷180张图版，第三卷165张图版，第四卷174张图版，第五卷117张图版，总共786张图版），人称"两者均系稀世之品，可誉为'国宝'"。1990年上海古籍出版社以《宋人佚简》为名将上述舒州公文档册和向沟等人书启影印出版，分装为五卷，成为宋刊公文纸印本中唯一整理出版的大宗宋代原始文献，其"内容之丰富和可贵，无异打开了一座宋代文化遗藏的宝库"（以上引文均据《宋人佚简》第五卷《编后记》）。

---

[①]上海市文物管理委员会、上海博物馆编：《宋人佚简》卷五《编后记》，上海古籍出版社，1990年。

[②]引文据《宋人佚简》卷五《编后记》。按《编后记》称卷数是"七十二卷"，但据其所列各卷数量应是74卷而非72卷，所称"七十二卷"可能是不包括"总目卷一至二"。

按照内容不同，这批文献被编者分为两个部分：前四卷为"佚简"，第五卷为"公牍"。佚简部分为宋人之间书信往来，涉及60余人，计310余通。诸人中见于《宋史》者有洪适、黄祖舜、叶义问、张运等，见于其他记载者20余人。其中有名宦、将士、文人、学者等，内容涉及友谊存问、官场交际等，间及公务处理（出自《宋人佚简·序》）。公牍部分为绍兴末至隆兴初舒州官府公文，共50余件（其中五件残页），117纸，涉及州院、签厅、判厅、司理院、使院、作院、兵马司、甲仗库、秤斗务、在城税务、在城酒务、天庆观、兴化禅院等官衙官务和寺观，这些官府公文就是本书整理和研究的对象。其中，与酒务相关的占一半之多，计有舒州在城酒税务、衙西酒店、许公镇酒库须知册申状各一件，舒州在城酒务造酒则例、衙西店卖酒收趁则例、公使酒库一岁约计收支钱物账各一件，在城酒务日状自绍兴三十二年（1162年）十二月十五日至隆兴元年（1163年）正月初七日20余件。

本书包括对《宋人佚简》公牍部分的整理和研究两大部分。整理部分是对《宋人佚简》第五卷公牍进行文书学的整理，包括录文整理和错简复原。录文整理主要是针对《宋人佚简》原编者的整理过简而进行。我们已经知道，《宋人佚简》是按原始文献原大彩色影印套色出版，因此没有对宋代文献的内容进行全面整理，只有编者将原来次序散乱的书叶按照内容进行缀合，形成了若干件书简和公牍文书，并给以简单的定名。这些文书定名即编排于各卷之首的目录，读者可以通过目录及其定名了解文书的内容和前后排序。如上所述，《宋人佚简》出版之后，除了《宋人佚简》编者的简单编目定名以及"佚简"部分近年被《全宋文》收录大部并进行标点外，"公牍"部分的内容迄今无人进行专门的录文、标点、分段、校订等全面性整理，只有个别研究性专文和若干篇论文使用过其中的部分资料。因此，本书的录文整理拟对公牍部分进行全面性的整理，包括每件文书定名（原编者的文书定名不少存在定名错误或要素过于简单）、题解、录文、标点、分段、校订和必要的注释，以达到为读者提供全面、准确、直观、便于使用文献内容的目的。

错简的复原主要将《宋人佚简》原编者编排错乱的内容进行复原，恢复宋代文献的本来面目。我们知道，宋人印书利用废旧账册和档案时关注的主要是所印书籍，因此并不介意账册、档案原纸的前后次序和纸张的完整程度，账册、档案原编次的混乱乃势所必然，书籍的装订与裁割侵削账册、档案的文字内容更是在所难免，这就为今人恢复账册、档案原纸的次序和完整造成了相当的困难。对古籍书背原账册、档案的重新编次是古籍整理中一项艰难而又颇见功力的工作，《宋人佚简》的整理同样如此。据《宋人佚简》后附《编后记》介绍，《宋人佚简》各简篇次和编目，是由上海博物馆的夏玉琛先生承担的，其能够成书，与夏玉琛先生的艰辛努力、精心连缀、复位排序密不可分。但是，由于专业的限制，夏先生对佚简文献内容的理解和前后编序难免有误。错简复原部分就是将原编者编序错误的部分纠正过来。我们所进行的复原虽然是对夏先生整理的修正，但实际上是在他的基础上进行的。我们真诚感谢夏先生的筚路蓝缕之功。

此次整理的是新刊宋代原始文献，与一般的古籍整理方法不完全相同。同时，此次文书整理属于在已有学术成果的基础上进行再研究，因此，在遵照古籍一般整理的一般规定以外，有一些特殊要求：首先，对于《宋人佚简·公牍》文书的整理，注意收集国内外学术界已有的研究成果，在最新研究成果的基础上进行再整理，争取使这次整理有更大的学术创新。其次，在古籍整理总的原则下，还要遵循敦煌、吐鲁番文书整理的一般原则，对文书进行重新录文和定名。定名时充分考虑文书的写作年代和反映的历史事实。再次，对于文书的整理，按照尽可能保持原貌的原则严格进行，对文书自身存在的问题和错误，尽可能在校记中给以详尽的说明。最后，出版时拟尽量做到图文并茂，便于研究者参照图版进行研究。

研究部分主要是汇集近年来笔者及指导的研究生对《宋人佚简》第五卷的研究成果，同时也收附了两篇虽非以第五册公牍为研究对象但同属《宋人佚简》文献的论文。这些论文由于形成时间不同，有些行文用语并不一致，有些内容也不免重复，在收入本书时，我们除做了一些必要的修改之外，尽量保持原文的面貌，以真实反映作者对文书的认识和研究历程。

总之，对《宋人佚简》"公牍"部分进行全面整理，目的是形成一个内容齐全、保持原貌、图文并茂、质量上乘的校注本，为学术界研究宋代相关领域的历史文化提供可信而丰富的新材料；汇集我们几年来的研究成果，主要是向学术界汇报我们尝试对这些宋代原始文献进行研究的点滴收获，同时希望引起同仁对这批宋代文献的关注，进一步发掘这批宋代文献的价值和内涵，以期推动文献所涉舒州官衙官员设置、机构运行机制、酒务酒榷制度、酒务管理制度、酒务账册管理程序、宋代文书制度等方面的研究，推动宋代相关制度、相关问题研究的深入。

（孙继民、魏琳等：《南宋舒州公牍佚简整理与研究》，上海古籍出版社，2011年12月第1版。"前言"收入本书有压缩）

# 《新发现古籍纸背明代黄册文献复原与研究·前言》

本书是2015年度国家社科基金重大招标项目《上海图书馆藏明代古籍公文纸背文献整理与研究》的研究性成果之一。

《上海图书馆藏明代古籍公文纸背文献整理与研究》的

整理研究对象是上海图书馆所藏《论衡》（宋乾道三年绍兴府刻元印公文纸本）、《后汉书》（宋绍兴江南东路转运司刻宋元递修明初公文纸印本）、《魏书》（宋刻宋元递修明初公文纸印本）、《罗昭谏诗集》（明公文纸抄本）、《选诗》（明嘉靖二十八年汤易刻明公文纸印本）、《酉阳杂俎》（明刻公文纸印本）、《陶朱新录》（明嘉

《新发现古籍纸背明代黄册文献复原与研究》书影

靖公文纸印本)、《毅庵奏议》(明万历孙成名刻公文纸蓝印本)、《汉隶分韵》(明正德十一年刻公文纸印本)、《劝忍百箴考注》(明正统十四年周惝如刻公文纸印本)、《武安王灵签》(明刻万历公文纸印本)、《胡廉一抚孤井柳录》(明胡山刻公文纸印本)、《艺文类聚》(明嘉靖二十八年平阳府刻公文纸印本)、《张司业诗集》(清初公文纸影宋抄本)、《增修复古编》、(明公文纸影明初抄本)《徐仆射集》(明张溥刻汉魏六朝百三名家集明公文纸印本)、《崔豹古今注》(明嘉靖十二年陈钺刻公文纸印本)、《乐府诗集》(明末毛氏汲古阁刻公文纸印本)、《赵元哲诗集》(明万历十年朱应毂刻公文纸印本)、《负暄野录》(明隆庆元年叶恭焕用嘉靖十八年公文纸抄本)、《历代史纂左编》(明嘉靖四十年新安胡宗宪刻公文纸印本)和《梁昭明太子集》(明张溥刻公文纸印本)22种公文纸本古籍的纸背文献。这22种公文纸本古籍除《论衡》纸背文献属元代文书之外,其余全部为明代文书。

这些明代文书按照内容大致可以分为三类:第一类是行政类文书,包括各种公文,例如《罗昭谏诗集》纸背明天顺三年(1459年)为覆勘钱泚之妻守节事浙江金华县委官知县萧子楫呈文及邻居保结状等,《毅庵奏议》纸背明万历四年(1576年)山东文武官员考语册;第二类是军事类文书,包括清勾军士文册、水军饷银文册等,例如《劝忍百箴考注》纸背嘉靖三十年(1551年)浙江杭州府仁和县勾军回答文册,《武安王灵签》纸背明万历十九年(1591年)浙江台金严区水军饷银文册;第三类是经济类文书,包括黄册类文书和藩王宗禄册等,例如《艺文类聚》纸背为万历时期交城王府、阳曲王府、西河王府和怀仁王府宗禄文书，《乐府诗集》纸背则为多种明代赋役黄册。

因《上海图书馆藏明代古籍公文纸背文献整理与研究》属于新出文献的整理研究性课题，因此，本课题的最终成果也相应地分成了整理性成果和研究性成果两类。整理性成果主要是刊发上述22种纸背文书的全部彩色扫描图版和录文，录文整理同时加定名、题解、标点和校注等。该部分成果已经进入出版阶段，目前正在加紧进行，预计不久就会面世。研究性成果主要是对纸背文书进行历史学研究，这项工作几乎与开始着手整理同步进行，内容包括《武安王灵签》纸背明万历年间浙江台金严区水军饷银文册研究、《劝忍百箴考注》纸背嘉靖时期浙江杭州府仁和县勾军回答文册研究、《论衡》纸背元延祐年间卷宗事目研究、《后汉书》纸背和《魏书》纸背明洪武三年（1370年）处州府小黄册研究、《乐府诗集》纸背多种明代赋役黄册研究、《毅庵奏议》纸背明万历时期山东文武官员考语册研究、《艺文类聚》纸背万历时期交城王府、阳曲王府、西河王府和怀仁王府宗禄文书研究等，其中有些成果已经形成论文并发表。本书就是对这些研究成果中有关洪武三年（1370年）小黄册和明代其他各个时期赋役黄册研究的专题讨论和集中展示。

上图有关明代黄册的纸背文书主要集中于9种公文纸本古籍，其中《后汉书》《魏书》纸背为明洪武三年（1370年）处州府小黄册；《乐府诗集》纸背文献包含20余种不同时期、不同地域攒造的明代赋役黄册；《梁昭明太子集》纸背文献包含3种不同时期、不同地域攒造明代赋役黄册；《张司业诗集》纸背为明永乐二十年（1422年）某里赋役黄册；《增修复古编》纸背文献为明天顺六年（1462年）某县壹都壹图赋役黄册；《徐仆射集》纸背包含8种不同时期、不同地域攒造明代赋役黄册；《崔豹古今注》纸背为明嘉靖十一年（1532年）浙江衢州府龙游县赋役黄册；《赵元哲诗集》纸背为明万历十年（1582年）山东兖州府东平州东阿县赋役黄册。由此可见，上述黄册文书主要分为两类，洪武三年（1370年）小黄册和明代各个时期的赋役黄册。

　　笔者及课题组成员在上海图书馆藏9种公文纸本古籍纸背新发现了明洪武三年（1370年）处州府1府4个以上县15个左右都的小黄册原件及明代不同时期、不同地域的赋役黄册35种以上。另外，在整理相关纸背文献过程中，还发现中国科学院国家科学图书馆藏《沈侍中集》纸背永乐二十年（1422年）上海县长人乡赋役黄册1种、哈佛大学燕京图书馆藏《重刊并音连声韵学集成》《直音篇》纸背明代嘉靖、隆庆年间扬州府赋役黄册1种，嘉德拍卖会曾拍卖《汉隶字源》纸背正德、嘉靖时期庐州府六安州永和乡赋役黄册1种，总计新发现明代黄册文献40余种，其中主要以上图藏公文纸本古籍纸背黄册为主。

　　上图藏古籍纸背包括小黄册和赋役黄册在内的明代黄册文献具有重要的史料价值和学术价值，撮其要则不外乎两点：一、明洪武三年（1370年）小黄册构成了上图藏古籍纸背黄册文献的最大特色，也是上图黄册文献的最大价值所在；二、赋役黄册进呈本构成了上图藏古籍纸背黄册文献的第二大特色，也是上图藏古籍纸背黄册文献中仅次于小黄册的第二个亮点所在。

有关明初小黄册的记载，传世史籍中仅见于《永乐大典》卷二二七七引《吴兴续志·役法》中唯一一段"湖州府小黄册图之法"的记载，于20世纪60年代初由日本学者小山正明首先发现公布，之后引起中日学界的极高关注。但《吴兴续志·役法》发现的还只是与小黄册有关的史料，并不是小黄册本身。小黄册原本资料的发现者是日本学者竺沙雅章，他于1973年发表《汉籍纸背文书の研究》一文公布了静嘉堂文库藏《汉书》纸背所见的8叶小黄册文书。[1]但由于研究领域的不同，竺沙先生的发现并未引起明史学界的关注。此后，有关小黄册原本的信息再次趋于沉寂。笔者及课题组成员近年在上海图书馆发现的古籍纸背小黄册数量惊人，位于《后汉书》纸背的明洪武三年（1370年）处州府小黄册多达365叶，位于《魏书》纸背的明洪武三年（1370年）处州府小黄册有247叶，如果再加上我们在四川图书馆发现的另一册《魏书》纸背22叶，则小黄册原本总叶数可达634叶，超过《汉籍纸背文书の研究》一文公布数量的几十倍，堪称一宗数量可观的小黄册新文献再发现。由此也足见小黄册堪称上图藏古籍纸背黄册文献的最大特色。

本书第二章用相当大的篇幅介绍了小黄册的基本情况，第三章则用整章的篇幅对有关小黄册的若干问题进行了专题研究，例如小黄册的归属地考证、浙江处州府遂昌县建德乡

---

[1][日] 竺沙雅章：《汉籍纸背文书の研究》，《东京大学文学部研究纪要：第十四》，1973年，第37—52页。

十五都完整一里小黄册的缀合复原、处州府"小黄册"书式复原与考释、小黄册所见明初里甲编排原则考略、明初小黄册中带管户和畸零户探析、明初小黄册中寄庄户分析等。其中最主要的一个亮点即是公布了一批复原的小黄册原本。所以，无论是小黄册数量还是小黄册复原的完整度以及小黄册所占篇幅比重，其均足以称是本书的最大特色。

如何衡量、判定小黄册在黄册文献中所具有的数据价值和文献意义，我们认为应主要把握三个基本要素：一是数量关系要素，二是结构关系要素，三是供求关系要素。所谓数量关系实质就是某类文献的总量，所谓结构关系是某处文献占同类文献总量的比例，所谓供求关系是某类文献相对具体王朝传世文献的稀缺程度以及研究主体对该类文献的需求程度。数量关系体现的是文献的绝对供应量，结构关系体现的是文献的相对供应量，供求关系体现的是文献的有效供应量，这三个量分别代表了文献的绝对值、相对值和有效值。上图藏古籍纸背小黄册在黄册文献中所具有的数据价值和文献意义，主要是相对于赋役黄册而言，相对于他处小黄册而言，相对于明史学界对黄册类文献的需求程度而言。就文献的数量关系而言，上图藏古籍纸背小黄册的目前已知数量不如学术界现在已知的赋役黄册数量大，也不如上图藏古籍纸背的赋役黄册数量大，文献的绝对值不如赋役黄册大。但就文献的结构关系而言，上图藏古籍纸背小黄册的拥有数量远远大于四川图书馆和日本静嘉堂文库的数量，上图古籍纸背小黄册文献的相对供应量最大，文献的相对值最高。就文献的供求关系而言，小黄册相关记载只见于传世史籍《永乐大典》一处，小黄册原本文献不见于任何传世典籍，因此，上图藏古籍纸背小黄册与四川图书馆和静嘉堂文库藏古籍纸背小黄册属于完整意义上的史料新发现，也属于明史研究领域极度稀缺的新史料，对于明代赋役黄册制度研究领域有着极高的需求度。总之，小黄册尽管绝对值不高，但相对值最高，有效值最大，这就是我们称之为古籍纸背黄册文献最大价值所在的基本原因。

我们称赋役黄册进呈本构成上图藏古籍纸背黄册文献的第二大特色是相比较于小黄册而言，如果仅仅就赋役黄册而言，它在全国范围内则又是独一无二的。

对明代赋役黄册研究卓有成就的栾成显先生曾在《明代黄册研究》一书中指出，此前已知的黄册遗存文书只有12种：一、明永乐至宣德徽州府祁门县李务本户黄册抄底；二、永乐徽州府歙县胡成祖等户黄册抄底；三、成化嘉兴府嘉兴县清册供单残件；四、嘉靖四十一年严州府遂安县十八都下一图六甲黄册原本；五、万历徽州府休宁县二十七都五图黄册底籍；六、万历二十年严州府遂安县十都上一图五甲黄册残件；七、天启二年徽州府休宁县二十四都一图五甲黄册草册；八、崇祯五年徽州府休宁县十八都九图黄册残篇；九、崇祯十五年徽州府休宁县二十五都三图二甲黄册底籍；十、天启元年徽州府休宁县二十四都一图六甲许威美供单；十一、崇祯十四年祁门县洪公寿户清册供单；十二、黄册归户底籍：万历徽州府祁门县吴自祥户黄册归户册底；嘉靖徽

州府歙县程立信黄册析户册底。①对于上述栾先生所列 12 种
黄册遗存文书的性质，学界有着不同看法。日本学者岩井茂
树先生《〈嘉靖四十一年浙江严州府遂安县十八都下一图赋
役黄册残本〉考》②一文对以上前 11 种黄册遗存文书进行了
考订，并细分为供单类文书、抄底底籍类文书和黄册原本类
文书三种。他认为供单类文书包括上列的第三、十、十一这
三种，属于编造黄册过程中各户申报的文书；抄底、底籍类
文书包括上列的第一、二、五、九、十二这五种，其中"抄
底"属于依据黄册而誊写部分内容的簿册，"底籍"是明代
里甲保存的作为赋役征调依据的黄册底册，"归户底籍"是
依据官府正式黄册所载而编立的私家册籍，这五种文书并非
官府的正规册籍，与黄册原本格式有所不同；黄册原本类文
书只包括上列的第四、六、七、八这四种。按照栾成显先生
比较宽泛的标准，现今存世的黄册原本不过 12 种，按照岩井
茂树先生比较严格的划分和标准，栾先生所列 12 种黄册类文
献中只有第四、六、七、八这四种才属于黄册原本。无论是
栾先生的宽泛标准还是岩井先生的严格标准，已知传世的黄
册原本都非常之少。

　　我们知道，明代赋役黄册以里为单位攒造，汇总成册后
一式四份上解县、府、省（布政司）和朝廷户部各一份。上
述栾先生和岩井先生均认可的四种黄册原本属于县、府、省

----

　　①栾成显：《明代黄册研究》，中国社会科学出版社，1988 年，第 40—97
页。

　　②［日］岩井茂树：《〈嘉靖四十一年浙江严州府遂安县十八都下一图赋役
黄册残本〉考》，《中国明清地方档案研究》2000 年，第 37—56 页。

（布政司）和户部哪一级官衙收贮的黄册呢？岩井茂树认为第六种（即万历二十年严州府遂安县十都上一图五甲黄册残件）不属于州县之类官府保存的正式文本，而是里甲之下保存的底册；第七种（即天启二年徽州府休宁县二十四都一图五甲黄册草册）属于为编造正式黄册而作的草稿（草册）；第八种（即崇祯五年徽州府休宁县十八都九图黄册残篇）也不是休宁县的正式簿册，而是后来据"原本"誊写或改造的有关黄册的文书；第四种（嘉靖四十一年严州府遂安县十八都下一图六甲黄册原本）属于嘉靖四十一年（1562年）大造过程中造册的"原本"，但与第七种休宁县"黄册草册"性质类似，也不是遂安县收贮的正册。总之，岩井茂树认为8种供单类文书、抄底底籍类文书并非黄册原本，4种黄册类原本比较接近真正的黄册正本，但又都属于"草册""底册"之类，亦即认为4种黄册原本均非县、府、省（布政司）和户部四级官衙收贮的黄册正本。所以他感叹后湖黄册正本"今天我们已不能找出一册一叶"。

　　然而我们在上图藏古籍纸背新发现的大量赋役黄册文献就大都属于各地解贮南京户部后湖黄册库的进呈本，是真正的后湖黄册正本。《乐府诗集》第十三册纸背文书有这样一叶黄册残叶（见下图）：

　　该叶黄册残叶内容分为上下两部分，下半部分内容与普通赋役黄册无异，上半部分内容有5行49字："一户郭迪，原驳少田地壹拾叁亩伍分，米陆斗伍升壹合陆勺。回称实在的该田地壹拾伍亩捌分肆厘，米柒斗叁升柒合玖勺"。文字之上钤有一方篆文朱印，印文为"管理后湖黄册关防"。该

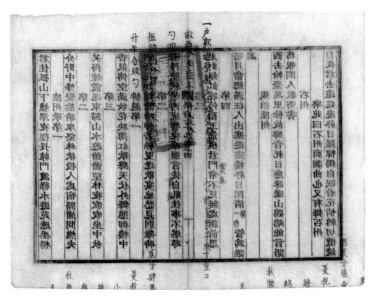

《乐府诗集》第十三册纸背文书之黄册残叶

叶上半部文字和印章实际上是后湖黄册库在驳查补造环节形成的查册记录、工作用语和印章确认，也是《乐府诗集》纸背黄册文献出自南京后湖黄册库的最确凿证据。上图藏古籍纸背赋役黄册文献主体部分是各地进呈后湖黄册库的正本可以无疑。这也是我们将赋役黄册进呈本作为上图古籍纸背黄册文献的第二大特色、仅次于小黄册的第二个亮点的基本原因。

当然，上图古籍纸背黄册文献的价值是多方面的，以上概括的两个方面只是撮要而论，其他方面还可以举出更多。例如《永乐大典》所引《吴兴续志·役法》中发现有关小黄册史料后，学术界对小黄册之法实施地区的范围曾经有过讨论，栾成显先生曾据徽州文书《嘉靖四十五年歙县吴善荃经理总簿》（藏于台湾"国立中央"图书馆）有明代黄册始于洪武四年（1371年）"黄册底籍"的记载和《大明律·户律》有关资料，推断小黄册之法洪武初期"不局限于湖州地区，至少是在浙北等江南相当一部分地区实行过"。①上图藏古籍纸背处州小黄册的发现完全证实了栾成显先生的这一推断。至于处州府小黄册的发现为研究明代里甲制度的创立、赋役黄册登载形式的来源、里甲轮役方式等问题所提供的史料价值，更无须赘言。

又如以往知道的赋役黄册总数不过10多种，以攒造时间而言只有永乐至宣德、成化、嘉靖、万历、天启、崇祯等几个时期，以地域而言则只有徽州府祁门县、歙县、休宁县及嘉兴府嘉兴县、严州府遂安县等地。而上图藏古籍纸背明代黄册文献有30余种，攒造时间包括洪武三年（1370年）、永乐二十年（1422年）、天顺六年（1462年）、成化八年（1472年）、弘治五年（1492年）、正德七年（1512年）、嘉靖三十一年（1552年）、嘉靖四十一年（1562年）、隆庆六年（1572年）、万历十年（1582年）等，正可与已知黄册构成一个完整的时间链条；涉及地域则包括处州府龙泉、青田、遂昌等县，浙江金华府永康县、嘉兴府桐乡县、衢州府龙游县、浙江台州府临海县，直隶扬州府泰州，直隶苏州府昆山县、吴县、长洲县、嘉定县，直隶松江府华亭县，直隶常州府武进县，直隶宁国府宁国县，直隶应天府上元县，山东东昌府茌平县、兖州府东平州东阿县，山西汾州、太原府代州崞县、大同府应州，福建汀州府永定县、兴化府莆田县，湖广衡州

---

①栾成显：《明代黄册研究》，中国社会科学出版社，1988年，第23页。

府衡阳县等27个州县。这既大幅增加了明代黄册文献资源的数量种类，又极大丰富了明代黄册文献资源的地区分布情况，尤其是其中山东、山西、福建、湖广等地的黄册，均为首次发现，其史料价值更为珍贵。

## 四

本书除前言和附录之外，主体章节为四章，每章又各含专题研究论文多篇：

前言旨在介绍本书的来龙去脉，要旨在凸显上图藏古籍纸背明代黄册文献的核心史料价值和主要学术意义。

第一章"公文纸本古籍纸背文献综论"为全书的背景性论述。因本书主要复原研究对象为新发现于古籍纸背的明代黄册，而古籍纸背文献又属于一个相对比较新的概念，故本书首先对"公文纸本古籍纸背文献"相关概念、存世数量、概念内涵与外延及其价值意义等问题进行了论述，以便于学者了解该批新发现明代黄册文献的相关背景。

第二章"公文纸本古籍纸背所见明代黄册文献概述"主要是对目前已知的古籍纸背明代黄册文献进行了详细梳理和概述介绍，主要介绍了新发现于各种公文纸本古籍纸背的39种明代黄册。

第三章"新发现公文纸本古籍纸背洪武三年处州府小黄册复原与研究"，是对新发现上图藏古籍纸背明洪武三年（1370年）处州府小黄册的复原与专题研究，主要包括小黄册攒造县都考证、处州府某县某都第肆里小黄册复原、小黄册书式复原、登载格式起源、明初里甲轮役编排原则及外役、畸零、寄庄等特殊民户的考证等。

第四章"新发现上海图书馆藏古籍纸背明代赋役黄册复原与研究",则是对新发现的上图藏古籍纸背各种明代赋役黄册的复原与专题研究,主要包括正德七年(1512年)扬州府泰州宁海乡赋役黄册户头散叶缀合复原,古籍纸背明代福建莆田县、永定县及山西汾、应二州赋役黄册考释,古籍纸背带墨戳赋役黄册考释及古籍纸背赋役黄册所见州县军户和田土买卖问题考证等内容。

本书的附录,主要包括三部分内容:

(一)"洪武三年处州府小黄册缀合复原"。本书在研究过程中,已经完成了对新发现上图及川图藏古籍纸背所包含的处州府4个以上县、15个以上都、34里、900余户人丁、田产信息的小黄册全部缀合复原工作。鉴于小黄册的稀缺程度及重要的学术、史料价值,本拟多公布一些数据,但限于篇幅,最后仅选取了3个里的复原小黄册收入本书,一种是收于本书第三章的"处州府某县某都第四里"小黄册复原,另外两种即收入了本附录的"青田县四都某里"和"龙泉县二都某里"小黄册复原。其他复原小黄册,待有机会,将尽快公布。

(二)"新发现古籍纸背明代赋役黄册示例"主要选录了"永乐二十年(1422)浙江金华府永康县义丰乡壹都陆里赋役黄册""成化八年(1472)山东东昌府茌平县叁乡第壹图赋役黄册""弘治五年(1492)浙江台州府临海县贰拾玖都贰图赋役黄册""正德七年(1512)直隶苏州府昆山县全吴乡第陆保第拾图赋役黄册""嘉靖四十一年(1562)山西汾

州南郭西厢关厢第拾壹图赋役黄册""万历十年（1582）山东兖州府东平州东阿县赋役黄册（稿）""某年湖广衡州府衡阳县赋役黄册"7种新发现的不同时期、不同地域的赋役黄册部分内容和图版。这些新发现黄册均位于古籍纸背，而古籍本身又大都属于善本书籍，借阅查看颇为不便，故而本书附录部分内容以提供给学界使用。但同样因限于篇幅，每种仅能选取内容相对完整的几叶散叶进行示例。

（三）"哈佛藏《韵学集成》《直音篇》纸背明代黄册缀合与研究"主要对哈佛藏《韵学集成》《直音篇》两书纸背明代扬州府赋役黄册进行了简要介绍，并复原出了15件相对完整的黄册散叶。因其不属于本书复原研究的主体——上图藏古籍纸背文献，但同属新发现古籍纸背明代黄册文献，为保证体例的统一和内容的完整，将其放入附录部分，一并公布。

最后特别说明，本篇书名使用的"黄册文献"概念包括小黄册和赋役黄册两种。我们在行文中对"小黄册"尽量使用全称，对"赋役黄册"则在使用频次较高的时候可能会以"黄册"简称。另外，本书各章所收均为专题性研究论文，这些文章当中既有已经公开发表的旧作，也有首次刊布的新论，由于形成时间不同，有些行文用语并不一致，有些内容也不免重复，在收入本书的时候，我们除做了一些必要的内容增删修饰和文字统一处理之外，还尽量保持原文的面貌，以反映笔者对文书认识和研究的历程。以上两点希望读者注意并予以理解。

（孙继民、宋坤等：《新发现古籍纸背明代黄册文献复原与研究》，中国社会科学出版社，2021年3月第1版。"前言"收入本书有压缩）

# 曲折的人生道路与高矗的学术丰碑

　　著名的历史学家、隋唐史学专家胡如雷先生是山西省定襄县人。1926年1月22日出生于故乡蒋村，8岁时入太原小学读书。1937年抗日战争爆发，太原成为日军进攻的重要目标，正在读五年级的他不得不辍学逃难，先是南下武汉，继而北上西安，过着颠沛流离的生活。1940年以后，在西安、城固相继进入三原中学、建国中学、西安师范学院附中读书。1944年入西安潞河中学读高中，1946年又考取西北大学中文系备取生，1947年又考取西北大学历史系本科生。以后随母亲迁居上海，进入私立大夏大学社会历史系学习，1949年9月考取清华大学历史系二年级插班生，1952年毕业，遂分配至河北省邢台师范学校任历史教员。1956年调入河北天津师范学院历史系。1958年学校迁至北京，改称河北北京师范学院。1969年学校迁至河北省张家口宣化区，改称河北师范学院。1981年，先生随校迁至河北省石家庄市，1985年调入河北省社会科学院历史所，1995年调回河北师范学院历史系至今。

　　胡先生出身于一个有着官僚背景的富裕家庭，但他选择的是一条以马克思主义为指导，从事社会科学研究的道路。从中学时代起，他就接触、阅读了大量进步和革命的书籍报刊，如邓初民的《新政治学大纲》、沈志远的《新经济学大纲、翦伯赞的《历史哲学教程》、苏联列昂节夫的《政治经济学教程》和毛泽东的《论联合政府》《新民主主义论》及《新华日报》等，成为一名同情革命、拥护中共，接受了马克思主义的进步青年。因此当1949年面临是迁至台湾还是留在大陆的重大抉择时，他毫不犹豫地选择了后者。

胡先生走上历史研究这条学术之路充满了曲折和艰辛。最初他憧憬成为一名作家，为此曾广泛涉猎中外文学名著，像托尔斯泰、屠格涅夫、巴尔扎克的小说他都认真阅读过，这便是他一度报考中文系的原因所在，然而最终还是选定了历史研究。如果说他追求的理想从文学转为历史还具有某种程度的戏剧性，那么跨入学术殿堂成为一名专业研究者的历程却是一波三折。在清华大学历史系学习期间，先生在王亚南、雷海宗、孙毓堂、周一良等名家学者的培养启迪之下，就具备了分析问题和解决问题的能力，以及进行学术研究的功底，是全系公认的高才生。但1952年毕业分配时，由于家庭出身的原因，他虽然学习成绩优秀却无缘留在学术研究单位，被屈分配到河北邢台师范学院任历史教员。在当时的环境和条件下，这样的分配结果往往意味着一个人学术生命的终结。但胡先生受挫折而不馁，处逆境而自励，他不甘于沉沦，也不愿自暴自弃，决心走出一条业余研究学术之路。然而面对浩如烟海的中国历史典籍，如何下手读书？绵延数千年的中国历史，如何下手研究？胡先生一度陷于茫然，不知所措，后在孙毓棠先生的指导之下，才选定隋唐史作为自己的专业研究方向，并有幸接受孙先生惠赠的有关这个断代的全部藏书。同时他自己也花去一笔积蓄，购置了许多图书资料，创造了从事研究的基本条件。

当时教学任务繁重，胡先生每周授课多达18个课时，学校实行的又是坐班制，从事研究谈何容易。大段时间难找，他就利用点滴时间研读史籍，像学生上课间操的空隙，他都不肯放过，总要读上几段《太平广记》，每天除吃饭、授课、睡眠之外的绝大多数时间都是在书桌旁度过，每个星期日及每年寒暑假，也都用来读书写作。辛勤的耕耘，终于带来了丰富的收获。在邢台的几年，胡先生阅读了大量史籍，奠定了以后从事隋唐史专业研究的深厚基础。1955年他在《历史研究》第1期上发表了《试论武周的社会基础》。同年，又在第5期上发表了《唐代均田制研究》。这两篇文章给胡先生以极大的精神鼓励，坚定了继续从事史学研究的信心，同时又使他在史学界崭露头角，引起了学术界的注意，并使境遇得到改善，很快就被调到河北天津师范学院历史系任教，成为专业研究人员，实现了梦寐以求的理想。

1955年到1965年，是胡先生跻身史坛后较为活跃和取得辉煌成就的时期。10年间，他先后发表20多篇论文，无论数量还是质量都相当可观。这些论文研究的内容大致包括两个方面：隋唐史和史学理论。在隋唐史专业方面，胡先生的研究取得了很大进展，举凡该领域的一些重大问题都有涉猎：关于土地制度问题，发表有《唐代均田制研究》《魏晋隋唐时期的封建土地所有制形式》；关于赋役制度问题，发表有《唐代租庸调制的意义和作用》《唐代两税法研究》；关于阶级关系、政治史和人物评价问题，发表有《试论武周的社会基础》《略论安史之乱的性质》《唐五代时期的骄兵和藩镇》《关于朱温的评价问题》；关于部门经济问题，发表有《唐代的飞钱》《唐代的田庄》《论唐代农产品和手工业品的比价及其变动》；关于农民起义问题，发表有《对王仙芝、黄巢"乞降"问题的两点意见》《唐末农民战争的历史作用》《庞勋领导起义的戍卒发遣年代略考》。在史学理论方面，研究的范围以中国封建社会的理论为主而兼及其他。这些论文以发表时间顺序依次有《试论秦汉以后我国封建社会经济外的强制》《试论中国封建社会的大土地所有制形式》《关于我国封建社会经济规律的几个问题》《如何正确地理解封建生产方式》《唐宋之际中国封建社会的巨大变革》《关于中国封建社会形态的一些特点》等。

上述研究中，特别值得称道的有两点，一是1956年9月13日，胡先生在《光明日报》发表的《试论中国封建社会的土地所有制形式——对侯外庐先生意见的商榷》一文。这篇文章针对"皇族土地所有制"占支配地位的成说，大胆提出了地主土地所有制在中国封建社会占支配地位的观点。文章一发表，随即在史学界引起了强烈反响，并由此全面展开了一场关于中国封建社会土地所有制问题的大讨论。这场大讨论与五六十年代史学界关于中国古代史分期、农民战争、资本主义萌芽、汉民族形成等问题的大讨论被誉为"五朵金花"，胡先生就是土地制度问题大讨论这朵"金花"的主要培育人。他的主要观点后来得到史学界的普遍认同。二是胡先生在几篇已经发表的学术理论论文的基础之上，将有关中国封建社会形态的观点加以系统概括，完成了《中国封建社会形态研究》一书初稿的写作。这部著作完成于1965年，出版于1979年，而其植根早在五十年代初。还在清华大学就读期间，胡先生就注重马克思主义理论的学习及其方法论的体会。当时王亚南教授讲授的"政治经济学"对他影响颇深。王先生不仅讲授马克思关于资本主义理论的基础原理和观点，而且非常注重分析马克思主义政治经济学体系建立的方法论，总要向学生讲清楚马克思安排《资本论》章节顺序的思路和用意。胡先生后来在确定《中国封建社会形态研究》的结构时，之所以做出封建土地所有制、地租剥削形式与农民的经济地位、自然经济与商品经济、农业经济的再生产与周期性经济危机这样的篇章顺序，就直接得益于王先生对《资本论》方法论的讲授。在校期间及毕业之后，胡先生还研读过王先生的《中国官僚政治研究》《近代中国经济原论》《中国封建地主经济论纲》等。正是受这些著作的启迪，他萌动了研究中国封建社会形态的念头。

《中国封建社会形态研究》的正式写作是从1959年开始的。在撰写过程中，胡先生一面加强理论学习，先后研读了两遍《资本论》《剩余价值论》等，另一方面广泛阅读史籍，搜集资料，仅明清地方志他就翻检200多部。在成书之前，他先行写成了前面业已述及的几篇论文，陆续发表在《历史研究》《光明日报》《史学月刊》《新建设》等报刊上，其中《中国封建社会形态的一些特点》一文获得史学界普遍好评。于是胡先生在系列论文的基础之上，加以扩展推阐，于1965年完成了全书的初稿，形成了5编21章，32万字，此书成为从宏观上研究中国封建社会形态的第一部学术专著。

凝结胡先生6年心血的皇皇巨著虽然有幸完成，却生不逢时。当书稿寄给三联书店并即将排印出版之际，"文化大革命"开始了，书稿自然也被退了回来。在那个年代是谈不上通信自由的，书稿并没有送交先生手中而被扔进了当权者的文件柜。对这一切先生全然不知。1969年他得到"解放"，屡寻书稿却一无所获，先生真恨不得痛哭一场，但已是欲哭无泪。1970年一个偶然的机会，他无意中找到了惦念多年的书稿，在庆幸书稿有惊无险、劫后复存之余，又下决心修改补充，使之完善。在修改中，坚决摒弃"评法批儒"的污染，捍卫了学术的纯洁性和科学的严密性。这样，经过3年的修改和补充，《中国封建社会形态研究》终于在1975年全部脱稿。全书撰写、修改前后总计花费了10年的心血。

1976年后，迎来了我国史学事业发展繁荣的又一个春天，《中国封建社会形态研究》在1979年由三联书店正式出版。该书以恢宏的气魄，运用马克思解剖资本主义社会的方法，以土地所有制为钥匙，从纵横两个方面对中国封建社会进行全面剖析，融合中西，贯通古今，见解精当，体系严谨。出版问世后，在国内外学术界引起强烈反响，获得极高评价，被誉为独具特色、富有开创意义的"中国封建社会政治经济学"，成为不少大学历史系中国古代史专业学生的必读书；谷风出版社并在台湾出版发行了繁体字本，称之为"别开新局之作"；日本唐代史研究会编《中国历史学界的新动向》一书在介绍中华人民共和国30多年的史学研究成果时，以超过十分之一的篇幅介绍了该书。《中国封建社会形态研究》成为胡先生史学理论的奠基之作，也是他学术成就的代表作。

1978年以后，胡先生还出版了《唐末农民战争》《李世民传》《抛引集》3本专著，发表了40多篇论文。《唐末农民战争》学习恩格斯《德国农民战争》的方法，对唐末社会各阶级、各阶层进行了精辟深入的分析，揭示了唐末农民战争的伟大历史意义。《李世民传》着重分析了李世民这样杰出人物出现的社会背景及其不同于一般帝王的独特性，史论兼备，独具特色。《抛引集》是一本论文集，收录范围基本是非隋唐五代史专业的论文，除3篇新作外，其余都是已经发表过的旧作。《抛引集》外的40多篇论文主要包括3个内容：一是隋唐五代史专业方面的论文，如《唐代牛李党争研究》《玄武门之变有关史实考辨》《唐"开元之治"时期宰相政治探微》等；二是史学理论方面的论文，如《历史与现实》《关于发展马克思主义基本理论的几个问题》《关于生产力与生产关系范畴的几个问题》《试论"民族同化"及其机制》等；三是史学方法方面的论文，如《瞻前顾后，左顾右盼》《历史研究刍议》《运用"角色"原理研究历史人物的设想》等。这些论文拓宽了隋唐五代史相关课题的领域，加深了对某些史学理论问题的认识，总结、概括、探讨了史学研究的方法论问题，10多年来，胡先生还为国家培养了10多名硕士研究生，这些研究生大多已成为历史教学、研究的中坚力量。

在40多年的学术生涯中，胡先生通过不懈和艰苦的探索，形成了自己特有的学术风格。他富于理论修养，精通马克思主义唯物史观和史学理论，善于把握历史发展的总体趋势，从理论的高度加以宏观的概括和总结，高屋建瓴，气势恢宏。胡先生擅长史学理论闻名于学术界，但他绝不是单纯的、空洞的理论家，他以马克思主义指导史学研究，但从不以经典作家的词句装饰门面，他进行宏观的史学理论研究，但从不"单纯在理论的高空盘旋"，他还精于史料的辨伪和考证，积极吸收乾嘉学派的考据成果，将自己的宏观研究建立在坚实的微观研究基础之上。在学术研究中，胡先生既坚持真理又勇于创新。10多年来，史学界各种思潮、流派空前活跃，他以敏锐的洞察力、撰写了一系列有关史学理论及方法的论文，提出了许多发人深省的观点。这些成果带有强烈的理论探索色彩，显示了胡先生学术生命的旺盛生机。

中共十一届三中全会以后，随着"拨乱反正"各项工作的进行和知识分子政策的落实，胡先生和全国知识分子一样，得到了党、国家和社会的尊重，先后被晋升为副教授、教授，担任了中国史学会理事、中国哲学社会科学规划组成员，还曾担任中国唐史学会会长、唐太宗研究会理事长、中国经济史学会理事、中国农民战争史研究会副理事长、《中国大百科全书》历史卷隋唐五代史分册的副主编，被《中国大百科全书·历史卷》收入历史学家列传。他多次受到党和政府的表彰，1991年经国务院批准成为享受政府津贴的专家。他还担任过一系列重要的社会职务，是河北省人民代表大会第六届常务委员会委员、全国政协第七届、第八届常务委员。

现在，胡先生已经年届古稀，虽体弱多病，依然笔耕不辍。数年之前，他就立志在有生之年完成《隋唐五代史论丛》和《历史认识论论纲》的著述。我们祝愿他健康长寿，再创辉煌，为隋唐史的研究与史学理论建设做出新的贡献。

（本文原系《祝贺胡如雷教授七十寿辰——古史论丛》的"前言"，曾刊于《河北师院学报（社会科学版）》1995年第4期）

# 为杜立晖《元代地方行政运作研究——以黑水城文献为中心》作序

得知立晖同志的《元代地方行政运作研究——以黑水城文献为中心》一书马上就要出版，而且是经过同行专家严格评审，被收入饮誉学界的《国家哲学社会科学成果文库》，真从内心为他高兴。

立晖从事学术研究多年，我感觉他有两个突出的优点：一是好学慎思，善于发现问题；二是眼光敏锐，勇于探索新域。在善于发现问题方面，我可以举两个实例加以说明。第一个实例是立晖开始跟我读研时，我对他的印象是为人诚实肯钻研，但属于非史学专业出身，年龄稍嫌偏大，说实话没有在学术上寄予厚望。但后来两件事很快改变了我的看法。一次立晖就《俄藏黑水城文献》第六册编号为"ИНB. No.4484"的《毛克下正军编册》文书向我请教，问我毛克文书是否涉及金代的猛安谋克制度，而我从21世纪之初开始从敦煌吐鲁番文书研究转向黑水城文献的整理研究，起步阶段关注的重点一直是其中的《宋西北边境军政文书》，其他辽夏金元文书等统统未暇顾及。立晖的提问霎时间使我意识到，除了《宋西北边境军政文书》之外，黑水城文献中的金代文书也同样重要，且更因数量稀少而弥足珍贵。这就是立晖起草、由我修改，二人合作在《历史研究》2007年第4期发表《俄藏黑水城所出金毛克文书初探》一文的缘起。这是我在黑水城文献研究领域从宋代文书扩展到西夏文书、金元文书迈出的重要一步，也是我在《历史研究》发表的第一篇论文。而我迈出的这一步，与立晖的这一提问密不可分。第二个实例与第一个实例类似且相关，这就是有关《俄藏黑水城文献》第六册编号为"ИНВ.No.5176"的《西北诸地马步军编册》文书地再整理再研究。这件文书原编者判定为"西夏写本"，后来杨浣先生撰文《黑城〈西北诸地马步军编册〉考释》发表在《中国史研究》2006年第1期，他根据文书出现的人名不少为女真人姓名，官名万户为金代官职等，认为本件文书为金代文书而非西夏写本，在文书的释读和内涵的理解方面多有发覆。但立晖在阅读杨文后告我，该件文书的理解仍有错误待纠，文书内涵仍有开掘的空间。立晖的话又促使我再次将注意力集中到《西北诸地马步军编册》上来，这次也是由立晖完成初稿而后由我修改并合作署名，最后成文《俄藏黑水城所出一件金代军事文书再探》并发表于《中国史研究》2007年第4期。这两篇论文的学术意义，其实更在于揭示了金史研究领域文书材料方面发现的突破，因为在辽宋金元史研究领域，传世材料较少的是辽金两朝，其中金代更少。金史新文献的发现，长期以来绝大多数依赖于石刻文献，因此黑水城文献中金代文书的识别与阐释，至少暗示了金代纸质文书存世的可能和现实，提醒学界注意开辟金史文献来源的新通道。

在勇于探索新域方面，我觉得立晖有两个方面的开拓值得称道，第一个方面是对黑水城文献中元代文书研究领域的拓展和深掘；第二个方面是对古籍公文纸背文献海外文献资源的开拓。

在黑水城元代文书的研究中，亲身参加发掘中国藏黑水城文献的李逸友先生当然非开拓者莫属。而在文书刊布前后，元史学界一批前辈学者如陈高华、邱树森等先生，以及继之而起的中生代学者刘晓、陈广恩等先生，都以极大的热情投入了元代文书的解读和研究，取得了筚路蓝缕的开创性成就，他们都堪称黑水城元代文书研究的开拓者。立晖则在诸位先生的基础上，重点对黑水城元代军政文书、行政运作文书进行了持续性的拓展，如在本书中其利用黑水城文书对元代地方行政机构、行政制度、行政公文等运作情况的探索，就在很多方面都有深掘和突破。

立晖这一届硕士研究生共四名，是我所带历届研究生最多的一批。他们学位论文的选题，我当时是这样安排的，一位做唐代碑刻研究，一位做吐鲁番文书研究，两位做古籍纸背文书研究。立晖就是做唐代碑刻研究的那位。一般来说，硕士论文选题的确定也是一段时间内研究方向和研究范围的选择，但立晖的读书和思考并没有囿于学位论文的限定，他还将目光投向了唐代碑刻之外，投向了金代文书的研读（以上所举两例金代文书的发现就是实证）、元代文书的研读。毕业之后立晖在家乡滨州学院工作期间，尤其是读博师从郝春文先生之后，得益于郝先生的开明，允许其继续选择黑水城文献作为博士论文选题。立晖在元代文书园地耕耘垦辟的成绩虽然有目共睹，但对我印象最深的是对元代勘合文书研究的突破。记得他向我出示《中国藏黑水城汉文文献》的《广积仓支黄米文书》等文书，认为这应是元代勘合文书的原件，勘合就是指文书中出现的半字、半印及与"元发号簿"是否相符的验证过程。当时我的眼睛为之一亮，立刻意识到这堪称元代文书识别的一大突破。因为我知道传世元明清史籍常见勘合一词，此语在黑水城所出元代文书中也不时见到，但对勘合的认识，尤其是对黑水城元代文书中勘合文书的识别，以往不少研究或似是而非，或隔靴搔痒，而在我组织的小范围讨论中，也曾涉及过勘合文书究指何物的问题，但均不得其解。所以，听了立晖有关勘合文书的见解后，我感觉很有道理，当即建议他独立撰文，很值得投稿给《历史研究》。立晖这篇文章后来就以《元代勘合文书探析——以黑水城文献为中心》为题，发表在2015年第2期的《历史研究》上，并最终收入本书。立晖在元代勘合文书研究等方面取得的突破，与他勇于探索、善于探索的精神不无关联。

　　立晖对古籍公文纸背文献海外资源的开拓，最能体现探索精神的是对美国哈佛大学燕京图书馆所藏几种明代古籍纸背文献的发现上。著名古籍版本目录学家沈津先生曾撰文介绍在哈佛大学燕京图书馆发现的几种公文纸本明代古籍，分别是公文纸印本《重刊并音连声韵学集成》和《直音篇》以及公文纸抄本《明文记类》和《观象玩占》四种文献。对此，我们从事搜集、整理和研究纸背文献的几位学者也都心知肚明，一清二楚，但当我们都集中精力搜集、整理国内纸背文献渐有进展而发愁下一步海外纸背文献搜集无门之际，忽然传来立晖在哈佛大学燕京图书馆网站上发现四种公文纸本古籍全有的消息，我们都大吃一惊，真的是"踏破铁鞋无觅处，得来全不费工夫"。当然，我这里的所谓"发现"可能有些夸大其词，立晖与我们的不同之处无非是上网查阅了一遍。但一个肯上网亲自去查，一个想不到网上会有而没有去查，二者之间其实还是体现了些许践行精神的差异，而勇于探索、勤于探索正是立晖的长处。

行文至此，我也顺便向立晖提一点期望，希望今后他能在古籍纸背文献海外资源的开掘上发挥更大的作用。

古籍纸背文献的数量，周广学先生《古代的公牍纸印书》一文所列常见和已知的宋元明公文纸本有16种，日本学者竺沙雅章先生《汉籍纸背文书研究》一文所列中国和日本在内的宋元明公文纸本共计35种，瞿冕良先生《略论古籍善本的公文纸印、抄本》一文中所列各代公文纸本总计101种。2013年我写过一篇短文《现存古籍公文纸本数量概说》，曾综计各家之说与各种书目记载，海内外现存宋元明清公文纸本总数不下于138种。近几年，自己为配合完成承担的国家社科基金重大招标项目《上海图书馆藏明代古籍公文纸背文献整理与研究》，曾与课题组成员先后到北京、上海、天津、辽宁、黑龙江、吉林、山东、江苏、浙江、安徽、福建、河南、湖北、广东、广西、海南、青海、甘肃、新疆、陕西、重庆、四川等地，走访了相当数量的地方图书馆、博物馆和大学图书馆，尽管所获数量不是太多，但还是在一些图书馆搜集到了所藏纸背文献的新信息，例如上海图书馆是除国家图书馆之外收藏公文纸本古籍最多的单位，根据各种书目得知共有20种，而我们通过入馆实查馆藏目录卡片，居然又新发现3种，连该馆工作人员都为之惊奇。再如烟台市图书馆、厦门市图书馆、厦门大学图书馆、柳州市图书馆、广西师大图书馆、四川大学图书馆、河北大学图书馆等，各种古籍书目都未曾著录过公文纸本信息，而我们通过走访都见到或得知至少有一种或以上的公文纸本古籍。此外，我们还在私人藏书中屡屡见到公文纸本古籍，例如我们目前承担的国家社科基金冷门绝学项目《新见三种古籍纸背文书"清康熙早期行省奏销册"整理与相关财政问题研究》中的三种清代奏销册，就是今人藏书家韦力先生的藏书。过去，我曾估计国内现存的公文纸本古籍总数不下200种，现在根据我所掌握的信息，国内现存的公私公文纸本古籍总数应在大几百种以上，很有可能逼近千种。

国外图书馆收藏纸背文献的情况，过去我们通过竺沙雅章先生的介绍，对日本的情况多少有些了解，然而显然有失全面，立晖去年在日本访学期间大有斩获就是明证。韩国作为古代汉字文化圈的构成之一，藏有一定量的公文纸本古籍应在预料之中，复旦大学藏明代万历公文纸印本《历代将鉴博议》，所用纸张实即朝鲜庆尚道彦阳县公文。我前几年也在一私家藏书中见到过一种相当于清代的封皮裱纸型朝鲜公文纸本古籍。除了韩日之外，欧美国家藏有汉籍不在少数，其中的公文纸本古籍目前只知道美国哈佛大学有四种，芝加哥大学远东图书馆有一种，其余的完全不知。据说美国国会图书馆收藏的汉籍仅善本就有三千种，可以试想，包括普通版本在内的总量一定很可观。有学者推测全美所藏汉籍多则90万册少则70万册，这其中的公文纸本古籍绝不止5种。欧洲国家藏汉籍目前缺乏统计，如果仅就欧洲汉学重地法国国家图书馆所藏有两万多种推算，欧洲所藏总量至少也不会低于美国，其中也必定会有一定量的公文纸本古籍。由此可见，公文纸本古籍资源的调查和搜集相对于整理研究是一个多么艰巨的工作，而海外资源的调查搜集尤其难上加难。这一切对于像我这样内陆型的学者几乎是一个不可能完成的任务，而对于当今互联网大数据背景之下的年轻一代似乎并非天方夜谭，这也是我寄厚望于立晖同志及一切乐意从事纸背文献整理研究的年轻一代的原因所在。

2020年11月

(杜立晖：《元代地方行政运作研究——以黑水城文献为中心》，上海古籍出版社，2021年3月第1版)

# 为冯小红等《磁县北朝墓群出土碑志集释》作序

　　自20世纪80年代以来，受到敦煌学跻身国际性显学的影响和鼓舞，我国学术界围绕新材料出土发现而形成的新学科、新学问层出不穷，新材料与新问题一起成了划分我国新时期学术界学问门类的两大基本分野。

　　在围绕新材料而形成的诸学问门类中，以文献载体的材质而言可以分为硬质材料和软质材料两大类。软质材料文献早期的有汉代帛书，稍后的则是十六国以降大量的纸质文献，例如十六国至唐五代以汉文文献为主体的敦煌文书（包括吐鲁番文书），宋辽夏金元时期以西夏文为主体的黑水城文献，元明清时期的内阁大库档案，散存于民间的徽州文书、清水江文书、南部文书等，以及笔者目前正极力呼吁学界应予以重视的古籍公文纸本背文书所包括的大量宋元明时期的原始文献等。硬质材料文献则有骨木金石之类。骨质文献即甲骨文，是以动物骨质材料来契刻文字的文献。木质文献即竹木简牍，是以竹木为书写材料的文献。金属类文献即通常所说的金文，亦称钟鼎文，是铭刻或铸造于金属器物上的文献。石质文献即各种碑志和摩崖题记，是镌刻或书写在各种可移动的石料或不可移动的石质材料上的文献（这里所说的石料文献也包括陶瓷质料的文献）。大体而言，甲骨文是目前所知所见最早的汉字文献，主要使用于商周两代。简牍应该也是使用很早的文献载体，至少不应晚于甲骨文使用的年代，但由于不像甲骨那样易于保存，目前所见最早的简牍实物不早于战国时期。现在所知所见的简牍文献是在纸张普及之前使用最广泛的书写材料，其使用时间自战国历秦汉而至于西晋，至少历时五六百年。现在最著名的简牍除了民国时期即已知晓的汉晋简牍之外，还有战国秦简、战国楚简、睡虎地秦简、里耶秦简、汉代南粤简、走马楼三国吴简、郴州西晋木简等。金文使用的时代比较早，大约与甲骨文同时，始于商而盛于周，但由于其材质昂贵、技术手段复杂，注定了它只能作为贵族礼器而用于记载重大典礼，虽成为先秦史研究的珍贵资料却不可能像竹木简牍那样普及和大批量出土。石质文献即镌刻在石料上的文字刻石而以碑志为大宗、包括摩崖题记等在内的各种石刻文献。石刻文献以石鼓文最早，被称为石刻之祖，其产生时间虽有争议，但早不过西周，晚不过秦代，大体应在春秋战国时期。而石刻文献可以确知年代最早的莫过于春秋战国时期的侯马盟书和中山国"守丘刻石"。秦汉以后，石刻文献大量增加，仅《汉碑全集》汇集的各种现存石刻文献即有二八五种三六〇件，而这肯定不是现存汉代石刻文献的全部，例如前些年河北武安发现的"赵国易阳南界"和永年发现的"十九年春"东汉两处摩崖石刻就不包括在其中。至于魏晋南北朝时期，石刻文献更多，《汉魏六朝碑刻校注》汇集的各种现存石刻文献即有一千二百三十多件，隋唐以后，石刻文献多得甚至不计其数，仅墓志一项，2007年出版的《隋代墓志铭汇考》著录的就有六百多件，《唐代墓志汇编》收录的有三千六百多件，《唐代墓志汇编续集》收录的有一千五百多件，气贺泽保规教授主持编纂的《唐代墓志所在总合目录》2009年版《目录》"前言"称2008年末之前公开发表的唐代墓志，总共收录唐代墓志、墓志盖八七三七方（含志盖三六九方）。这还仅仅是就公开著录的墓志而言，其他各种石刻文献和未公开的墓志等隋唐石刻文献肯定更不在少数。宋以下特别是明清，石刻文献多如汗牛充栋，无须赘言。可以这样说，石刻文献是秦汉至明清时期主体文献、除简牍文献和纸质文献之外在社会和民间最为流行、数量最为庞大的应用文献。

我们知道，我国学术界围绕新材料而形成的诸学科中以敦煌学最为成功，影响也最大，敦煌学能够发展为一门国际性的显学，其基础性的因素就是二十世纪初发现的时代范围自十六国时期至北宋初而以唐五代时期为主的数万件敦煌文书。目前十六国南北朝隋唐五代时期的石刻文献在数量上比不上敦煌文书，但笔者以为这一时期石刻文献超过敦煌文书的数量只是时间问题。如果说南北朝时期石刻文献的使用者主要以贵族、官僚、文士居多的话，那么唐代尤其是唐代后期石刻文献特别是墓志的使用已经不限于贵族、官僚、文士，而普及到社会上的士兵、富户甚至一般农户等稍有社会地位的阶层。现在已经发现并著录的唐志虽不及万，但已经发现尚未著录或将来会被发现的墓志肯定更是一个庞大的数字。假设以唐代全国人口每年逝者有一千人左右使用墓志计算，享祚将近三百年的唐王朝留下的墓志至少应有三十万件左右。即使其中有三分之二的多数会以各种原因造成永久性毁损缺失，其余三分之一应该可以留存下来，有数万件直至十万件唐志出土面世应该可以期待，将来某个时段唐志或曰唐刻在数量上达到或超过敦煌文书的数量应该不会成为问题。基于这种判断，笔者推测随着十六国南北朝隋唐五代时期的石刻文献或曰唐志、唐刻资料出土发现的日益丰富和围绕这一对象展开探讨研究的广泛和深入，十六国南北朝隋唐五代时期的石刻文献学或曰唐志学、唐刻学极有可能成为类似敦煌学那样的一种专门性学问学科。笔者对此抱有信心和期望。

笔者自2008年受聘于邯郸学院赵文化研究中心主任起，即开始考虑如何将赵文化与邯郸历史文化有机结合起来的问题。鉴于"赵文化"一语在邯郸当地学者的语境中早已被视为或等同于"邯郸地方历史文化"的事实，笔者设计了以先秦两汉赵国历史文化为核心赵文化、魏晋至明清邯郸地方历史文化为外缘赵文化、近现代邯郸历史文化为延伸赵文化这样一个涵盖整个邯郸历史时期而分为三个部分的研究框架。其中笔者设想的外缘赵文化部分的研究内容就包括北朝隋唐时期的石刻文献，并认为这一领域的研究不仅对邯郸地方史具有相当大的发展空间，而且对整个古代史的学术研究也具有一定的深化前景。作为赵文化研究中心的核心成员之一，冯小红先生对拓展赵文化研究领域、推动邯郸地方史深化的设想深表赞同。他有感于赵文化研究中心学术事业的需要和个人学术成长再塑契机的召唤，毅然决然将自己的研究重点由近现代经济史转向古代史，毫不动摇地选择了磁县北朝墓群出土碑志作为主攻方向，组织起一支专门的研究团队，积极拥戴邯郸地区极负盛名的考古专家马忠理先生作为项目主持人，以"磁县北朝墓群出土碑志集释"为题，成功地申报了国家高校古籍委的重点项目，并在两年多时间里高质量地完成了这本集拓片、题解、录文、注释于一体的北朝石刻文献整理研究的著作，从而使邯郸地方学者、邯郸学院赵文化研究中心为邯郸地方史，也为东魏北齐史，更为北朝隋唐石刻文献研究做出了当仁不让的贡献。

该书《磁县北朝墓群出土碑志集释》的内容、价值和特点，马忠理先生的《前言》和冯小红先生的《后记》都有交代，笔者这里不拟过多重复，只想强调两点：第一，体例善。工具资料书既贵在内容丰富，也贵在体例精当。该书最大的一个特点就是体例精当，这主要体现在以下两个方面：一是碑志的收录对象和时空范围清晰明确。诚如该书名称所揭示，收录的对象是与北朝墓葬有关的碑志，地理空间范围限定在现在的磁县行政区划之内，时间范围限定在东魏北齐北周时期，既包括一般人所共知的东魏北齐时期的碑志，也包括容易为人所忽略的北周时期的碑志。这就与目前所见多种涉及磁县、安阳、临漳石刻文献或时代混淆或地域混收的著作形成了鲜明对照，体现了该书的严密性和科学性。二是碑志的整理项目齐全。该书整理的项目是每件碑志包括拓片、题解、录文和注释四项内容：拓片以反映碑志原貌；题解以揭示碑志出土信息、石主信息和研究信息等，包括时间地点、形制尺寸、碑志主人信息、已有整理研究信息等；录文以移写碑志内容并加标点符号，为读者识读文字、疏释文义提供便利；注释以疏释名物词语、典章制度，帮助读者理解碑志内容。这样一种比较完备的碑志整理体例，为读者尽可能提供了相关碑志出土和收藏的原始信息、本体信息和整理信息，非常有助于读者对相关情况的了解和研究，可以将读者比较快地带入相关研究领域的前沿，可谓善莫大焉。第二，注释详略得当。古籍文献的整理，最难的是注释。注释的多少、难易、繁简、详略、深浅最难把握。注释过少、过易、过简、过略、过浅，读者不满意；过多、过难、过繁、过详、过深，投入的时间和精力太多，成本就高，产出就低，且言多必失，容易出错，整理者不愿意。从已经整理出版的古籍文献整理成果看，带注释的很少，有注释的则尽量简略，基本倾向是注释少、注释简。本书与一般倾向不同的是坚持注释的学术性，应详则详，应略则略，便于学界利用碑志开展史学和文学方面的研究。

总之，体例善和注释详既是该书的特点，也是该书的优长，相信这一特点和优长一定会得到历史的检验和读者的评判。

2013年冬

（冯小红、马忠理、崔冠华：《磁县北朝墓群出土碑志集释》，文物出版社，2021年12月第1版）

# 为宋坤《天一阁公文纸本〈国朝诸臣奏议〉纸背文献整理与研究》作序

　　宋坤同志的《天一阁藏公文纸本〈国朝诸臣奏议〉纸背文献整理与研究》就要出版了，笔者在为他高兴和祝贺的同时，也想回顾一下自己十多年来从事古籍纸背文书整理研究的梗概，权且作为宋坤推出专著的背景交代及他在其中所起作用的说明。

　　2000年以前，笔者的研究重点是敦煌吐鲁番文书和隋唐史，2000年以后，研究重点开始转向黑水城文献整理。黑水城文献中有一批北宋末年鄜延路安抚使司、延安府、保安军和第七将的文书，被称为《宋西北边境军政文书》。这批卷子装的文书后来落入西夏人之手，被利用纸背来印刷西夏文字书，变成了蝴蝶装的《文海宝韵》，直到苏联收藏机构（今俄罗斯东方文献研究所）整理这批文书时，才将蝴蝶装拆解恢复为原有的卷子形式。因此，这批两面有字，一面为原始写本文献，另一面为次生印本文献的古籍，实即古籍版本学界所谓的公文纸本古籍，而作为《文海宝韵》背面的《宋西北边境军政文书》亦即公文纸本古籍的纸背文书。笔者从事黑水城文献研究解读的第一批文书就是《宋西北边境

军政文书》，仅就这一角度而言，笔者从事纸背文书研究是
与黑水城文献研究同步开始的。

当然，笔者有意识地进行纸背文书的研究是从《宋人佚
简》开始的，其中的一个偶然因素是同事杨倩描先生提供该
书为宋代古籍刻本，纸背有当时文书的信息，引起了自己的
好奇和极大兴趣。《宋人佚简》系拆自上海博物馆藏宋刻龙
舒本《王文公文集》的纸背文献专集，1990年由上海古籍出
版社出版。《王文公文集》即王安石文集，现存72卷（原本
100卷），共900余页，其中大部分是利用公文纸刷印，有780
余页，内容是南宋时期舒州的废旧公文档册和舒州知府向沟
等官员文人的书启，是研究宋代州级官府行政制度、公文制
度、酒务行政管理制度和书信习俗以及财政史、经济史的第
一手资料，具有重要的史料价值。因此，笔者自2007年开始
指导研究生对《宋人佚简》进行整理研究，先后形成了专门
以《宋人佚简》为整理研究对象的五篇硕士论文。笔者也先
后发表了多篇有关《宋人佚简》和公文纸本古籍的论文，并
最后形成了由本人主编、多人参加的《南宋舒州公牍佚简整
理与研究》一书，2011年由上海古籍出版社出版。

至2014年，笔者在原来主持的黑水城文献整理的国家社
科基金重大项目已经完成并陆续出版以后，随即开始将研究
重点转向古籍纸背文书。同年，以"古籍公文纸本《洪氏集
验方》和《论衡》纸背所存宋元公牍文献整理与研究"为
题，申请到国家社科基金重点项目；2015年又以"上海图书
馆藏明代古籍公文纸背文献整理与研究"为题，申请到国家
社科基金重大招标项目。这以后的几年，围绕课题的推进展

开，笔者主要进行了两个方面的工作，一是公文纸本古籍的资源调查，二是古籍纸背文书的资料抄录。

公文纸本古籍资源的调查，严格地说应称为公文纸本古籍资源的再调查，因为公文纸本古籍资源的初次调查，是由石家庄市图书馆的工作人员、也是笔者的学生魏琳女士多年前就进行的，她即是整理研究《宋人佚简》的第一批硕士论文作者之一。魏琳的初次调查主要通过目录书查询的方式进行。她利用在图书馆古籍部门工作的方便，大量查阅了公开出版或内部发行的古籍目录学著作，形成了一份网罗国家图书馆、中国科学院图书馆、北京大学图书馆、南京图书馆、上海图书馆、上海博物馆、复旦大学图书馆、浙江图书馆等大型图书馆已知收藏现存公文纸本古籍信息的目录，成为笔者申报两项公文纸本古籍国家社科基金项目和有关研究工作的主要凭借。

与初次调查通过目录查询的方式不同，公文纸本古籍资源的再调查，主要是通过走访的方式进行。笔者先后带领课题组成员或由课题组成员独自走访了北京、上海、天津、辽宁、黑龙江、吉林、山东、山西、江苏、浙江、安徽、福建、河南、湖北、广东、广西、海南、青海、宁夏、甘肃、陕西、新疆、重庆、四川等20多个省市自治区50多个城市的图书馆和博物馆，持续进行了数年之久。当然，这些走访对象的选择难免带有盲目性，因为十年之前公文纸本古籍不仅对于一般文史学者是一个十分生疏的概念，即使在古籍版本学界也是知者甚少。除了几个知名的大型图书馆、专业图书馆之外，其他图书馆所编目录都没有公文纸本古籍的著录，自然也没有相应的分类，甚至2007年开始第一次全国古籍普查时，也没有将公文纸本古籍的信息包括在普查登记之内。没有著录不等于公文纸本古籍不存在。没有著录的原因主要是多数图书馆的古籍管理人员缺乏有关公文纸本古籍的知识，没有著录的图书馆也同样存在新发现公文纸本古籍的可能性。这也是我们在做出走访各地调查公文纸本古籍资源决定时所依据的基本判断，同时也是一个无奈的选择。

我们走访调查的结果一如事前预料，没有太多的直接收获，但间接的收获还是有的。例如，我们到访图书馆古籍部时，如果询问是否有公文纸本古籍，得到的回答往往是反问什么是公文纸本。如果解释线装书背面有文字的古籍就是公文纸本时，则在不少图书馆（如黑龙江省图书馆、哈尔滨市图书馆、山西省图书馆、陕西省图书馆、广东省图书馆等）能得到肯定的回答；如果再进一步询问具体书名，则往往又称不记其名。不过，直接的收获也是有的，尽管数量太少。例如在烟台市图书馆见到一种清代的公文纸本，在厦门大学图书馆见到一种衬纸型公文纸本，在厦门市图书馆见到一种拓本型公文纸本，在泉州市图书馆访知有一种公文纸本，在柳州市图书馆访知有一种公文纸本（当时该馆正在准备搬迁新馆，书已打包），在广西师范大学图书馆见到一种公文纸本，在广州暨南大学图书馆古籍部访闻广东省图书馆有一种衬纸型公文纸本，在成都四川大学图书馆见到两种衬纸型公文纸本，在河北大学图书馆访知有两种公文纸本。除了间接和直接的收获之外，实际上还有些许文化和学术性的社会效益，通过我们与不少图书馆古籍管理人员的广泛接触、访谈，也在一定程度上传播、普及了公文纸本古籍的知识，这既有利于提高古籍管理专业人员有关公文纸本的版本意识，也有助于呼吁有关部门在将来的第二次全国古籍普查时将公文纸本信息纳入普查登记范围。

古籍纸背文书的资料抄录，相对于公文纸本古籍资源的再调查要简单许多，它不需要漫无目标的东西奔波，只在藏有公文纸本古籍的图书馆将纸背文书的内容抄录下来（起初是手工抄录，后来变为录入笔记本计算机）即可。这是搜集纸背文书过程中最基础也是最重要的环节，通常有两个步骤：第一步是多人白天在图书馆抄录或者录入笔记本计算机；第二步是晚上回到宾馆后再指定一人将白天多人抄录或录入的内容进行汇总，然后再根据汇总过程中发现的问题或需要注意的事项布置第二天的工作。这个工作看起来似乎简单，其实长时间伏案工作，且用一种特殊的姿势持续进行，对于任何人都不是一个轻松的任务。笔者清楚记得2015年盛夏时节在重庆图书馆抄录纸背文书的情形，左手撑开线装书公文纸本《通志》的书叶，歪着头侧弯着上身，右手执笔誊录文字，没抄几叶，就感到腰酸背疼，浑身难受，自己深感年届花甲的身体真是力不从心。年轻人的感觉可能不会像笔者一样难以忍受，但其中的辛苦可想而知。

以上两个方面的工作，参与其中的学生很多，像陈瑞青、杜立晖、李效杰、张重艳、宋坤、刘广瑞、郭兆斌、张淮智、耿洪利、李桥、孟月、张恒、田琳、高丹、李哲坤、李燕、杨悦、杨振北、张琛等，都曾先后或多或少地参与，但宋坤跟我外出寻访调研的次数最多，累计的时间最长，到访的地点最多，出力和贡献也最大。抄录过程中每天晚上将白天众人抄录内容的汇总、抄录结束后每种抄录的纸背文书的最后合成，也主要由宋坤承担。后来两项课题的结项，除了全书体例、整体结构、主要观点、分歧裁定、内容选择和各人分工由笔者确定以及研究编的作者各有归属之外，整理编各件文书要素的统一和规范，包括定名、题解、录文、标点、校注以及课题组成员之间的协调、全书的合成等，同样主要由宋坤负责。总之，宋坤承担了两项课题从申报立项到组织实施直至结项出版全过程大量繁杂的日常事务，对身为主持人的笔者帮助最大。笔者借此机会深表感谢。当然，宋坤的亲力亲为和超负荷付出也得到了相应的回报，使他对公文纸本信息掌握得最全面，对纸背文书内容了解得最清楚。我多次在相关场合称他是"目前掌握公文纸本古籍和纸背文书信息最多的权威专家"，这对宋坤既是肯定，也是实录。

最后，笔者还想利用为宋坤专著作序的机会，谈一下古籍纸背文书整理的学科性质问题。

纸背文书属于新史料，其学科性质如何判定，我们不妨先与其他学科性质明确的新史料加以比较，然后再加以说明。我们知道，近代以来发现的新史料甚夥，举其要者大体有商周甲骨文、战国秦汉魏晋简牍、敦煌吐鲁番文书、黑水城文献、内阁大库档案、徽州文书，以及近年引起注意的清水江文书、南部档案、太行山文书、获鹿档案等。这些新史料的性质基本可以归为三类：第一类属于考古发掘的新文献，例如商周甲骨文、战国秦汉魏晋简牍、敦煌吐鲁番文书、黑水城文献等；第二类属于历代官府形成、收藏的档案，例如内阁大库档案、南部档案和获鹿档案等；第三类属于原散存于民间后被研究机构收藏的各种历代公私文书，例如徽州文书、清水江文书和太行山文书等。那么，古籍纸背文书与以上三类新史料有什么同异呢？它属于什么性质的新史料呢？

将纸背文书与甲骨文、简牍文书、敦煌吐鲁番文书、黑水城文献进行比较，可以发现二者的相同点是都属于考古文物的大范畴，不同点是二者出自的母体不同：纸背文书主要出自古籍线装书的纸张背面，甲骨文、简牍文书等出自考古的田野。二者的区别实际也是考古与文物的区别。甲骨文主要出自殷墟及其他商周遗址，简牍文书主要出自战国秦汉魏晋遗址，敦煌文书主要出自莫高窟藏经洞，吐鲁番文书主要出自墓葬，黑水城文献出自黑城遗址，都属于田野考古发掘的文物。纸背文书出自古籍线装书纸背，虽然不属于田野考古发掘的文物，但古籍线装书多数也属于文物。一个出自可移动的母体，一个出自不可移动的母体，这就是纸背文书与甲骨文、简牍文书、敦煌吐鲁番文书、黑水城文献的区别点；但考古与文物又属于同一个大类，这也是纸背文书与甲骨文、简牍文书、敦煌吐鲁番文书、黑水城文献的相同点。

将纸背文书与内阁大库档案、南部档案、获鹿档案进行比较，可以发现二者的相同点是纸背文书的载体古籍线装书和内阁大库档案、南部档案、获鹿档案都属于传世文献。古籍线装书过去分别保存于官府各个机构和民间个人家庭等，现在主要收藏在各大公共图书馆，部分收藏于私人家庭；内阁大库档案收藏于明清皇宫，南部档案和获鹿档案收藏于清代民国地方官府、地方政府，所以说二者都属于传世文献，具有相同点。二者的不同点是内阁大库档案、南部档案、获鹿档案属于内容可以利用的已知文献，而古籍线装书的纸背文书属于很少受人关注、基本不为人知的未知文献。

将纸背文书与徽州文书、清水江文书和太行山文书进行比较，可以发现二者的相同点是都属于不同时期官府和民间的实用文书，不同点是二者的来源汇聚途径有异。徽州文书、清水江文书和太行山文书原来主要散存于民间，后来汇聚于研究机构，这决定了其来源途径多元、中间环节复杂。纸背文书来源于古籍线装书，古籍线装书的刊刻、收藏和流传过程往往在公私目录学著作中有著录或考订，因此不少纸背文书流传有序，易于溯源。古籍纸背文书相较于徽州文书、清水江文书和太行山文书，溯源性更强，可靠性更高。

通过以上纸背文书与三类新史料性质同异点的分析比较，可以得出三点基本认识：

第一，纸背文书与以上三类性质的新史料虽然既不是简单的相等关系，也不是简单的相反关系，但就学科的亲缘关系而言，纸背文书与考古类的新史料更接近。纸背文书出自古籍线装书，古籍本身就是文物，文物与考古又是共同构成大类的小类，所以说纸背文书与考古类新史料亲缘关系更接近。

第二，纸背文书不仅与考古类新史料的学科亲缘关系更接近，而且在学科研究方法上更相似。纸背文书是在古籍线装书正面已知文献的背面揭示出的未知文献，而背面文献是一次利用文献，时间在前，正面文献是二次利用文献，时间在后，所以纸背文书整理的方法和过程颇类似于田野考古由近及远、由今及古的溯源方法，尤其类似于文物考古在既有基础上揭取、剥离新文献或获得新文物、新认识的过程。

第三，纸背文书的性质介于传世文献和考古文献之间，具有两重性。一方面，它是传世典籍的一部分，附着于传世古籍的纸背，是传世古籍的附着物和附属文献，当然具有传世古籍文献构成部分的性质；另一方面，它又因为主要位于传世典籍正面文献的背面，未被一般读者注意或未被充分认识，因此经专业学者的规范整理和科学揭示，它也就具有了主要为考古新发现文献的性质。

正是基于以上三点认识，笔者倾向于认为纸背文书基本性质属于考古新发现史料的范畴，纸背文书整理的过程实即古籍考古的过程，古籍纸背文书学亦即古籍考古学。

2021 年元月作于封城中的石门　　　　　

（宋坤：《天一阁公文纸本〈国初诸臣奏议〉纸背文献整理与研究》，待刊）

# 挽联悼胡师

2018年元月19日胡如雷先生溘然长逝，次日上午，当我从电话中听到这一消息时，起初愕然，继而潸然泪下。此前的元月10日，我曾专门看望先生，先生一见面就问，是不是又给我送信来了，我说不是，这次是专程来看望。因为自先生调出河北省社会科学院之后，外地仍然不断有先生的信件寄到历史所，每隔一段时间我都要去看望先生一次，顺便就将这些信件一起带去，久而久之，只要一见面，先生通常第一句话就是：这个时候（我一般是周六或周日晚上前去）门铃一响，我就猜到是你来了。第二句话就是：今天又送来什么信。这便是先生向我询问信件的原因。

这天晚上，胡先生精神特好，为近段时间所少见，我猜想主要是他次子宝华夫妇近期回国省亲的缘故。先生为人很随和，但我平时在先生面前总是毕恭毕敬，不敢造次，这次受先生情绪极佳的感染，也破例说了几句俏皮话，为先生助兴。因为先生晚上休息较早，我没有停留太长时间，当我在欢愉的气氛中告辞时，无论如何也没有想到这次看望竟是与先生的永诀。

在遗体告别仪式上，我送了一副挽联，表达对先生的不尽哀思。挽联的内容是"无愧一生夺席充宗西雍曾领风骚，有憾三开论说仲任东林幸留鄂声"。这幅挽联就形式而言并不工整，然而想借以表达对胡先生事业人生特点进行概括的目的，在一定程度上是达到了。上联主要是想对先生的学术成就进行概括。所谓"夺席充宗"一典，因柳亚子《感事呈毛主席》有"夺席谈经非五鹿"句，毛泽东七律诗《和柳亚子先生》附录有此诗，所以广为人知。夺席，汉代讲经传统之一，学者论难，胜者占据绌者之席。语出《后汉书》卷七九《戴凭传》。充宗为人名，复姓五鹿，西汉经学家，元帝时凭借权势，执《易》学牛耳，《汉书》卷六七《朱云传》称"诸儒莫能与抗"，只有朱云将其驳倒，时称"五鹿岳岳，朱云折其角"。西雍，古代太学有辟雍，相传辟雍有五所，以方位命名，位于西者称西雍。先生的史学成就是多方287面的，尤以具有深厚的理论修养而著称、其代表作《中国封建社会形态研究》独辟蹊径、自成一家，出版后曾在史学界引起很大反响，有的学者誉称为中国封建社会的政治经济学，成为不少大学历史系中国古代史专业学生的必读参考书，谷风出版社在台湾还出版了繁体字本，称之为"别开新局之作"。20世纪70年代末至80年代初，我在武汉大学历史系读本科，那时学生们的兴趣比较偏重宏观性和理论性的史学问题，当时正值《中国封建社会形态研究》出版不久，该书的发行量又比较大，因此有不少人读过此书，我就是在那个时候接触该书并知道"胡如雷"一名的。当时不仅武大历史系如此，全国其他大学历史系的学生很少有人不知道先生大名的。记得就读研究生期间，先生曾在武汉大学做过一次学术报告（好像在1982年或1983年），前往听讲者除了武大历史系的学生之外，还有远道专程赶来的华中师院、湖北师院历史系的学生，容纳几百人的小礼堂座无虚席，座位后面还站了一大排人，这些学生都是慕名而来，以睹丰采，而他们对先生的认识多是从《中国封建社会形态研究》开始的。所以，"西雍曾领风骚"，既是对该书奠定胡先生学术地位的赞同，也兼有我对武大初识胡先生和聆听报告盛况的回忆。

所谓"论说仲任东林幸留鄂声"，是用旧典。东汉思想家王充字仲任，《后汉书》卷七九本传说他"好论说"，又说他晚年"闭门潜思，绝庆吊之礼"。东林，明末的东林书院。谔声，是"谔谔"的转用。谔谔，直言貌，《史记》卷六八《商君列传》有"千羊之皮不如一狐之腋，千人之诺不如一士之谔谔"等语。使用这些旧典是想突出先生厌恶俗套和言谈率直的特点，先生是纯粹学者，待人接物素以学问才艺为标尺，对不学无术的政客和充满利害关系的市侩习气非常反感，有一种鄙视俗气、厌弃俗礼的孤傲感。我是1987年调到河北省社会科学院历史所的，在与先生十多年的交往接触中，对此深有感触，例如在社科院期间，先生已是位尊名重，每逢春节，登门拜年者络绎不绝自属意料中事，多数人对这种习俗无论喜欢与否，在这种场合总要客气一番，这本是一般礼节和人之常情，胡先生往往不然，他也许会当面说出我从不出门拜年，平时见面聊聊即可，何必拜年寒暄之类的话。常常使人下不了台。我作为晚辈当然不会介意，然而这类话也确实伤害了不少人。再如先生是河北省社会科学院学术委员会和河北省社科系列高级评委会成员，由于先生的学术地位和影响，他的意见对学术委员会和评委会常常起着举足轻重的作用，因此每到评审职称的时节，登门求情者屡见不鲜，但先生通常是这么一句话：评委会由十几人组成，我这一票只能起十几分之一的作用。求情者往往不得要领，失望而归。处于请托成风的背景之下，先生的做法难免被人看作不近人情，但由此越发显示出他绝不媚俗趋时的优秀品质。在社科院先生敢于直言，在河北知识界都是有名的，别人想不到他想到的敢说，别人想到不敢说的他也敢说，限于篇幅，这里无法展开，我总的感觉是：先生为人坦荡真诚，绝无害人之心，绝无城府深藏，绝不当面一套，背后一套，他的言谈有些时候过于率直，甚至不免偏激，也未必全对，但出于赤诚和正义则无可置疑。对于知识阶层来说，独立思考和敢于直言至今仍然是难能可贵的美德。"东林幸留鄂声"一语正是想借以表达对先生"一士之谔谔"高尚品格的赞叹。

1998年4月

（该文作于1998年胡先生逝世不久，初刊于《文史精华》2002年增刊2期，但该刊将胡先生逝世时间误为1999年元月19日，因此利用2003年胡先生辞世5周年忌日之机，在当年的唐史学会会刊重发此文，以资悼念，并改正旧误。2016年又收入谷更有主编的《胡如雷先生诞辰九十周年纪念论文集》一书，作为笔者纪念论文的附录）

# 追忆朱雷先生点滴

## 一

认识朱先生始于1981年武汉大学历史系开设的"吐鲁番出土文书"选修课。

我是1977年参加高考进入武汉大学历史系的本科生，实际入校时间是1978年3月，但仍被称为七七级。1981年春节后开学，历史系面向大学四年级的我们开设了选修课"吐鲁番出土文书"，由陈国灿、朱雷、程喜霖三位先生主讲，我选修了这门课。

"吐鲁番出土文书"课共有十二讲，分别是：

一、吐鲁番历史概况

二、出土文书内容

三、解放前吐鲁番文书的出土和研究概况

四、麴氏高昌"作人"考

五、唐代户籍制度（朱雷）

六、唐赵须章等貌定簿定名

七、唐苏海欢等家口给粮三月帐等一组文书

八、雇佣劳动和契券

九、吐鲁番出土的几件长安唐朝廷档案文书

十、吐鲁番出土文书中的几件借贷契券

十一、从吐鲁番出土的"质库帐"看唐代的质库制度

十二、从出土文书看晋唐之间高昌地区寺院的兴盛及其对土地的经营

《唐书兵志笺正》书影一

以上十二讲内容，其中第一讲"吐鲁番历史简单概况"、第二讲"出土文书内容"、第四讲"麴氏高昌'作人'考"和第五讲"唐代户籍制度"由朱先生授课；第三讲"解放前吐鲁番文书的出土和研究概况"、第九讲"吐鲁番出土的几件长安唐朝廷档案文书"、第十讲"吐鲁番出土文书中的几件借贷契券"、第十一讲"从吐鲁番出土的'质库帐'看唐代的质库制度"，第十二讲"从出土文书看晋唐之间高昌地区寺院的兴盛及其对土地的经营"由陈先生授课；第六讲"唐赵须章等貌定簿定名"、第七讲"唐苏海欢等家口给粮三月帐等一组文书"、第八讲"雇佣劳动和契券"由程先生授课。这门课自1981年2月21日开课，至学期末考试，整整上了一个学期。

三位先生的授课，距今已经过去40年了，具体内容多已

忘记，但有些文书内容和授课片段至今记忆犹新。像朱先生所讲麴氏高昌时期文书出现的"作人"，唐代西州户籍文书的解读；陈先生所讲英国、法国、德国、日本等外国探险家在新疆维吾尔自治区、甘肃的活动情况，吐鲁番墓葬出土陶俑拆解而出的纸质文书质库帐；程先生所讲赵须章等貌定簿和苏海欢等家口给粮文书；他们讲课时的神态和语气，现在回想起来都恍如昨日。

武汉大学历史系在1981年就率先开设"吐鲁番出土文书"这门课，现在看来，在吐鲁番学学术史上都值得大书一笔。吐鲁番文书的发现始于晚清时期，20世纪前半叶曾吸引了不少外国探险家和中国考古文物工作者的注意，自50年代末起至1974年，新疆考古工作者先后进行了十多次发掘，积累了一大批魏晋南北朝隋唐时期的古文书。1974年，唐长孺先生向国家文物局领导建议成立专门机构整理吐鲁番文书，局长王冶秋遂决定成立古文献研究室，任命唐师为主任，主持吐鲁番文书的整理工作。吐鲁番文书由此进入全面、系统的整理阶段。《吐鲁番出土文书》分为不带图版的录文本和图文对照的图录本两种。录文本分为10册，自1981年第1册起至1991年第10册出齐，前后费时十余年。武大的"吐鲁番出土文书"开课时，《吐鲁番出土文书》第1册尚未面世，图录本的出版更是靠后。由此可见武大"吐鲁番出土文书"课程设置的前沿性。而且朱、陈、程三位先生都是亲炙唐师教泽，直接参与了吐鲁番文书的整理。尤其难能可贵的是，他们可以直接接触文书原件。他们讲课的内容，大多是自己潜心钻研的成果，所用的文书资料，大多源自平时的抄录和积累。无论是课程的设置、讲课的内容，还是以文书整理经验为特点的主讲人学术阵容，都体现了这门课学术含量的丰富和唐先生学术眼光的超前。而且从开课的时机看，它也体现了唐先生为吐鲁番文书研究培养新一代后备人才的长远考虑。这门课开课时间是1981年2月，这时正是77级本科生四年级的第一个学期，也是77级本科生的第七学期，一年以后，这个年级的学生就要毕业离校。这门课面向即将毕业的77级本科生开设，显然是为了从中招收一批研究生，蕴含了唐先生紧盯学术前沿的超前眼光、提前部署学科建设和培养吐鲁番文书研究后备力量、人才储备的战略考虑。

可惜我天资驽钝。况且对于一个大学三四年级的本科生，当时尚处于学术圈之外，不知学术为何物，完全昧于学术大势，也根本无法理解唐先生开辟吐鲁番学术天地的雄心和培育后备人才的良苦用心。当时选修"吐鲁番出土文书"课和后来考取唐先生硕士生，既非基于吐鲁番文书研究代表学术大势、必将成为显学的认定，亦非仰慕唐先生道德文章的铁定追随，相当程度上是一系列机缘选择的结果。因为我的四年大学本科，前三年的课外阅读，兴趣主要集中于近现代史籍和文史资料，尤其是大量的人物传记和各种回忆录。到了第三年，特别是第四年，围绕毕业后的职业和去向，同学们的学习重点和主攻目标才逐渐明晰，一部分准备考研，大部分准备就业。当时武大历史系拟招研的专业领域有中国古代史、中国近代史和世界史三大方面。中国古代史方面的招研专业则有魏晋南北朝史、吐鲁番文书整理与研究、荆楚历史地理和明清经济史。这时环顾周围，才发现准备考研的同学们有的早已锁定专业，有的早已接触导师，像我这样无所目标，无所归属的并不多见。我这才认真考虑今后的专业方向和工作去向。恰在此时，历史系决定开设"吐鲁番出土文书"的选修课，还听说唐先生日后以此为基础招收研究生，自忖近三年虽然精力主要集中于近现代史方面，但过去古代史基础比较好，考入大学前已读过《史记》《汉书》《后汉书》《三国志》《晋书》《宋书》《北齐书》《隋书》《旧唐书》等典籍，现在再转回古代史并不困难。加之吐鲁番文书深奥生疏，门槛较高，同学们了解不多，有意报考的人少，我判断录取的概率较高，因此，这才下决心选修"吐鲁番出土文书"课，并最终决定报名考研。为此还先后选修了古文字学、魏晋南北朝史、宋辽金元史、史学史、中国绘画史等课程。

实话实说，上课之初有些不适应、不习惯。由于选课的投机性太强，且课堂的信息量又太大，内涵异常丰富，加上文书资料过于细碎，又没有现成的教材，老师们给我们和盘托出的是他们整理过程中摘录出的第一手资料，讲课中提到的是一个又一个陌生的新疆吐鲁番的地名、一个又一个外国探险家的人名、一个又一个西

《唐书兵志笺正》书影二

域地区的历史事件，一个又一个古代王朝的典章制度。我面对这些残片断简，只觉得眼花缭乱，目不暇接。上课生怕漏掉有用的内容，只好拼命做笔记，一堂课下来，大脑几乎处于麻木状态，回想起来又仿佛是一片空白。刚开始接触吐鲁番文书时实在提不起兴趣，心想这些破烂残片能做什么研究。后来，随着课程的推进和文书知识的丰富，才逐渐领略到吐鲁番文书学术蕴含的吉光片羽，并能够比较出三位老师各自的学术风采和授课特点。陈先生讲起课来神采飞扬，善于搭配恰到好处的肢体动作，常常能将枯燥干涩的史料和文书讲得活灵活现，例如他对阿斯塔纳某号墓所出质库帐文书如何从京城长安辗转到西州来历的生动描述，至今都深深印在脑海之中。程先生讲课字正腔圆，不紧不慢，对学界前贤不时流露出崇敬，记得他在解读苏海欢等家口给粮三月帐时，我的脑海曾突然蹦出20世纪60年代后期70年代前期自己在粮站排队买粮的情景。朱老师讲课不苟言笑，不善辞令，由于口音的关系，完全听懂并非易事。但仔细体味就能发现朱先生授课内容的学术含量其实很高，例如他所讲"麹氏高昌'作人'考"一节，我因为尚未入门，并不是很感兴趣，只是后来才认识到它的学术价值。再如朱先生所讲"唐代户籍制度"一讲，其中有关手实、户等簿、貌阅簿、授田簿等文书的识别和学术内涵的开掘，都代表了当时均田制研究的最新认识和前沿水平。此外，朱先生这一讲对我触动最大的是另外一个细节，他在解读户籍文书中应授田、实授田等词语时，与唐代的田令规定制度联系起来，一一援引唐代田令条文，说明户籍中的丁口受田数量与唐代均田制的受田规定相符或变通，户籍残片证实了唐代均田制的实施。这个细节的解读对现在敦煌吐鲁番学界来说并无什么惊人之处，但对一个初窥学术之门的本科生无异石破天惊，一下子激起了我的极大兴趣。原来自己看不起的破纸片居然能反映唐代的均田制！我对吐鲁番文书的偏见由此顿变。做任何事情，只有压力没有兴趣，都不可能长久，也不可能做好。常言道兴趣是最好的老师，兴趣是真正的良师益友。我从起初上课听不懂、听不进到后来兴致渐浓以致兴趣盎然，从最初报考吐鲁番文书研究生带有一定程度的投机性，到最终走上并醉心于敦煌吐鲁番学之路，以致后来的黑水城文献研究、古籍纸背文书研究，其中转换的枢机第一个就是朱先生的"唐代户籍制度"一课，第二个枢机才是拜师唐先生门下。可以这样说，朱先生的授课为我撬开了倾心吐鲁番文书研究的兴趣之门。

二

"吐鲁番出土文书"选修课安排的时间是1981年的第一个学期，也就是上半年。2月21日开课，6月份结课，6月27日考试。研究生考试报名时间是7月15日，考试时间是下半年，也是1981年第二个学期、77级本科生第八个学期的9月12日至14日，整个"吐鲁番出土文书"选修课的安排恰与研究生考试无缝衔接，我则依次参加了"吐鲁番出土文书"的结课考试、研究生考试报名和研究生资格考试。

当年武汉大学的研究生考试科目有五门，政治和外语两门是全校统一拟题，中国通史、专业课和古汉语三门课是各系自拟试题。考试的专业当时称为"吐鲁番文书整理与研究"，后来入学后唐先生觉得这一名称表述不够准确，就改为"隋唐史（吐鲁番文书研究）"。此后直到毕业，包括学位论文，在涉及填写专业研究方向一栏时，我们都作如是表述。导师列名的是三位，排序是"唐长孺、陈国灿、朱雷"。我们这个专业的考生起初是4人，坚持到底的有2人，最后我和同年级同学的孙晓林女士被录取。11月5日唐先生召见我和孙晓林，告知我们："你们被大概录取了，只等教育部批准了。"然后指示我们入学之前需要掌握的学习阅读要点。这也算是我们的拜师礼吧，从此开启了投师唐门一段弥足珍贵的经历。

1982年至1984年硕士研究生三年，朱先生、陈先生都一直协助唐先生指导我们。例如第一学期唐先生给我们定了两门课，一是读《资治通鉴》，至少要通读隋唐五代部分，要写读书笔记；二是每周一次的答疑课，我们可以提出读书中的疑难问题，由唐师作答。对读书笔记的检查批改，唐先生给朱先生和陈先生做了分工，陈先生负责我的读书报告，朱先生负责孙晓林女士的读书报告。每周的答疑课，通常是周四的下午，都在唐先生家里，朱先生和陈先生也都照例在唐先生家汇齐。在我的印象中，朱先生和陈先生都自始至终参加，从未缺席。答疑课除了三位老师两位学生之外，偶尔也有其他老师因请示汇报工作或杂事而临时插入，例如陈仲安、黄慧贤、卢开万、程喜霖等先生都曾短暂加入。因为答疑课涉及吐鲁番文书的话题稍多，故程先生加入的频次多于其他老师。

答疑课的内容不固定，通常是我们就读书中遇到的词语、史料、人物、事件、制度等问题向唐先生请教，唐先生的回答往往高屋建瓴，广征博引，直中肯綮，像魏晋南北朝时期的清浊官问题、中正制问题、六丁兵问题、"六家共备"内涵问题，唐代的府兵制和均田制问题、制举问题，陈寅恪与岑仲勉的治学特点区别问题，都曾涉及，其中所谈内容有的是唐先生的已有结论，也有不少是唐先生正在思考、研究的问题，多发前人所未发，道前人所未道，后来反映在了《山居存稿》相关论述之中。现在想来很懊悔，唐先生答疑实在是一个难得的求学机会，可是我学植尚疏，所提问题多属浅显的枝节末叶，颇类唐先生形容自己早年嘉业堂读书经历的"身入宝山，空手而归"。此外，唐先生学识渊博，兼通中西，尤其谙熟明清史、版本学、目录学、文献学等多个领域，答疑内容自然有时候也会延伸到隋唐史和吐鲁番文书范围之外。记得唐先生讲庄廷龙明史案时，娓娓道来，曲折生动，引人入胜，远较一般读物为详。还有一次唐先生讲起太平洋战争爆发后他从上海脱身，转道浙江、江西前往湖南的经历，其中所述在浙江敌占区通过封锁线的情景，比我们今天所见《唐长孺回忆录》中的《记湘行及国立师范学院》描述还要详细。记得自己当时每每听得入神，留下极为深刻的印象。

硕士研究生阶段和毕业后留校的三年，也是自己与朱先生、陈先生接触最多的一段时间。2001年我重返武大拜师朱先生摘取"论文博士"的"桂冠"，前后持续不到一年的时间，其间面见朱先生也屈指可数，而我们每周的答疑课，都可以见到朱先生。

朱先生在答疑课上留给我印象最深的是回答唐先生的问题常常应声而出。在唐先生的答疑课上，朱先生和陈先生与我们一样都仔细倾听，一般不轻易插话。唐先生对我们的提问，或三言两语，简而答之，或引申发挥，滔滔不绝。唐先生的一些学术新见和精彩片段，常常就闪现于引申发挥之时。唐先生具有惊人的记忆力，通常情况下，他的答疑凡是涉及中文的内容，包括人名、地名、事件经过、人物对话、成段史料等，都不假思索，脱口而出，信手拈来。对于日本学术界的动态，唐先生也是了如指掌、非常熟悉，经常谈到的学者有内藤湖南、那波利贞、玉井是博、滨口重国、藤枝晃、川胜义雄、谷川道雄、菊池英夫、池田温、竺沙雅章、小田义久等。对他们的学术观点和相互异同也都有自己的把握。但是由于语言和文字的障碍，唐先生对日文资料的了解不如对中文史料的那样熟悉。记得有几次在涉及个别日本学者姓名与各自文章的匹配，个别学者的具体观点或具体文章时，唐先生也会有所询问，这时候朱先生往往是应声而答，及时补充。在我的印象中，这个情况有三四次。可惜我忘记了具体作者名和具体文章名。朱先生去世后，我在悼念诗中有一句"疑义应询指顾间"，描写的就是答疑课中的这个情景。

## 三

我在武大读书工作十年，其中四年本科，三年硕研，三年留校工作。本科生期间，与陈国灿先生、石泉先生、李涵先生接触最多。"吐鲁番出土文书"开课后，才认识朱先生，也才有了课下请教与接触。硕研期间，与本室（魏晋南北朝隋唐史研究室）老师多有接触，像陈仲安先生、卢开万先生、杨德炳先生、鲁才全先生、程喜霖先生等，都曾拜访请教过。当然，请教最多的是陈国灿先生，因为陈先生住在校内。去朱先生家很少，因为住在校外，在解放路与民主路交叉口武昌区委的宿舍，距离武昌司门口12路公交车站不远，去一趟要

花不少时间。有一次去拜访，朱先生还送我一册《唐书兵志笺正》的收藏本，我一直珍藏至今（见文中照片）。

与朱先生接触过的人多知道，他博闻强记，兴趣广泛，知识面很广，讲起来滔滔不绝，隋唐史和敦煌吐鲁番学可以不论，近现代史、革命史特别是鄂豫皖根据地史以及红四方面军史也很熟悉。此

《唐书兵志笺正》书影三

外，天文、地理、中医药等也都有涉猎。有一次谈到中草药，他一连串说出好几种中药的名称性味、根茎叶果、四气五味、丸丹膏散、功能主治等。起初我也暗暗称奇，时间久了，才发现其中有一个奥秘，那就是朱先生随身携带有不盈巴掌的小本子，经常是见缝插针，随时随地，记诵不辍。

我在武大读书期间，是20世纪70年代末80年代初，那时距离个人电脑时代还远得很，我甚至没有见过计算机和电脑。文科学生的做学问方式基本还是传统的方式，听课做笔记，读书做卡片。除此之外，同学中也有一些用功的学生随身携带一个可装口袋的小本子，借以记诵一些常用专业知识词语，或有所感悟随手写写画画。这种学习方式在学生中不一定普遍，但常能见到。我也曾短时为之，只是没有能坚持经常，原因除了毅力之外，也与自己先天性远视有关。我在20岁之前晚上没有看过书，不是不想看，而是看不清字。初中毕业后参加工作有了积蓄，20岁时到医院配镜子，医生检查后告诉我才知道，我是先天性远视眼，而且散光，属于那种远近都看不清楚的远视眼。配了眼镜之后，都是阅读时才戴镜子，平时不戴。而手拿小本子随身随时随地阅读，又要不断掏出眼镜然后再装入口袋，这对我是一个不小的负担。因此影响所及，就没有养成随手翻阅小本子以记诵的习惯。我在成年人中，包括老师们都绝少见到如此学习记诵的人。如果说有一个例外，那就是朱先生。

上文说到，唐先生每周的答疑课，地点就在唐先生家里，通常每周一次。朱先生和陈先生照例都要参加。朱先生住在校外的武昌司门口附近，我们研究生住在桂园的12舍，

12路公交车站设在校园内化学系大楼的南侧。有时答疑课结束，我也会与回家坐车的朱先生同走上一段路，从住在北三区21栋的唐先生家里到校园内的12路公车站，也就十分钟左右的距离。在这短短的一段路程，朱先生常常会在两人说话的间隙掏出口袋内的小本子看上几眼，在公交车站候车时，我也见过同样的情景。小本子不离身，见缝插针瞅几眼，朱先生的好学不倦、惜时记诵的学习精神于此可见一斑。

我读研时间是1982年至1984年，朱先生出生于1937年，1982年至1984年已接近天命之年。青年学生当中见缝插针、记诵不已的大有人在，知识分子当中好学不倦、手不释卷的老师也不鲜见。但像朱先生这样年龄的教师，仍然在利用走路、候车间隙，一切可以利用的时间来记诵的教师，确实罕见。朱先生的博学和强记应该就是这样练出来的。

2021年11月30日星期二

（见刘进宝主编：《朱雷学记》，浙江古籍出版社，2022年5月第1版）

# 冯征将军与《邯郸县歌》

1997年5月6日至8日，冯征将军以中华炎黄文化研究会常务副会长的名义来石家庄市参加河北省社会科学院与河北省炎黄文化研究会联合主办的张之洞与中国近代化学术讨论会，我曾于6日晚上慕名前往冯征将军下榻的河北师范大学招待所拜访。

第一次见到冯征将军是1995年7月河北省社会科学院在石家庄举办的河北省纪念抗日战争胜利50周年学术讨论会上。说实话，冯征将军那次参加会议是随肖克、杨成武二位老将军而来，因此，那次会议我对他印象并不很深。后来我听人介绍说他是邯郸人，他在"文化大革命"期间曾因质疑林彪的"一句顶一万句"而受到影响，这才引起我的注意，并萌生了以后有机会拜见问候的念头。这就是我那次拜见冯征将军的最初动因。

那次拜见是5月6日的晚上，他听说我是邯郸人，又是学历史出身，还写过《邯郸简史》，很高兴，当场送我一册新出《炎黄文化研究丛书》之七《爱国主义与传统文化》一书（该书由中华炎黄文化研究会编，华龄出版社1996年12月出版，收录有冯征将军在"爱国主义与传统文化"学术研讨

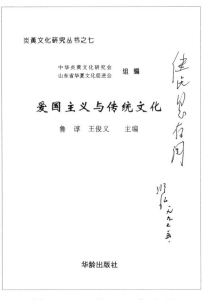

炎黄文化研究丛书之七

中华炎黄文化研究会　组编
山东省华夏文化促进会

## 爱国主义与传统文化

鲁谆　王俊义　主编

华龄出版社

《爱国主义与传统文化》书影

会开幕式的致辞）并题词留念："继民同志存阅。冯征一九九七·五·"（见照片）。因为是老乡，话题自然就谈到了邯郸和历史。冯征将军介绍他是邯郸县百家村（现在属于邯郸市复兴区）人，我说我是西南庄人。冯征将军知道西南庄，而我对百家村也相对比较熟悉，因为该村在抗战时期发生过日军制造的"百家村惨案"，这是20世纪60年代、70年代整个邯郸市中小学生都人所共知的惨案，我们作为学生曾到该村参观，听过惨案介绍，而且我家的坟地过去属于百家村，我们每年上坟祭奠也经常从百家村中穿过，所以我们各自介绍过基本情况后更有了一种亲近感。话题转到了邯郸历史之后，又自然而然涉及赵国。他不经意间的一句话引起了我的注意，说《邯郸县歌》的内容很多说的都是赵国历史。我第一次听说还有《邯郸县歌》，感到很惊讶，接着追问歌词的内容。他为了使我深信不疑，特别告诉我："我当时在小学当老师，《邯郸县歌》大家都会唱，现在我还会唱。"随即慷慨激昂地唱了起来："溯吾邯郸，地势雄盛，赵国之古都……"并拿起笔来，边唱边写，在送我的《爱国主义与传统文化》一书的封三上写下歌词和简谱（见照片）。我那次见冯征将军主要是想了解他在"文革"中的情况，因此对《邯郸县歌》的情况没有深究。当时还想，以后还有机会，届时再详细了解《邯郸县歌》的来源及背景情况。冯征将军主要谈了他在"文革"中的境遇和抗战时期在冀西白草山战斗中受伤获救的情况。其中有两点我印象深刻，一是他说在质疑"一句顶一万句"时并不知道是林彪的意思，"如果知道了也不敢啊！"冯征将军的坦诚由此可以想见。二是他谈到白草山战斗中受伤获救时对给予救治、护理的平山老乡的一往情深，称是老乡给予了他第二次生命。

从1997年那次拜见冯征将军之后，《邯郸县歌》一事就永远印在了我的脑海之中。我是邯郸市人。邯郸是赵国之都，遗留有不少战国至两汉的文物故迹，史籍记载有大量关

于邯郸的资料，民间更流传有丰富的历安传说和故事，邯郸人特别是本地人具有相当浓厚的古都意识。从小生长在这样的环境之中，耳濡目染，给我以很大影响，我对历史产生兴趣与此紧密相关，有关历史知识的积累就是从这里开始的，邯郸可以说是我最终走上史学研究

《邯郸县歌》歌词和简谱

一途的最初起点。我后来虽然在外地工作，研究重点是隋唐史敦煌吐鲁番文书及黑水城文献，但与邯郸有关的先秦战国的赵国史始终是我的关注点，也不时参加一些有关邯郸地方史的会议和活动。我在参与撰著《邯郸简史》《邯郸近代城市史》时曾注意搜集邯郸近代史方面的资料，痛感近代邯郸资料的奇缺，常常有邯郸的近代资料反不如先秦两汉时期资料丰富之感。因此，当我听说20世纪30年代即有《邯郸县歌》，冯征将军给我写下《邯郸县歌》歌词和简谱之后，马上就意识到这是一份不可多得的珍贵历史资料，非常值得保存。

前些年，我时常想起那首《邯郸县歌》，也很后悔当时没有向冯征将军多请教与《邯郸县歌》有关的情况，为了弥补这一遗憾，我曾与胡克夫同志（负责省炎黄文化研究会办公室的日常工作）商议，抽时间去北京一趟，专门拜访冯征将军，了解《邯郸县歌》的创作时间和作者等问题，可惜一直未能成行。直到听说2009年4月冯征将军去世，我才突然意识到，有关《邯郸县歌》来源这个本来轻而易举的问题也许永远成了不解之谜。我为自己错失良机懊悔不迭。近几年，我也曾为解决《邯郸县歌》的创作时间和形成过程、作者等问题访问过一些上了年纪的老人，但均未如愿。而且奇怪的是，前些年我想再翻阅一下《邯郸县歌》，但那本《爱国主义与传统文化》在我的藏书中怎么也翻检不到，去年则在不经意间见到了。我赶快进行扫描，留下了电子文档，生怕丢失了这份珍贵的资料。现在我将冯征将军手书的《邯郸县歌》照片及歌词、简谱的释录本公布出来，一则表达对冯征将军的怀念，二则为近代邯郸地方史留下一份差点淹没在岁月尘埃中的历史记忆。

最后，我想就《邯郸县歌》创作的时间和背景谈一点不成熟的看法，希望知情的读者予以补正。

从冯征将军所述看，20世纪30年代他在邯郸县当教师时就会唱《邯郸县歌》。据冯征将军《难忘的"七师"》一文回忆，20世纪20年代后期他在邯郸县上小学，1931年于苏曹镇高小毕业，因水灾而漏考大名七师，随即考入县乡村师范，1934年13岁时县乡师毕业，14岁起执教于张庄桥、堤南堡小学，1936年考入大名七师①。这一段时间正处于30年代前期，冯征将军称《邯郸县歌》在邯郸很流行，这至少说明20世纪30年代初期及以前《邯郸县歌》已经创作出来。《邯郸县歌》创作时间的下限划在20世纪30年代初期应该没有问题。至于《邯郸县歌》创作时间的上限，考虑到30年代之前的邯郸是风气未开的内陆小县，本地文化环境很难自行产生县歌之类的音乐作品，应该从受到外部环境的影响来着眼，因此，我推测《邯郸县歌》的产生与清末和民国时期几次制定国歌的活动有关。据介绍，清末新政前后，作为临时的代国歌有《普天乐》《李中堂乐》《颂龙旗》等，供清朝外交官或有关部门在外交场合临时使用，不是正式的国歌。清朝正式的国歌是1911年10月4日颁布的《巩金瓯》，也是近代中国第一首国歌，其歌词是："巩金瓯，承天帱，民物欣凫藻，喜同胞，清时幸遭。真颐晹，帝国苍穹保，天高高，

---

① 《直南一个革命策源地——大名七师》，中共党史出版社，1990年，第212页—218页。

海滔滔。"但这首国歌颁布六天之后即爆发了武昌起义,因此它没有什么影响。第二首国歌是1912年中华民国临时政府在南京成立后颁布的《亚东开化中国早》,也有的称为《五旗共和歌》,其歌词是:"亚东开化中国早,揖美追欧。旧邦新造,飘扬五色旗,民国荣光。锦绣山河普照,我同胞鼓舞文明,世界和平永保。"第三首国歌是1915年袁世凯统治时期颁布的《中华雄踞宇宙间》(或作《中华雄踞天地间》),歌词内容是:"中国雄立宇宙间,廓八埏,华胄来从昆仑巅,江湖浩荡山锦连。共和五族开尧天,亿万年。"袁世凯称帝后曾改"共和五族开尧天"为"勋华揖让开尧天"。第四首国歌是1920年北洋政府的教育部颁布的《卿云歌》,歌词内容是:"卿云灿兮,纠缦缦兮,日月光华,旦复旦兮。"《卿云歌》还有另外一个版本,末尾加上了"时哉夫,天下非一人之天下也"两句。第五首国歌是1930年3月国民党确定的代用为国歌的国民党党歌,歌词内容是:"三民主义,吾党所宗,以建民国,以进大同。咨尔多士,为民前锋,夙夜匪懈,主义是从。矢勤矢勇,必信必忠,一心一德,贯彻始终。"

由此可见,20世纪30年代初期以前制定国歌活动的时间段主要有四个,一是清末新政时期;二是辛亥革命之后的民国初年;三是1920年前后北洋政府时期;四是国民党北伐成功统一北方之后。以上四个时期,我感觉,清末新政时期,邯郸作为风气未开的内陆小县,出现县歌的可能性不大;国民党北伐之后,似乎可能性也不大,因为从县歌内容看,丝毫看不出三民主义之类词句的痕迹;我倾向认为民国成立后至北洋政府时期20年代的可能性比较大，因为这一时期为制定国歌曾经多次向全国征集歌词，各阶层曾广泛参与，再加上地方自治意识和新文化运动的影响，这肯定对县歌的创作产生影响。再者从《邯郸县歌》歌词内容"溯吾邯郸，地势雄盛，赵国之古都。南靠邯山，东邻滏水，灿烂荣华图。廉颇李牧，名相古湖，完璧蔺相如。慷慨悲歌，豪杰志士，吾辈当补误"看，其风格显然受到《五旗共和歌》的影响。从民国初年到20世纪20年代后期北洋政府统治结束，国歌的征集、修改、变更一直纷纷扰扰，前后数度，疑《邯郸县歌》即是在此种背景下产生。至少歌词的创作受到了《五旗共和歌》的影响，因此也必然是在此后至1920年颁布《卿云歌》前后。这就是我倾向认为《邯郸县歌》产生时间段在民国成立后至北洋政府时期20世纪20年代可能性比较大的基本缘由。当然，以上纯粹是推测，并无实实在在的根据。这里只是想抛砖引玉，希望借此引起读者，尤其是治民国史者、治近代音乐史者的注意，并请不吝赐教。

2012年1月30日星期一（正月初七）于石家庄

（见《文史精华》2012年增刊第52页）

# 一张反映20世纪20年代后期邯郸民户家庭的老照片

　　笔者原籍为河北省邯郸市，世居于西南庄后街。1993年春节回邯省亲时，在本家一位叔叔家又一次见到了祖传的老照片。这幅老照片（长20.2厘米，高14厘米）早已陈旧泛黄，过去年幼时习见不怪，并没有引起太多的注意。这些年笔者从事史学研究工作，对各种资料价值的认识逐渐深化，这次见到祖传老照片，职业的敏感使我顿时感到它对反映民国时期邯郸民俗有一定的价值，因此专门请照相馆进行了翻拍。翻拍的效果当然不及原片，但毕竟可以保存资料，寄托对先人的轸念。

　　老照片中的人物分为两排，前排右二坐者为笔者曾祖父孙永祥，其左侧侍立者（即右数第一人）为曾祖父幼女孙世英（乳名小俊），右侧倚立者（即右数第三人）为曾祖父长孙（伯祖父长子）孙有林。前排右五坐者为曾祖母温氏，其左侧倚立者（即右数第四人）为外孙赵新邦，右侧侍立者（即右数第六人）为曾祖父母之次女（已失名）。后排五人自左至右，分别为曾祖父母之长女（即笔者之祖姑母，赵新邦之母）孙桂枝，笔者祖母辛梅，伯祖母刁文梅，伯祖父孙世昌，祖父孙世彦。显然，这是一幅以曾祖父母为核心，包括二子二媳、三女、一孙一外孙的全家照。

　　老照片的拍摄年代在原片上没有任何显示，不过，根据照片中的人物关系可以推算出具体年代。据老辈人介绍，老照片是我祖父、祖母新婚九天内的全家照。祖母属相为羊，1981年逝世享年74岁，依此前推，应是1907年（农历丁未年）出生。好像祖母生前讲过，她20岁时嫁到孙家。老人习惯用虚岁，这样算来他们结婚时间应是1926年，至迟1927年。我父亲孙有田属相为龙，生日是农历八月初八，1963年冬逝世时36岁，照此推算应是1928年9月21日出生。这样算来祖父、祖母结婚的时间也是1926年或1927年。从照片看，穿戴全是棉衣厚装，季节应是深秋或冬季。因此可以推断老照片拍摄的具体时间应是1926年或1927年秋冬季。

民国时期家庭老照片

老照片拍摄于1926年或1927年，距今已有80多年的历史，其意义不言而喻。笔者曾与邯郸市博物馆的郝良真先生等合作写过《邯郸简史》《邯郸近代城市史》，当时涉及近代邯郸部分时，就倍感民国时期虽然不远但搜集资料并不容易，尤其是图片资料更难，除了在旧报刊上见到过几幅20年代修建邯郸至大名、邯郸至武安公路的照片之外，几乎没有见到一幅有关邯郸城区的照片。这幅祖传老照片尽管不能反映20年代邯郸城区的面貌，却是反映20年代邯郸城普通民户家庭与社会风貌的珍贵资料。

如上所述，老照片中的一家是以曾祖父母为核心，包括二子二媳、三女、一孙一外孙的全家照。从照片上看，全家既没有当时沿海大城市开风气之先的西装革履和内地城镇豪门巨户的锦衣貂裘，也没有社会下层常见的破衣烂衫，应该属于与邯郸内陆县城地位相符，能够具备照相条件也具有一定新的消费意识，粗臻小康的中户之家（土改时被定为中农也可以说明这一点），这应该与曾祖父一家当时生活的社会背景和经济条件密切相关。据老人们说，曾祖父一家原来居住于城里丛台附近的"姑子庵"（应说是"皋儿上"）一带，后来因做生意需要搬迁到西南庄后街买地建房。曾祖父本是手艺人，当过画匠，会做油漆活儿，1901年底慈禧太后光绪皇帝从西安返回北京路过邯郸时，他曾被征发差役参加黄粱梦吕仙祠的修缮，以充作西太后的行宫。因为有手艺，还会看阴阳宅，再加上头脑灵活，曾祖父开始涉足经商，从小摊贩入手，逐渐具备了一定的实力，最后发展到在西南庄买地建房，盖起了并不算大的两座宅院，并注册了一家名为

"祥顺永"号的店铺，以经营杂货为主，从汉口等地进货，在邯郸当地销售，其中桐油为大宗。曾祖父一家何时迁至西南庄后街，老辈人没说过，我们晚辈没有问过，也没有想起过要问。不过，依稀记得祖母谈起往事，总是说从东张策（位于邯郸县东部的一个村庄）嫁到西南庄如何如何（例如谈起过当时家中经营的桐油是从汉口进货，先进货，后付款；称汉口非常大，当时谚语形容"紧走慢走，一天走不出汉口"等），从未说起旧城的情况。可以肯定地说，祖母结婚时是在西南庄后街，绝非城里的曾祖父旧宅。因此，照片上反映的正是曾祖父一家在西南庄后街新宅开店经营"祥顺永"号时期的情况。

曾祖父一家迁至西南庄后街可能是在20年代早期甚至更早，这与当时整个邯郸城近代工商业经济的形成与发展、新的工商业中心城区的形成与转移密切相关。在进入近代以前，邯郸"地处边徼，风气闭塞"（民国本《邯郸县志·选举志》。以下所引《邯郸县志》均为民国二十二年本），只是直隶广平府九个属县之一，属于经济文化落后的穷乡僻壤，长期保持着古老而传统的经济结构、阶级结构和生活方式，1906年京汉铁路（原称卢汉铁路）的通车才使邯郸跨入了近代文明的门槛。在京汉铁路通车之前，邯郸的商业活动主要是在传统的城区市场和乡村集镇进行，城区交易场所位于南门里和南关一带。民国本《邯郸县志·地理志》即称："市桥，在城门内，世传昔赵王立桥于此，下有铁柱、铁牛，令市者集于其上。"赵王立桥并不可信，但位于南门内外的市桥一带自古以来就是县城的商业街区于此得到证实。邯郸民谣："各行各业南门里，来往客人住南关"，就是近代前夕城区市场继续沿用旧地的写照。乡村交易场所主要分布于县城周围较大的集镇之上。当时全县共有8个传统的集镇市场：位于县城偏西北的丛冢、北部的王化堡（今黄粱梦）、东北部的苏曹、东部的代召、东南部的河沙堡、南部的张庄桥、西部的户村堡和牛叫河。这些乡村集镇都分布于水陆交通沿线。县城商业街区是全县商业中心，属常年性经营，其余乡村集市主要是定期集市。乡村集市除少数商人或地主兼商人外，交易人主要是散布四乡的农民，交易期不仅有限，交易量也不大。这些有限的商业活动不过是自然经济的一点补充而已，这种商业经济的布局也恰好是传统的经济结构的典型反映。

1906年4月16日，京汉铁路正式运营，成为贯通我国南北的第一条近代交通大动脉。全线初设大小96个车站，以后陆续增至134个车站。当时全路设总管理处，根据当时的路线、设备、规模、运量将邯郸县站定为中级站，归属长辛店总段第五分段管辖。尽管由于当时中国铁路建设尚属初级阶段，邯郸站的设施比较简陋，车型较小，牵引力低，运量有限，1915年的运量也只有每年1.1万吨，年发送旅客仅有2.8万人次，全年运输收入仅有18万余元，在全线收入中排居第22位，但京汉铁路的通车，毕竟将邯郸城带入了近代文明的门槛，成为邯郸跨入"近代邯郸开端的标志""是邯郸由古代城市向近代城市的转折点""沟通了邯郸与全国的交通和经济联系，使邯郸跻身于京汉铁路沿线近代城市经济带之列""增强了邯郸作为冀南交通中心的地位，推动了邯郸以至整个冀南商品物资的交流和经济开发""使邯郸重新走上了区域中心城市的历史轨道"（见测绘出版社1992年版《邯郸近代城市史》第20至23页）。当时人即说"铁道既通，邯郸当南北要冲，工艺鼎兴，圜阓又稍稍振云"。（《邯郸县志·艺文志》所载李景廉《奉直大夫宋国佐墓表》）

京汉铁路的通车，不仅将邯郸城带入了近代文明的门槛，而且极大地改变了邯郸旧有工商业的空间布局。当时邯郸站位于县城西南方向不到二里，铁路通车以后，车站至县城之间的地带逐渐发展起来，处于这一地带中心位置的西南庄由于靠近火车站，交通方便，信息灵通，吸引了不少商人开店设铺，逐渐成为商铺集中的繁华之区。尤其是随着20年代初大邯公路和邯武公路的建成，西南庄不仅成为大邯公路和邯武公路的起点站，更成为火车站和东西公路的交会点。到20年代后期，全县已有三分之一的商户集中在车站西南庄一带，有100余家，民国本《邯郸县志》称这一时期"过运货物山货、铁货、杂粮、棉花、皮油、香油、草帽辫等，多系北运保定、北平及天津等处交卸。旧年交通无阻，每年装运火车计达千数百辆之谱"。其中的转运货栈，"多系合伙营业，亦间有独资者，资本以三千元为最，少则数百元"。铁器业于"车站营是业者计四家，均系晋人。一切生熟铁器，自山西贩运，资本三四千元，每年流水达七八千元或万余元，利益尚属丰裕云"。此外，以售卖洋布的绸布棉纱业，"城里车站及苏曹等处共计有十五家，资本以二千元为最，少则数百元。……远自津沪，大宗贩卖者绝鲜，每年每家流水不过数千元或万余元而已。至棉纱一业，购自河南彰德，多带卖于杂货肆中，间有推挽鹿车趁市转卖者，小贩贸易，非常业也。统计境内每年销三百余包，合价七万余元云"。如果说清末和北洋政府时期，邯郸的商业区域还比较分散，主要分布于车站西南庄、苏曹、柳林桥、张庄桥、南关、东门里等几个地方，那么到了1930年前后，随着滏阳河沿岸码头形成的商业市场的萎缩，商户开始向城区转移，西南庄一带遂成为商户最集中商业最繁华的地段。当时的西南庄、南关、火磨街一带几乎连成一片，商铺集中，物品丰富，人口稠密，呈现出一派热闹景象。至此，整个邯郸县的商业重心已完成了由民国初年城里及苏曹一带向车站西南庄一带的转移，集中到了以西南庄为中心包括南关、火磨街等在内的新的商业街区，西南庄一带更成为邯郸最大、买卖最为繁华的商业密集区，诚如1931年编成的《邯郸县志》卷三《地理志·交通》所称："西南庄村，距城里许，为武邯汽车路与大邯郸汽车路之交点，全境商业于此称最。"

西南庄由京汉铁路通车之前邯郸县城外一个普通的村庄到1930年前后成为邯郸县勃兴而起的商业中心，成为近代邯郸城市新城区的一部分，这就是本文的叙述主题——老照片形成的时代背景，也是笔者相信曾祖父一家迁至西南庄后街是在20年代早期甚至更早的一个基本依据。总之，祖传的老照片不仅将先辈们的音容笑貌青春倩影永远留给了子孙后代，不失为一笔永恒的精神财富，而且通过一个普通商户家庭难得一觅的形象资料，展现了20世纪20年代内陆小城邯郸家庭民俗和服饰民俗风貌的一角，并在一定程度上见证了西南庄作为邯郸新兴商业街区和商业中心曾经崛起的辉煌一页，堪称邯郸城市近代化过程中一幅难得的社会风俗画。

（初刊于《文史精华》2009年5期，标题为《一幅反映20世纪20年代后期邯郸民户家庭的老照片》；再刊于《邯郸人文》2009年第四期第34页至35页，标题为《一幅老照片背后的邯郸世象》。有删节。又刊于《邯郸晚报》2013年9月22日第二版"本土文化"，题为《图像之外的表达———副老照片背后的邯郸世象》，亦有删节。今恢复全文）

# 千里寻访城固"邯郸村"

　　20世纪80年代后期，我参与组织编写《邯郸简史》时，曾承担其中古代史的前半段，亦即先秦时期至唐五代时期的邯郸史部分。在搜集资料时，偶然发现陕西省汉中地区的地名资料竟有"邯郸村"一名，属于城固县。一个不易重名且距今地有千里之遥的陕西城固县居然会有一个"邯郸村"，这不能不引起我的注意和兴趣。为此，我当时根据所能见到的资料，在《邯郸简史》第四章第二节加写了一段西晋末年邯郸移民今陕南汉中地区的内容：

　　　　西晋末年的战乱还曾造成包括邯郸在内的北方人口的大量南迁。西晋后期爆发了统治集团内部为争夺最高统治权的"八王之乱"，前后持续了16年之久。参加这场战乱的先后有汝南王司马亮、楚王司马玮、赵王司马伦、齐王司马冏、长沙王司马乂、成都王司马颖、河间王司马颙、东海王司马越。故称"八王之乱"。这场战乱遍及大河南北和关中地区，不仅造成了严重的社会动乱和生产力的破坏，还加剧了阶级矛盾和民族矛盾。于是迁居内地的少数族贵族也趁机起兵反晋，同时进行残酷的民族仇杀。为了能找到一个比较稳定的和平环境，大量北方人口纷纷离开战乱频仍的黄河流域，向长江流域迁移，一时间"中州士女避乱江左者十六、七"（见《晋书》卷六五《王导传》）。这是历史上黄河流域人口第一次大流迁。邯郸及周围一带南迁的人口也不少。

北方南迁的人口主要集中在长江中游的荆州和下游的扬州。这些南渡的人口被称作侨人。侨人绝大多数是按照宗族、乡里相聚而居的，士族、地主往往是侨人的自然首领或主人，他们以拥有侨人作为自己的势力。东晋统治者为了控制侨人，就在侨人比较集中的地区设置与侨人的籍贯同名的州、郡、县及行政机构，叫作侨置州郡县。《晋书·地理志》和《宋书·州郡志》记载有不少侨置州郡县的资料。据载："自中原乱离，遗黎南渡……咸康四年，侨置魏郡、广川、高阳、堂阳等诸郡，并听统县并寄居京邑。"（见《晋书·地理志》）在雍州侨置有广平郡，下辖侨县"易阳、曲周、邯郸"（见《宋书·州郡志》）。据《城固县志》乡村条记载，该县在清初有"邯郸村"。［增补：据康熙修光绪重刊本《城固县志》卷二《建置·寺观》："邯郸寺，东三里。"卷二《建置·陵墓》："都御史赵京仕墓，北二里邯郸村。" 卷二《建置·乡村》："邯郸村（中略）以上东门外。"《城固乡土志·地理》："东路，邯郸村距城五里，苏村距城十里，留村距城十里。"］这个村名可能就是西晋末邯郸南迁移民留下的地名。城固县属今陕西汉中地区。由此可见，邯郸一带南迁的人口为数不少。冀州的南迁人口主要集中在今南京一带，一少部迁往雍州的襄阳（今湖北省襄樊）。西晋末年南迁襄阳的邯郸居民是继秦末章邯迁邯郸民于河内之后的又一次大规模的移民活动。这个事件本身也说明了西晋末年邯郸遭受的战乱破坏。

现在看来，30多年前的旧作难免稚嫩谫陋，但城固县曾经有过"邯郸村"留在脑海的印象是难以磨灭的。那时也有个愿望，有朝一日一定亲自去看看远隔千里之外的城固"邯郸村"旧址。但是，故乡邯郸和后来的工作地石家庄市位于太行山东麓的华北平原，城固县位于秦岭山脉南麓的汉江之滨，从河北前往陕南的公差和学术会议、考察机会少之又少，多年的愿望也只能是个梦想而已。

然而机遇有时会不期然而至。去年9月胞弟出差四川广元市，邀我同行并策划西南之行的自驾路线，城固"邯郸村"旧址顺理成章被纳入旅行中顿点的计划。9月21日适逢中秋佳节，下午2点半我们从石家庄出发，在邯郸市稍事逗留，从邯郸学院太行山文书研究院冯小红院长处取到去城固县志办的介绍信，然后沿青兰高速公路一路西行，晚上入住长治亚朵酒店。22日上午继续沿青兰高速公路西行，至山西河津特意下高速公路转走108国道以观赏龙门黄河口。进入陕西韩城市境后，本来原计划在这里下高速路住宿一晚，顺便拜谒史家司马迁祠墓和游览韩城古城，但不巧的是恰逢西安正在举办全运会，包括韩城市在内的西安周围地区都在加强疫情防控，凡下路进入韩城市区的外地人员都要现场做核酸检测，需等数小时才出结果。为了不影响整个行程，我们只好遗憾地放弃韩城停宿计划，继续沿京昆高速公路南行，绕过西安城区，直插秦岭山脉一路开往陕南，比原计划提前一天抵达汉中地区城固县，当晚入住县城品味人生酒店。

城固县城不太大，颇类江南风貌，整洁而静谧。第二天上午，我们首先赶赴县委、县政府大院去找县地方志办公室接洽，本来以为极简单不过的小事，实际上远非如此。问过几人，县委工作人员或说属于县政府，县政府工作人员或说属于县委，还有人根本就不知道有此机构，我们在大院转了两圈，居然没有一个人能说清楚有没有地方志办，地方志办在什么地方。最后还是门卫说好像是在机关大院之外北一路北边的文化广电局（位于县委大院西北方向），或在北一路东头的民政局（位于县委大院的东北方向）。我们赶到文化广电局，该局值班领导告诉我们地方志办和地名办合署办公，都在民政局。我们随后就赶往民政局，倒是顺利找到了地名办，不过地方志办并不在地名办，地名办也没有保存过去"邯郸村"的资料。地名办一趟最大的收获是工作人员说明了县地方志办公室的归属，地方志办已经并入县委党史研究室，地点在县委、县政府机关大院县委的楼上。经过一番折腾我们总算得到了县地方志办所在的准确信息。

接下来就比较顺利了。回到大院找到县委党史研究室（县地方志办公室）后，工作人员很热情，他们虽然也不清楚过去"邯郸村"的情况，地方志办的老同志也已经退休，但提供了一册很有用的书，20世纪90年代城固县方志办整理出版的《嘉靖城固县志校注》（西北大学出版社，1995年7月第 1 版）。我们当场翻阅，从中见到卷二《建置志》有如下内容：“县之村店四十有二。东有留村、邯郸村、上苏村、下苏村、蔡家坝、黄渡村。”对邯郸村注释是：“邯郸村：即今城关镇谢家井办事处杜家漕村。”我们随即又向工作人员提出两项要求，一是希望到杜家漕村实地考察一番，二是希望提供当年地方志办参与整理《嘉靖城固县志校注》老同志的联系方式。工作人员告诉我们，杜家漕村现在归属莲花街道办事处，他们可以电话通知莲花街道办事处协助联系杜家槽村。工作人员还提供了老方志办退休人员王培海的手机号码。我们随后驱车前往莲花街道办事处，办事处工作人员直接带我们找到杜家漕村委会。杜家漕村位于县城东北方向，相距二三公里的样子，村委主任叫雷晓峰，我们说明来意，雷主任称本村人并不知过去叫邯郸村，只知道过去是移民村，相传最早是宋代迁来。村中现有一千多人，姓氏较多，当地人以文、路、王、赵等姓氏较多，他们雷姓是外来户之一。我们因为急于赶往四川广元，在杜家槽村没有逗留多久，拍过几张照片后就匆匆而别。

后来，我还根据城固县党史研究室提供的联系方式，与现居汉中市的退休老同志王培海先生通过一次手机，主要是询问邯郸村即杜家槽村的情况。王老讲：当年在城固县地方志办公室工作，三四十岁，正当年轻，现在 70 多岁了，很多细节一下子想不起来，但杜家漕村就是过去的邯郸村，我是知道的，而且是有根据的，这没问题，旧县志记载邯郸村在县东五里，杜家槽村距城也确是五里。当年编书的人，他们都去世了，只有我在。谈到邯郸村与杜家漕村的关系，王老显然是不容置疑的口气。

这次寻访城固县邯郸村旧址，主要有如下三点收获。

首先，对城固邯郸村的地理环境有了些许感性认识。城固县位于陕南西部，汉中盆地中部，东邻洋县，西接汉中市，南连西乡县，北界留坝县。全县地势，南北狭长，东西较窄，南北高，中间低，山地多，平原少。其中的汉中盆地自然条件尤其优越，为汉江冲积平原，水利资源丰富。汉江西自汉中市入境，横贯东西，流过城南，向东流入洋县境。湑水河是城固境内汉江最大的支流，发源于周至县西南太白山西侧，东南流经桔园、五郎庙等乡，至莲花街道办事处的庙坡村注入汉江。邯郸村旧址就位于城固县城东北方向的数里，地处湑水、汉江三角洲地带，地势平坦，河渠纵横，灌溉便利，土壤肥沃，是城固粮油主要产区。难怪《嘉靖城固县志校注》卷一《地理志》称城固"疆界则东至洋县，东南至西乡，南至蜀通江，西至南郑，西北至褒城，北至凤翔府眉县，东北至西安府鏊屋。广三十八里，袤四百里里。其星野则井鬼翼轸之次。其形势则前瞰三巴，后控叠嶂，汉江与湑水合流，饶峰与秦岭并峙，山水包环，地理险阻，为梁洋之膏壤"。卷二《建置志》亦称："城固为汉中属邑，介梁洋之间，南控巴山，北拒湑水，东西皆平壤，风土淳厚甲于诸邑。而民皆治陂堰，浚畎浍，以力农业"。看来古代邯郸移民之所以选址此地，与优越的自然条件密不可分。

其次，对明清民国时期城固邯郸村地名的变化有了进一步的了解。以前写《邯郸简史》时，因为掌握的材料太少，对城固邯郸村知之甚少，难言其详。在城固县获赠的《嘉靖城固县志校注》就有多条以前所不知的资料，例如卷三《祠祀志》："邯郸寺，东五里"。不仅有邯郸村，还有邯郸寺。卷四《田赋志》："县之祥异，有火异（中略）有兽异（中略）嘉靖十四年，虎据邯郸村数月，人不能捕。夜不知其所往"。过去根据清代《城固县志》，只知道明清时期有邯郸村，民国时期情况则完全不知道。返回河北后，我又重阅康熙本《城固县志》和民国本《城固县乡土志》，并找到《陕西省城固县地名志》，得知清末同治年间（1862—1875年）城固实施乡坝制，全县编为东、西、南、北四区，辖十一个乡、八十一坝（包括七个铺），其中东区为邯郸乡（城厢及郊区），辖7铺及三坝，三坝分别为邯郸村坝、留村坝、苏村坝。民国元年（1912年）至民国二十四年（1935年）沿袭清末乡坝制。民国二十四年（1935年）实行保甲制，将全县编为四个管辖区，设立十八个联保处和若干个保，一区（城关）设四个联保处，其中有城关联保处、邯留联保处等。可见邯郸村一名一直保留到了1935年以前，1935年以后，由"邯郸村坝"改名的"邯留联保处"，应该是各取"邯郸村坝"和"留村坝"的首字而成。中华人民共和国成立后，城固县村名和地名中再未见到"邯郸村"的地名及构成地名要素的"邯"字，从此"邯郸村"成为一个地地道道的历史地名。

再次，启发了对西晋末年邯郸移民城固迁徙路线的新思考。我在《邯郸简史》叙述西晋末年邯郸移民时，采用了学术界普遍的观点，即北方南迁人口的方向主要集中在长江中游的荆州和下游的扬州。我还推测邯郸一带南迁的人口为数不少，冀州的南迁人口主要集中在今南京一带，一少部迁往雍州的襄阳（今湖北省襄樊）。据《宋书·州郡志》"晋孝武始于襄阳侨立雍州，并立侨郡县。宋文帝元嘉二十六年，割荆州之襄阳、南阳、新野、顺阳、随五郡为雍州，而侨郡县犹寄寓在诸郡界"。《宋书·州郡志》还记载雍州侨置有广平郡，下辖侨县"易阳、曲周、邯郸"，因此推测这里的侨置邯郸县与后来城固县的邯郸村有关。但是《宋书·州郡志》明确记载侨置的广平郡是"治襄阳"，而今陕南的城固县至鄂西北的襄阳约500公里，那么作为侨置广平郡之下的侨置邯郸县是如何从襄阳一带迁徙到城固县的呢？现在看来很可能西晋末年邯郸移民南迁时，首先到达的是襄阳一带，以后某个时候又溯汉江而上继续向西北迁徙，最终抵达陕南的城固。换言之，鄂西北的襄阳一带是西晋末年邯郸移民南迁荆州方向的第一个落脚点，陕南的城固是此后邯郸移民持续迁徙的第二个落脚点。

（该文作于2022年10月，未刊）

# 后　记

本书共收录拙作各类文章31篇，大体可以分为四类。为了便于说明自己的考虑，谨将类别与题名对列如下：

## 一、学术领域开拓

（一）唐史三则

《从巅峰跌入深渊的拐点——唐德宗"三分成德"方案辨析》

《"四王"建号与署置百官：唐代割据藩镇政治诉求的制度表达》

《唐德宗"罪己诏"颁布的后果前因——唐廷与河北叛镇第一轮谈判揭秘》

（二）黑城学三则

《黑城学：一个更为贴切的学科命名》

《黑水城文献发现的始年及在近代新材料发现史上的地位》

《敦煌学视野下的黑水城文献研究》

（三）纸背文书学三则

《公文纸本：传世文献最后一座待开发的富矿》

《近代以来公文纸本古籍的流传和存佚——兼议公文纸本原始文献与次生文献价值比较》

《古籍公文纸背文献学的内涵与外延》

## 二、史评书评

《20世纪学术史背景下的陈寅恪、唐长孺和胡如雷》

《社会史观与唯物史观：陈寅恪、唐长孺解读〈桃花源记〉的两个维度》

《读冻国栋〈中国人口史·隋唐五代时期卷〉》

《读刘进宝〈唐宋之际归义军经济史研究〉》

《〈元代湖州路户籍文书〉出版的意义与启示》

《太行山文书整理的新进展及其学术内涵》

## 三、序跋

《敦煌吐鲁番所出唐代军事文书初探·后记》

《中古史研究汇纂·后记》

《俄藏黑水城所出〈宋西北边境军政文书〉整理与研究·后记》

《中国藏黑水城汉文文献的整理与研究·后记》

《黑水城出土文书研究·前言》

《南宋舒州公牍佚简整理与研究·前言》

《新发现古籍纸背明代黄册文献复原与研究·前言》

《曲折的人生道路与高矗的学术丰碑》

《为杜立晖〈元代地方行政运作研究——以黑水城文献
为中心〉作序》

《为冯小红等〈磁县北朝墓群出土碑志集释〉作序》

《为宋坤〈天一阁公文纸本《国朝诸臣奏议》纸背文献
整理与研究〉作序》

## 四、杂忆

《挽联悼胡师》

《追忆朱雷先生点滴》

《冯征将军与〈邯郸县歌〉》

《一张反映20世纪20年代后期邯郸民户家庭的老照片》

《千里寻访城固"邯郸村"》

如上所列，31篇文章属于"学术领域开拓"的9篇，属
于"史评书评"的6篇，属于"序跋"的11篇，属于"杂
忆"的5篇。

"学术领域开拓"部分的9篇，主要想反映自己40年来
走过的学术道路和涉足的主要领域。自己的起家专业是吐鲁
番文书与隋唐史研究，研究生阶段和从事学术研究的头20
年，兴趣主要在敦煌吐鲁番军事文书和唐代的军事制度，
2000年以后，研究的重点陆续向黑水城文献和古籍纸背文书
转移，同时隋唐史也没有完全放弃，对河北地区的唐代碑刻

和河朔藩镇问题偶尔也有涉猎，这就是本书收录"唐史三则"的基本背景，也是跳出自我设限的军事文书军事制度藩篱、迈进唐史新域的尝试。"黑城学三则"反映的是自己跨出隋唐史领域在黑水城汉文文献整理研究过程中有关学科建设的所思所想，主要是想厘清"黑城学"与"西夏学"的关系，确立黑水城文献发现在中国近代新材料发现史上的地位与特点，同时，因为自己进入黑城学领域的出发地是敦煌吐鲁番文书学，因此以敦煌学跋涉亲历者的视角，针对黑水城文献整理研究方面存在的实际问题，提出若干事关黑城学学科建设的建议，旨在借鉴敦煌学的成功经验，发挥黑城学的后发优势，切入黑水城学术发展的高起点。"纸背文书学三则"与"黑城学三则"有些近似，明确纸背文书学的内涵与外延，纸背文书学的性质和学科地位，近代以来公文纸本古籍的流传和存佚，公文纸本古籍原始文献与次生文献的关系等，旨在解决纸背文书学的几个基本问题，推动建立古籍纸背文书学的学科框架。

"史评书评"部分的6篇文章，前两篇属于学术史，后4篇属于书评。"序跋"部分的11篇文章，前7篇属于自序自跋，后4篇是为他人他书作序。"序跋"部分的内容，除了写作缘起、合作分工、作品介绍等常规性的交代之外，自己有时也会特意补充一些作品正文不宜涉及的内容，为读者尽可能预留些学术史的背景素材。这也是本书选取序跋的主要考虑因素。"杂忆"部分的5篇文章是本书最薄弱的环节。自己踏入学界40余年，受益师友良多。但才疏学浅，欠债尤夥。滴水之恩，当涌泉相报。自己有志惜时桑榆，以报万一。

《庄子·秋水》的"邯郸学步"是知名度和使用率极高的成语典故，其中有云寿陵余子"学行于邯郸，未得国能而失其故行"。笔者生在邯郸长在邯郸，1955年出生，1963年上小学，1971年初中毕业，入职邯郸肥皂厂务工，因为比一般工友多读了几本书，曾有师傅戏称"孙教授"。有幸赶上1977年恢复高考，1978年3月进入武汉大学历史系读书，自此弃工从学而学未优，颇类"未得国能而失其故行"。武大四年本科、三年硕士、三年留校，1987年调入河北社科院，2020年退休，自1982年入读研究生至今，跻身史坛已四十年有余，而赡身之学不过起则吐鲁番文书和隋唐史，继则黑水城文献，再则古籍纸背文书。平生之学，全是史料爬梳，丛脞饾饤。学术取向，颇似20世纪五六十年代"理论"史学与"考据"史学之争中的"史料之学"，八十年代以后"宏观史学"与"微观史学"之争的"微观史学"，进入21世纪后"宏大叙事"与"细节碎片"之争中的"碎片之学"，选择结果无一例外都是居于下风的后者。对理论素养、"宏观史学""宏大叙事"等形而上者，非不愿也，实不能也，心虽向往而不能至，再次落入了"未得国能而失其故行"的窠臼。然而敝帚自珍，妍蚩并惜，故不揣简陋，辑出若干，以供读者批评。

331

　　在本书即将付样之际，谨向刘进宝先生致以真诚的谢意，感谢他对本书编选原则提供的真知灼见。感谢李俊斌、张彦台、宋坤、倪彬诸同志在本书编选过程中提供的热情帮助。去年自己的电脑一个分区不幸损毁，导致了电脑信息的大量损失，其中包括不少未及备份的电子论著。本书编选之初，结构和内容几经调整，许多论著起初无处搜寻，幸亏李俊斌等搜寻旧作不厌其烦，根据网络电子文本重新转录重新校对，终使本书珠联璧合，完帙复成。

孙继民

2023年2月26日